中国式农业农村现代化实践与应用：人才

乡村 CEO
创业成长之路

孙艳华　周宇飞　刘湘辉　著

中国财经出版传媒集团
中国财政经济出版社
·北京·

图书在版编目(CIP)数据

乡村CEO创业成长之路 / 孙艳华，周宇飞，刘湘辉著.
北京：中国财政经济出版社，2025. 8. --(中国式农业
农村现代化实践与应用). -- ISBN 978-7-5223-3785-2

Ⅰ. F249.214

中国国家版本馆CIP数据核字第2025W2G307号

责任编辑：马　真　　　　责任校对：胡永立
封面设计：中通世奥　　　　责任印制：党　辉

乡村CEO创业成长之路
XIANGCUN CEO CHUANGYE CHENGZHANGZHILU

中国财政经济出版社 出版

URL：http：//www. cfeph. cn
E-mail：cfeph@ cfeph. cn

社址：北京市海淀区阜成路甲28号　邮政编码：100142
营销中心电话：010-88191522
天猫网店：中国财政经济出版社旗舰店
网址：https：//zgczjjcbs. tmall. com
涿州汇美亿浓印刷有限公司印刷　各地新华书店经销
成品尺寸：175mm × 250mm　16开　16.75印张　274 000字
2025年8月第1版　2025年8月河北第1次印刷
定价：58.00元
ISBN 978-7-5223-3785-2
（图书出现印装问题，本社负责调换，电话：010-88190548）
本社图书质量投诉电话：010-88190744
打击盗版举报热线：010-88191661　QQ：2242791300

目录

CONTENTS

案例一

只为一碗好面：南泥湾的品牌锻造之路

摘要：案例回顾了长沙南泥湾食品厂的品牌创建历程。全面介绍了南泥湾火锅面的品牌定位思路，分析了南泥湾火锅面的品牌营销策略，并基于品牌发展过程中的问题提出了品牌延伸的思考。案例能够让学生进一步理解农产品品牌建设的相关知识点，也能为农业企业全面实施品牌战略提供一定的借鉴。

关键词：品牌定位；品牌营销；品牌延伸；农产品品牌

适用课程及对象：本案例主要适用于品牌营销、市场营销等相关课程中关于品牌资产、品牌定位、品牌营销战略等章节内容。本案例主要适用于本科生、硕士生、MBA、EMBA和具有一定工作经验的管理者。

案例正文

一、引言

长沙南泥湾食品厂（以下简称“南泥湾”）现位于长沙市天心区大托镇兴隆村，是湖南省唯一生产生鲜面条的企业。其前身是创建于1989年的嘉健制面食品厂，现有职工90余人，其中，管理人员9人，技术人员12人，年产值5000万元。

在20多年的企业发展历程中，始终坚持以生产生态农产品为己任，以创新求发展，南泥湾旗下产品包括生鲜面系列、原生态有机蔬菜、竹岩土鸡、有机营养农家鸡蛋等农产品，深受消费者喜爱。其中，它与中南林业科技大学共同开发的、倡导“健康美味”“营养高端”的原创五色果蔬火锅面，现已成为火锅产业链这个经销大环境中的“香馍馍”，它主推的半干面技术也获得湖南省科技进步三等奖，正在以全新的姿态引领火锅面时代的潮流。

南泥湾现已成为中国南方航空的专属面条，追溯其发展历程，回顾其长期在产品原料、技术、种类、包装等各方面创新所作出的种种努力，分析其在品牌推广时所采取的种种品牌营销方式，南泥湾的成功有迹可循。

二、南泥湾初创

1. 白手起家初创业

张建春先生，年逾半百，出生于湖南省长沙县。1989年，正值青春年华的他，怀揣着创业梦想，肩负起农村建设与发展的重任，从无到有，投身于创业的洪流之中，至今已历三十余载。

在当今社会，快餐文化盛行，人们往往追求便捷而忽略了食物来源的纯净性。然而，张建春，作为70年代出生的企业家，对此持有不同看法。在创业的征途上，他不畏烦琐，坚持选用北方优质小麦作为原材料，其产品销售网络覆盖长沙、武汉等中南地区，并远销至德国、柬埔寨等国际市场。张建春先生在每一步经营决策中都倾注了极大的心血，他的远见卓识和对品质的执着追求，奠定了其事业的基础。他选择回归传统，自制面食，从而开启了自己独特的创业之旅。

2. 品牌精神促发展

刚开始公司注册商标为嘉健，企业名为长沙市嘉健制面食品厂。但由于资金链断裂、竞争者陈克明面条挤占市场份额等种种问题，嘉健品牌的面条没有真正火起来。在这种情况下，张建春和同伴就谋划用新的品牌来替代。

1993年，张建春与其他志同道合的股东"孤注一掷"，直接拍案投入湖南省内第一条350低温生产线。带着"自己动手，丰衣足食"的南泥湾精神，1997年，张建春赴陕西考察，为公司注册"南泥湾"品牌。2002年，公司改制为"长沙南泥湾食品厂"，取得良好效益。

3. 转型创新寻突破

餐饮行业刀光剑影、争奇斗艳，张建春也深知"不进则退"的行业规矩。"吃得苦中苦，方为人上人"，张建春心里有一团火，怀有要把南泥湾品牌面条打出去、作出"高端"二字的决心，并曾言："要想走下去的话，必须得转型，不断创新，要走别人还没走过的路，走在同行前头。"做350低温生产线是张建春打造高端面蓝图的冰山一角。

2002年，张建春一行人与中南林业科技大学食品学院进行合作商讨，并于2005年引进国外先进的半干面生产线，打造了无菌操作车间，运用新型真空制面机。从制作到出品，张建春一行人都严格把控，保证安全的同时锁住美味，成功开发出了南泥湾"生鲜干面"拉面系列产品。

2005年，张建春参加由湖南省农业厅组织的"一批企业家去日本考察农业"活动。在活动过程中，他惊奇地发现日本果蔬面普及率高达70%—80%，对比同时期的国内市场，顿时感叹果蔬面在国内的巨大发展潜力。回国后，张建春带领团队马不停蹄地开始开发生产果蔬面，推出橙色的胡萝卜面、南瓜面，紫色的紫薯面，绿色的菠菜面，黑色的荞麦面等系列产品。同时，考虑到火锅市场影响力较大、符合产品调性等因素，张建春团队确定了与火锅行业合作的新思路，瞬间打开市场、广获好评。

经过30余年的摸爬滚打，从最初的食品厂到截至2014年湖南省内唯一一家生产"半干果蔬面"的企业，在研发火锅面的道路上，从一开始的与陈克明面条斗得遍体鳞伤、怀疑自己是时运不济还是没成功的命，到现在怀着一股往前冲的劲大胆创新、打开格局、在面条行业占有一席之地，张建春感慨万分。南泥湾品牌发展史如图1-1所示。

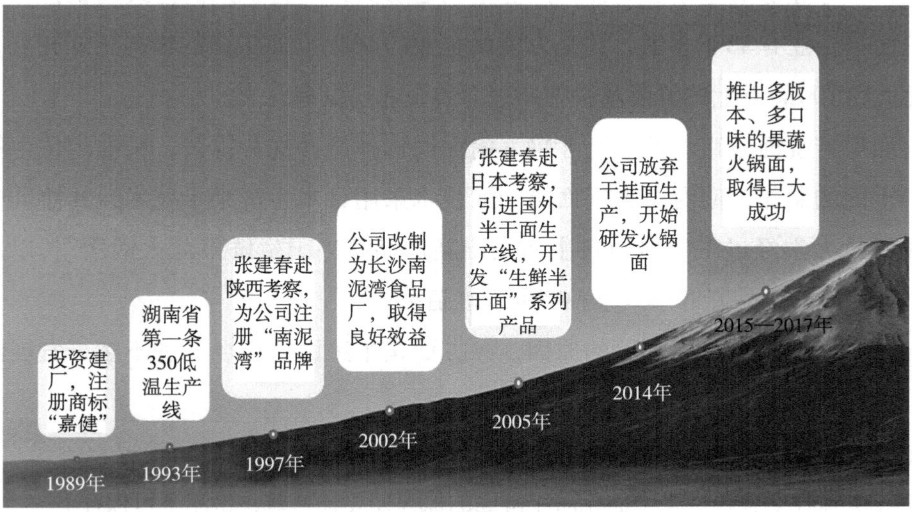

图1-1　南泥湾品牌发展史

三、品牌定位，逐步起飞

1. 逐渐饱和的中国面条市场

当前，中国面条市场挂面和方便面逐渐饱和，市场竞争压力逐渐增大。面对陈克明和金沙河等市场上强有力的竞争对手，南泥湾总经理张建春表示：“在做面条的企业里来说，我们南泥湾是个小厂，规模不是很大，那么一个小厂在激烈的市场竞争中怎么生存、怎么发展壮大是最重要的问题，我们发展思路也非常明确，小企业做小品类、做差异化，这是唯一的出路。”

2. 选择半干面，实现突破

面条制造是传统行业，在我国有几千年的历史，但90%以上的国内消费者都是买干挂面。生鲜面与干面条和方便面不同，它是将市场上的传统手擀面条实现工业化生产，其主要特点是口感好，保鲜效果好，食用方便卫生。近年来，生鲜面消费市场日渐兴起，生鲜面食品将成为发展最快的品种之一，从而挑战面食市场上方便面的霸主地位。

以日本为例，30年内，整体食物消费仅增长35.6%，但以生鲜面食品为主的快餐调理食品销售增长了240%。目前，日本的面条加工业及由其带动的相关产业一年产值约为6兆亿日元。相对而言，中国的鲜面条类快餐食品产业的竞争强度相对较低，不存在寡头垄断的局面，产业空间足够大，具备长期的持续增长性。日本的鲜面类企业有3800多家，约是方便面企业的46倍。而中国的情况正好相反，日消耗面粉100袋以上的鲜面及快餐调理面类企业还没有几家。

面对传统面条市场的争奇斗艳，南泥湾选择避弃优势锋芒，精准定位生鲜面条半干面的制作，南泥湾火锅面半干面技术采用日本生鲜半干技术，并协同中南林业科技大学经过三年努力自主研发出新产品“半干生鲜果蔬火锅面”，以差异化、个性化的产品开辟出一条独特的发展道路。

分析南泥湾选择半干面的原因，一方面是生鲜面条市场品牌不多，发展潜力大；另一方面在于半干面具有以下优点：

（1）煮熟时间短。半干面在水量等方面接近鲜面，煮熟时间较短。

（2）保存期更长。半干面相对于鲜面的保存期要长一些，常温下可保存1—3个月。

（3）满足人群更多。半干面的干燥工艺非常适合于生产条型较粗的品种，可以满足不同人群的口味。

（4）半干面适合做小批量、多品种的功能性挂面。

（5）口感更佳。半干面的特殊工艺赋予其生产率高、干燥效率高的特点，使半干面相对于普通面条更加筋道爽口，Q弹有嚼劲。

半干面的独特优势，加上南泥湾的特色生产经营理念，使“南泥湾火锅面”在传统面条市场上成为开路先锋，独树一帜。

3.定位火锅店，切入市场

为了更好地进入市场，身为小企业的南泥湾首先想到了与火锅店合作，于是，他们想出了“火锅面”这个在市场上比较独特的名字，切入市场，打出一片新天地。

四、品牌发力，多渠道拓展

1.面条界的“实力派”

百年前面条流入长沙，长沙人特别喜欢吃面条，和面时，一般会加一些盐，一次偶然的机会，人们和面时无意中错把食用碱当成盐用，作出来的面条呈金黄色，非常的漂亮，和原来的面完全不一样，吃起来爽滑可口，嘴里留有浓浓的碱香味，让人回味无穷。不仅如此，添加食用碱的面条居然能放更长的时间，面条老板从此专做这样的面条。自此慕名而来的顾客越来越多，生意越做越旺，一时间引起了很多同行老板的效仿，就这样，吃碱面就在长沙流行了起来，直到现在，经久不衰。

“三十年只为一碗面”是张建春的初心，也深刻地融入南泥湾食品厂的方方面面。“宝剑锋从磨砺出，梅花香自苦寒来。”经过一步步实践创新，南泥湾火锅面不断推陈出新，推出了王牌产品“多彩果蔬火锅面”。南泥湾并不限于火锅面的发展，不断扩充产品品类，在经过全厂人员的思想碰撞后，推出“原料实力派”的五色果蔬火锅面、“宽韧劲道，绵柔入味”的大碗宽面、“长沙特色，百年碱香”长沙老碱面、“杂粮本色，营养主食”荞麦面、“杂粮细作，口感劲道”的全麦面等一系列产品，接受私人订制，在充分满足顾客差异化和个性化需求的同时，为顾客打造独有的情怀。

为了提高生产技术和半干生鲜果蔬火锅面产品品质，南泥湾积极引进日式半干面先进技术和天然保鲜技术；同时，不惜花费高昂成本从北方甄选优质小麦面粉，搭配天然原材料紫薯粉、菠菜粉、胡萝卜粉、南瓜粉和荞麦粉，没有任何食品添加剂。由此制作出来的果蔬面条不仅口感更好，而且含有更多的维生素、微量元素、纤维素，安全绿色健康，营养价值更高。同时，五种果蔬面可根据客户喜好随机组合，营养搭配更均衡，充分满足消费者对于不同口味的差异化和个性化的需要以及绿色健康的需要。

2. 面条界的“高富帅”

（1）高质量的品控要求。为了给消费者提供高品质的产品，南泥湾从以下三个方面来提高品控要求：

一是打造生态农产品根据地。“三年内力争年产值达到5亿元生鲜面产品占据全国五成市场”。张建春展望未来发展，充满信心，“我们长沙南泥湾就是要打造中国食品红色文化第一品牌。在未来发展中，我们要继续发挥‘自己动手，丰衣足食’的南泥湾精神，生产更绿色、更有机、更营养的农产品，成为湖南乃至全国的‘生态农产品根据地’”。在20多年的发展历程中，南泥湾始终坚持以生产生态食品为己任，以创新求发展。

南泥湾自建了蔬菜生产基地，除了面粉主要从北方进货之外，所有蔬菜和杂粮系列的生鲜面条原料都是来自蔬菜基地。南泥湾食品厂拒绝化肥、农药，从播种、培植、灌溉到采摘、包装等各环节全手工农作，使用经过无害化处理的有机肥料，使用井水灌溉，种植有机绿色蔬菜，从原料这个源头上保证了产品的质量和绿色环保。公司总经理张建春介绍道："种植的蔬菜作为果蔬面条的原材料，面条生产过程中产生的边角料和面渣滓等会用作动物饲料和蔬菜肥料，形成可循环发展。"

目前，南泥湾旗下产品包括生鲜面系列、原生态有机蔬菜、竹岩土鸡、有机营养农家鸡蛋等农产品，深受广大对食品有高品质生态要求的消费人群喜爱，是广大家庭、大型超市、宾馆、酒店畅选的"绿色"。这样的高品质，也促使南泥湾生鲜面正式"起飞"，进入南方航空湖南公司航空食品行列。南泥湾火锅面如图1-2所示。

图1-2 南泥湾火锅面产品

二是供应链一体化。供应链一体化是一个系统概念，它包括功能一体化、空间一体化、跨级一体化（分级规划）。分别指：采购、生产、运输、仓储等活动的功能一体化；这些活动在地理上分散的供应商、设施和市场之间的空间一体化；这些活动在战略层、战术层、运作层三个规划层次上的分级一体化。

在原料采购中，南泥湾通过对信息流、物流、资金流的控制，从北方采购优质原料。天然原材料由紫薯粉、菠菜粉、胡萝卜粉、南瓜粉、荞麦粉和优质高筋小麦粉组成，不添加任何人工色素、防腐剂，天然无公害。这样做出来的面条富有蔬菜本味，营养均衡，补充维生素，安全又绿色。

在加工制作中，将采购的优质原料，运用一流的制造工艺和领先的技术，采用真空制面机，机械化操作，包装车间全部使用手工包装，制成中间产品以及最终产品。

最后通过销售网络把产品送到消费者手中。这样，从供应商、制造商、分销商、零售商，直到最终用户连成一个整体的功能网链结构。长沙南泥湾火锅面拥有超强的供应链（合作伙伴），销售网络主要面向B端火锅店销售网，逐渐转向C端家庭销售网，大多是做食材配送的外地经销商，逐步拓展进驻步步高连锁、家乐福连锁、平和堂等大型商超，并成为中国南方航空公司专供面条。

三是坚持手工生产包装打造特色。南泥湾所有产品都是人工辅助半自动化生产（见图1–3）和手工包装，员工工资、管理成本加上原料成本和高昂的运输成本导致面条制作成本远高于市场，这也是南泥湾面临的大难题。但即使在资金紧张的情况下，南泥湾也依旧坚持手工生产包装，张建春解释道："成本低、机械化的东西容易被复制，更容易被人超越。购买机器很简单，我们是做了人家不愿意做的事情。彩色面条没办法做成机械化，手工包装也没办法做成机械化，但手工生产包装能更好地保证品质，这也是我们的特色。"（见图1–4）

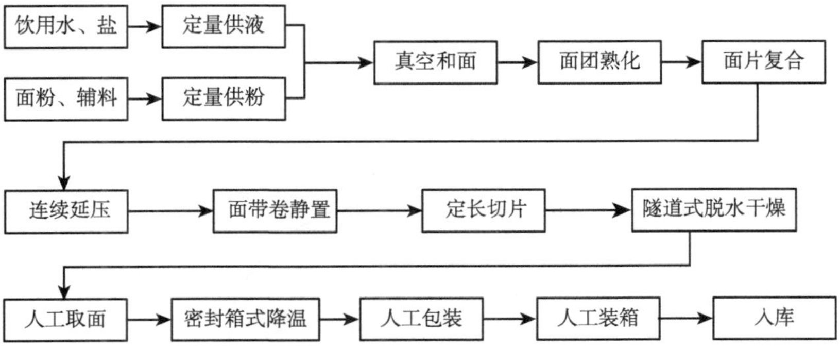

图1–3　南泥湾人工辅助半自动化半干面生产工艺流程

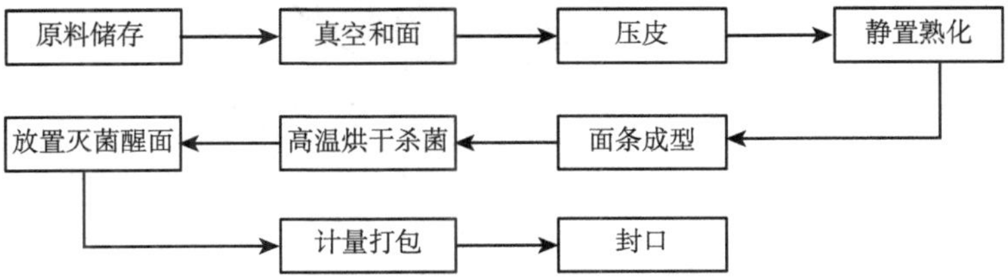

图1–4　南泥湾火锅面生产工艺流程

（2）南泥湾火锅面的销售价格。南泥湾火锅面的价格在面条行业中并不算低，相应的是它较高的生产成本，其中原料采购和运输占大部分支出。在对市场上不同品牌火锅面的价格进行分析对比后（见图1-5），南泥湾对自己价格偏高的原因进行了分析，南泥湾的“高价格”主要来自三个方面：一是原料成本高——南泥湾火锅面的原料产自北方，从北方运到南方有一笔大额的成本费；二是人工成本高——南泥湾食品厂有着强烈的人文关怀和社会责任感，厂长为每位员工购买了“五险一金”，这是一笔巨大的开销；三是经营费用高——南泥湾火锅面的营销推广需要花费一笔费用，比如专员推广的相关差旅费和产品本身物流费用。南泥湾成本结构如图1-6所示。

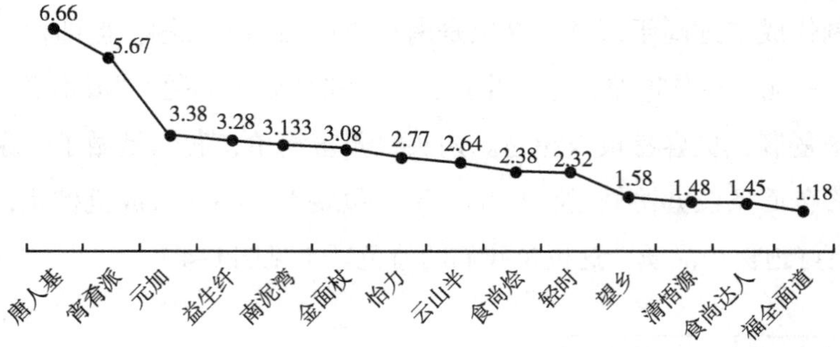

图1-5　不同品牌火锅面价格比较

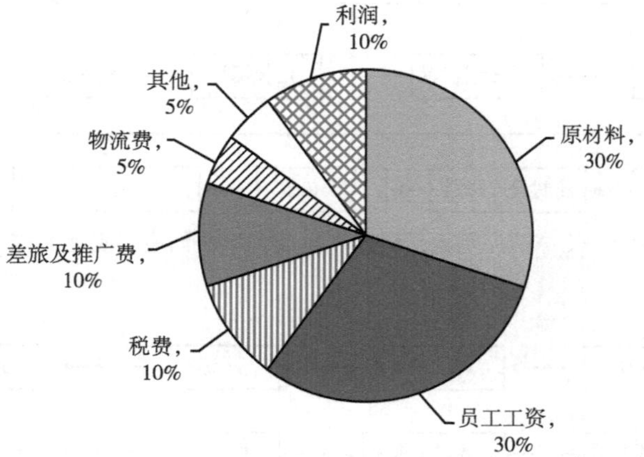

图1-6　南泥湾成本结构

“难道削减原料的成本？”

“不”

这个想法一经出现就被张建春给掐断，南泥湾的初心就是做好一碗面，为了利益偷换原料、缩减成本是万万不可的。在“自己动手，丰衣足食”的南泥湾精神的激励下，张建春决定还是继续采用原本的生产方式：从北方购入小麦，运到长沙继续生产加工，虽然这样做使成本居高不下，但也使南泥湾火锅面获得了广大经销商的认可，成为行业里面的“佼佼者”，成为火锅面中的“高端王者”。

3. 找准渠道，事半功倍

（1）找准切入点，火锅店内展生机。一直以来，线下推广以人员上店推销为主，在展览会上崭露头角，吸引火锅店等B端客户进行购买。对于大量统一购买南泥湾火锅面的火锅店餐饮店等，都会给予一定的优惠。南泥湾火锅面一包有多种份量可供选择，平日的售价是8—18元一包，而批发价是3—5元一包，给足了火锅店等客户以盈利空间。

（2）供应链一体化，走入C端消费者。供应链一体化是指在原料采购网中找到优质原料，在加工制造网中生产出中间产品或最终产品，最后由销售网络把产品送到消费者手中的将供应商、制造商、分销商、零售商和最终用户连成一个整体的功能网链结构。长沙南泥湾火锅面就拥有这种超强的供应链（合作伙伴），销售网络主要面向B端火锅店销售网，逐渐面向C端家庭销售网。

最开始时，他们通过企业的业务员、直销员走寻各地各家火锅店推销南泥湾火锅面，推销成功后与之建立合作关系，然后通过各家火锅店分销给在线下品尝体验南泥湾火锅面的消费者。

从B端餐饮店主要是火锅店入手，逐步让南泥湾火锅面出现在消费者的视野中。然而，南泥湾公司发现，火锅面摆在店面里是“裸体”的，消费者看不到南泥湾的品牌，这也就导致他们的产品不能很好地推广开来。除此之外，这种通过业务员直接走寻推销的方式，费时费力，成本比较高，且目标市场容量受限。由此张建春意识到，只把重心放在火锅店是不行的，于是他将目光放在了C端消费者上。

为了打开市场，扩大火锅面影响力，南泥湾开始通过代理商在百货商店、商场超市和一些连锁商店中进行销售。但无奈各种入场费、货架费等，增加了许多成本。除此之外，一般要经过两三个月后，才能从商超那里获得盈利。

有员工就忧虑道：“资金运转周期对于刚开始面向C端家庭销售网的我们来说还是比较长的，这样加上我们后续的原料费成本费等，我们根本不能获得多少盈利。”但是张建春还是做了，虽然一开始盈利很少，而且最初南泥湾拥有的大多是做食材配送的外地的经销商，但在逐渐步入正轨后，慢慢拓展进驻了步步高连锁、家乐福连锁、平和堂等大型商超，热销全国28个省4个直辖市，并与重庆德庄火锅连锁、重庆朝天门火锅连锁、重庆鲁西肥牛火锅连锁、成都味蜀吾火锅连锁、北京井格老灶火锅连锁、浙江澳门豆捞火锅连锁、上海上上签串串火锅连锁、川锅一号火锅连锁等知名火锅连锁经营。由于火锅在国外逐渐火了起来，南泥湾火锅面通过代理商还销售到了德国和柬埔寨，即使销量不是很大，这也是一个新发展。南泥湾火锅面就这样一步一个脚印，拥有了良好的发展。而作为领导人的张建春却认为仅从这些渠道，是远远不够的（见图1-7、图1-8）。

图1-7 南泥湾火锅面新媒体平台

图1-8 南泥湾火锅面电商平台产品图

4.扶额思销路，促销灵光现

某晚，南泥湾公司负责人张建春难以入寐，辗转反侧，思寻着怎样提高长沙南泥湾火锅面的销量。

（1）突破困境，迎难而上。2019年底，新冠疫情暴发之后，火锅店也都休业了，这时南泥湾也遇到了难题，因为火锅面的主要市场还是火锅店，但是火锅店都关门了，这可怎么办呢？张建春就在心烦时打开了手机，看到各种APP上打的广告，灵光一现，拍板说：“对啊，我们也要跟上时代的脚步，现在的人谁都离不开手机，利用多种自媒体如抖音、网红带货等方式进行推广，让更多的人了解到火锅面，自然名气和销售量就会上涨了。现在是网购盛行的时代，我们也要在各大网购APP上，像天猫、淘宝、拼多多、1688等都要拥有咱们南泥湾火锅面的店铺”。遇到突如其来的困境，越是艰难越要奋起和发展，这正体现了南泥湾精神。

“不仅是自己的店铺”，张建春说，“还要多找点经销商帮我们一起增加曝光率，让消费者们在想要购买火锅面时，立马就能找到咱们的产品”。现在与南泥湾合作的经销商大大小小一共200家左右，与别家做火锅面的对比来看，经销商的数目是非常可观的。张建春有底气地说：“合作的经销商多，一是因为在火锅面这一块我们做得早，是全国第一家做果蔬火锅面的，有先机优势；二是我们的价格、品质均稳定，不用担心品质问题，有良好的口碑，且经销商有较高的利润。”如今的南泥湾火锅面主要市场还是火锅店、餐饮业和线上店面，通过直销和分销相结合的模式，让消费者可以线下品尝体验火锅面的劲道口感，而后线上购买，他们也希望未来能采用各种更多样的渠道，逐渐渗透扩大市场，稳步发展。

（2）促销何处不能有，线上促销扩市场。在各种线上店铺中，不仅有几包几包单买的选项，也有一次性买几十包的选项，买得越多越便宜，许多小型火锅店或其他餐饮店也会在网上店铺购买，因为他们的需求量没有那么大。虽然南泥湾对多量购买会给出优惠，但是实际上并没有组织过什么正式的促销活动，这其中的一个原因就是他们产品本身成本太高，如果举办促销活动可能也获得不了什么利润。

然而，若是能组织一次成功的促销活动，即使不能获得高利润，也可以打开市场，增大影响力，为南泥湾火锅面以后的发展打好基础。张建春从床上惊起，灵光乍现，思路豁然开朗，自此，南泥湾火锅面从B端火锅店拓展至C端家庭消费者，线上积极利用网络平台，如淘宝、拼多多、进行店铺和直播宣传，突出了产品优势，绿色、无添加、口味筋道、不胡汤等，并在“618”“双11”“双12”等消费节进行产品促销，如跨店满200减20等相关优惠活动，销量得到大幅提高。

五、尾声：品牌发展，如何“营”得未来

“30年关注只为一碗好面”，这是创始人张建春先生对其赤诚热血的标榜。

一路走来，南泥湾的品牌锻造之路可谓曲折：从1997年注册商标，到2002年

与中南林业科技大学食品学院共同对生鲜面保鲜进行研究，再到2005年引进国外先进的生产线，打造无菌操作车间。曲折之下，南泥湾也取得了众多成就：在保证运输、储存方便的同时，弥存口感和品质，南泥湾成功开发出南泥湾生鲜拌干面拉面系列产品，成为中国南方航空的专用面条，其中运用的半干面技术获得湖南省科技进步三等奖。

现在，南泥湾也面临着发展困境：如何打破消费者对“南泥湾火锅面只有火锅才能煮”的固有印象僵局，并在成本优势并不凸显的情况下，获得面条界的一席之位。

正如旋律优美歌曲《南泥湾》“来到了南泥湾，南泥湾好地方，好地呀方。好地方来好风光，好地方来好风光。到处是庄稼，遍地是牛羊”，热情洋溢地歌颂了开荒生产建立功勋的八路军战士，歌颂了他们把荒凉的南泥湾改造成为美丽的“江南”。南泥湾在拓展创新产品、创新供应链、管理数字化平台建设等方面也有很长一段路要走。张建春也在脑海中构想了他的“面条王国”，思绪飘向了远方……

六、启发思考题

1.南泥湾的品牌资产包括哪些元素？

2.请分析：南泥湾是如何进行品牌定位的？

3.结合案例，南泥湾如何运用多种营销手段不断强化其品牌定位并进行推广？

4.请分析南泥湾火锅面该如何突破“只有火锅才能煮的面”僵局？

案例适用说明

一、教学目的与用途

1. 适用课程

本案例主要适用于品牌营销、市场营销等相关课程中关于品牌资产、品牌定位、品牌营销战略等章节内容。

2. 适用对象

本案例主要适用于本科生、硕士生、MBA、EMBA和具有一定工作经验的管理者。

3. 案例教学目的

本案例以南泥湾火锅面的品牌打造历程为主线，讲述了南泥湾火锅面从初创、确定品牌定位到通过品牌营销在中国面条市场站稳脚跟的故事。通过案例的深入分析与探讨，学生应了解品牌资产元素的构成、品牌定位的过程和品牌营销战略的方法等，提升分析问题和解决问题的能力。具体目标分为以下四个方面：

（1）了解品牌资产的构成元素；

（2）学会基于STP理论分析品牌定位过程；

（3）学会基于4P理论分析品牌营销策略；

（4）了解品牌延伸的概念，掌握品牌延伸对于品牌突破困境的作用。

二、启发思考题

1.南泥湾的品牌资产包括哪些元素？

2.请分析：南泥湾是如何进行品牌定位的？

3.结合案例，南泥湾如何运用多种营销手段不断强化其品牌定位并进行推广？

4. 请分析南泥湾火锅面该如何突破“只有火锅才能煮的面”僵局？

三、分析思路

本案例描述了南泥湾火锅面的品牌锻造历程，依据品牌发展阶段设置了4个思考题与知识点。在品牌诞生初期，从品牌元素和戴维·阿克的品牌资产模型这两个角度了解南泥湾火锅面的品牌资产包括哪些元素。在进入中国面条市场时，从STP理论的角度分析南泥湾火锅面如何进行市场细分、目标市场选择和进行市场定位。开拓全国市场的过程中，需运用4P营销理论分析南泥湾火锅面如何不断强化其品牌定位并进行推广。在接下来扩大市场份额的过程中，南泥湾火锅面又该如何进行品牌延伸，需要进行进一步分析。

在启发思考题的引导下，实现理论知识与案例情节的相互匹配，案例分析思路如图1-9所示。教师可以根据自己的教学目的灵活使用本案例，这里提供的案例分析思路仅供参考。

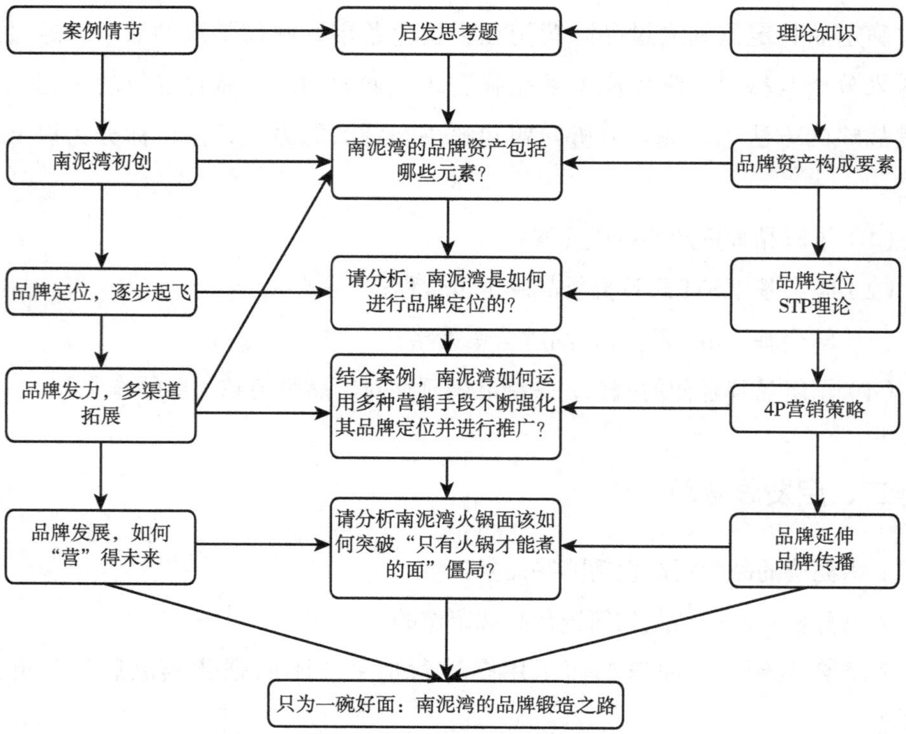

图1-9　案例分析思路

四、理论依据与分析

1. 南泥湾的品牌资产包括哪些元素？

|理论依据|　　品牌资产、戴维·阿克的品牌资产模型

（1）品牌资产。品牌资产是品牌所具有的独特市场影响力，是给产品带来的超越其功能效用的附加值或附加利益，表现为品牌给企业和顾客提供的价值超越了产品或服务本身。品牌资产强化了品牌在营销策略中的重要性，解释了具有品牌的产品或服务和不具有品牌的产品或服务两者之间营销结果差异化的原因。关于品牌资产的元素，结合戴维·阿克的“五星”概念模型进行介绍。

（2）戴维·阿克的“五星”概念模型。戴维·阿克（1991，1996）从顾客认知的视角提炼出品牌资产的“五星”概念模型，认为品牌资产由Brand Awareness（品牌知名度）、Perceived Brand Quality（品牌感知度）、Brand Association（品牌联想度）、Brand Loyalty（品牌忠诚度）和Exclusive Brand Equity（其他专属品牌资产）5个既有联系又有区别的要素构成。

①品牌知名度：品牌知名度是指某品牌被公众知晓、了解的程度，它表明品牌为多少或多大比例的消费者所知晓，反映的是顾客关系的广度。品牌知名度是评价品牌社会影响大小的指标。

②品牌感知度：消费者对品牌功能、特点、可信赖度、耐用度、服务度的整体评价。这种评价提供了消费者购买的理由，也是产品差异化定位的基础。

③品牌联想度：透过品牌产生的所有联想，这些联想组合出有意义的印象，就成为品牌形象，代表消费者对品牌的态度和情感。

④品牌忠诚度：消费者对品牌的偏爱、选择、尝试购买、重复购买和承诺购买水平。主要用于评估品牌是否能赢得用户的喜爱，从而创造足够的忠诚。

⑤其他专属品牌资产：与品牌资产相关的还有一些专门的、特殊的财产，如专利、专有技术、分销系统等。

|案例分析|

南泥湾的品牌资产的“五星”概念模型如图1-10所示。

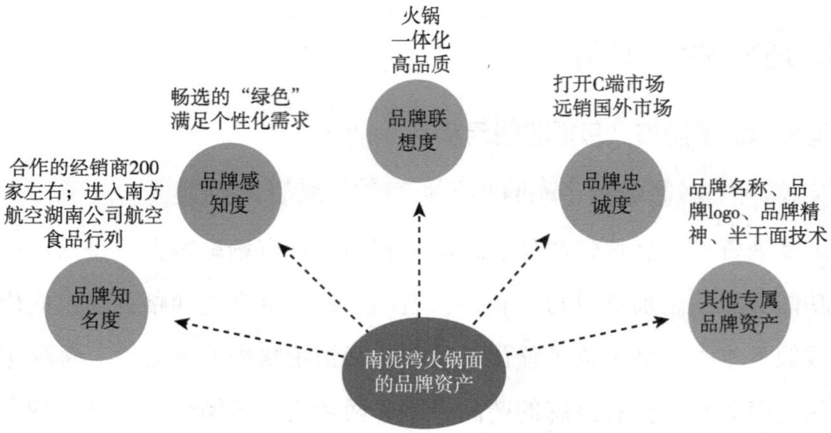

图1-10 南泥湾火锅面的“五星”概念模型

（1）品牌知名度。截至2021年，与南泥湾合作的经销商一共200家左右，经销商的数目非常可观，并进入南方航空湖南公司航空食品行列。慢慢拓展进驻了步步高连锁、家乐福连锁、平和堂等大型商超，热销全国28个省4个直辖市，并与重庆德庄火锅连锁、重庆朝天门火锅连锁、重庆鲁西肥牛火锅连锁、成都味蜀吾火锅连锁、北京井格老灶火锅连锁、浙江澳门豆捞火锅连锁、上海上上签串串火锅连锁、川锅一号火锅连锁等知名火锅连锁经营。

（2）品牌感知度。南泥湾自建了蔬菜生产基地，除了面粉主要从北方进货之外，所有蔬菜和杂粮系列的生鲜面条原料都来自蔬菜基地。目前，南泥湾旗下产品深受广大对食品有高质生态要求的消费者人群喜爱，是广大家庭、大型超市、宾馆、酒店畅选的“绿色”产品。

为了提高生产技术和半干生鲜果蔬火锅面产品品质，南泥湾积极引进日式半干面先进技术和天然保鲜技术，安全绿色健康，营养价值更高。并且南泥湾将半干面工艺和碱面结合起来，开发出了半干面碱水面等多个品种，充分满足消费者对于不同口味的差异化和个性化的需要以及绿色健康的需要。

（3）品牌联想度。南泥湾火锅面的品牌联想主要体现在三个方面。

首先，为了更好地进入市场，身为小企业的南泥湾想到了与火锅店合作，并想出了“火锅面”这个在市场上比较独特的名字，切入市场。

其次，供应链一体化是指在原料采购网中找到优质原料，在加工制造网中生产出中间产品或最终产品，最后由销售网络把产品送到消费者手中的将供应商、制造商、分销商、零售商，直到最终用户连成一个整体的功能网链结构。长沙南泥湾火锅面就拥有这种超强的供应链（合作伙伴），销售网络主要面向B端火锅店销售网，逐渐面向C端家庭销售网。

最后，南泥湾的产品品质从生产基地到产品手工包装，南泥湾从源头保证了产品的绿色环保和质量，是广大家庭、大型超市、宾馆、酒店畅选的“绿色”产品。

（4）品牌忠诚度。南泥湾从B端火锅店入手，逐渐将目光放在C端消费者上。在逐渐步入正轨后，热销全国28个省4个直辖市，并与多家火锅店建立供应关系，还通过代理商将产品销售到了德国和柬埔寨。

（5）其他专属品牌资产。

南泥湾的品牌名称、Logo、“自己动手，丰衣足食”的南泥湾精神、半干面技术等都是南泥湾火锅面的品牌专属资产。

2. 请分析：南泥湾是如何进行品牌定位的？

|理论依据|　　品牌定位、STP理论

（1）品牌定位。品牌定位是企业在市场定位和产品定位的基础上，对特定的品牌在文化取向及个性差异上的商业性决策，它是一个建立与目标市场有关的品牌形象的过程和结果。品牌定位的目的就是将产品转化为品牌，以利于潜在顾客的正确认识。

（2）STP理论。STP是营销学中营销战略的三要素。在现代市场营销理论中，市场细分（Market Segmenting）、目标市场（Target Market）、市场定位（Market Positioning）是构成公司营销战略的核心三要素，被称为STP营销。

①市场细分：市场细分的概念由美国市场学家温德尔·史密斯（Wendell R.Smith）于20世纪50年代中期提出。市场细分是指营销者通过市场调研，依据消费者的需要和欲望、购买行为和购买习惯等方面的差异，把某一产品的市场整体划分为若干消费者群的市场分类过程。每一个消费者群就是一个细分市场，每一个细分市场都是由具有类似需求倾向的消费者构成的群体。

②目标市场：市场营销学者麦卡锡提出应当把消费者看作一个特定的群体，称为目标市场。通过市场细分，有利于明确目标市场，通过市场营销策略的应用，有利于满足目标市场的需要。即：目标市场就是通过市场细分后，企业准备以相应的产品和服务满足其需要的一个或几个子市场。

③市场定位：市场定位是20世纪70年代由美国学者阿尔·赖斯提出的一个重要营销学概念。所谓市场定位就是企业根据目标市场上同类产品竞争状况，针对顾客对该类产品某些特征或属性的重视程度，为本企业产品塑造强有力的、与众不同的鲜明个性，并将其形象生动地传递给顾客，求得顾客认同。市场定位的实质是使本企业与其他企业严格区分开来，使顾客明显感觉和认识到这种差别，从而在顾客心目中占有特殊的位置。

|案例分析|

分析要点：利用STP理论来分析南泥湾火锅面的品牌定位过程，按照细分市场、目标市场的确定和具体的品牌定位三个步骤来进行分析。

（1）市场细分。市场细分是从消费者（指最终消费者和工业生产者）的角度进行划分的，根据市场细分的理论基础，即消费者的需求、动机、购买行为的多元性和差异性来划分。市场细分对企业的生产、营销起着极其重要的作用。

面对传统面条市场的争奇斗艳，南泥湾选择避弃优势锋芒，精准定位生鲜面条半干面的制作。南泥湾火锅面半干面技术采用日本生鲜半干技术，并协同中南林业科技大学经过3年努力自主研发出新产品“半干生鲜果蔬火锅面”，以差异化、个性化的产品开辟出一条独特的发展道路。

（2）目标市场。确定目标市场的程序是：①对细分市场进行评估，以确定目标市场；②选择细分市场的进入方式。通过市场细分后，南泥湾火锅面对中国面条市场进行评估，最终选择避开传统面条市场，选择半干面市场。在投入市场前，南泥湾选择以火锅为切入口，以“火锅面”进入火锅市场。并在之后的发展中从B端市场转入C端市场，进一步开拓市场。

（3）市场定位。所谓市场定位就是企业根据目标市场上同类产品竞争状况，针对顾客对该类产品某些特征或属性的重视程度，为本企业产品塑造强有力的、与众不同的鲜明个性，并将其形象生动地传递给顾客，求得顾客认同。在市场细分和目标市场定位之后，南泥湾确定了品牌的具体定位和个性。品牌定位在火锅市场，并在之后的发展中从B端市场转入C端市场，进一步开拓国外市场。除此之外，南泥湾还定位绿色生态市场，深受广大对食品有高质生态要求的消费者人群喜爱，是广大家庭、大型超市、宾馆、酒店畅选的“绿色”产品。

3.结合案例，南泥湾如何运用多种营销手段不断强化其品牌定位并进行推广？

|理论依据|　4P营销策略

4P营销策略产生于20世纪60年代的美国，随着营销组合理论的提出而出现，杰罗姆·麦卡锡（McCarthy）于1960年在其《基础营销》（Basic Marketing）一书中将这些要素概括为4类：产品（Product）、价格（Price）、渠道（Place）、宣传（Promotion），即著名的4P。

产品（Product）：从市场营销的角度来看，产品是指能够提供给市场被人们使用和消费并满足人们某种需要的任何东西，包括有形产品、服务、人员、组织、观念或它们的组合。

价格（Price）：是指顾客购买产品时的价格，包括折扣、支付期限等。价格或价格决策，关系到企业的利润、成本补偿以及是否有利于产品销售、促销等问题。

渠道（Place）：所谓销售渠道是指在商品从生产企业流转到消费者手上的全过程中所经历的各个环节和推动力量之和。

宣传（Promotion）：应当是包括品牌宣传（广告）、公关、促销等一系列的营销行为。

|案例分析|

南泥湾从产品、定价、渠道和宣传四个方面采取营销措施，一方面，促进销售量的提升；另一方面，不断加强品牌定位和品牌宣传。

（1）产品策略。南泥湾非常重视产品质量。一方面，南泥湾引入日本的半干面技术，并与中南林业科技大学食品学院达成合作，研发的新产品获得湖南省科技进步三等奖，成为中国南方航空的专用面条。另一方面，南泥湾自建了蔬菜生产基地，种植有机绿色蔬菜，从原料这个源头保证了产品的质量和绿色环保。

（2）价格策略。南泥湾的价格策略主要取决于成本。南泥湾的“高成本”主要来自三个方面：高原料成本、高运输成本、高人工成本。南泥湾对高品质的追求导致了高成本，但也使南泥湾火锅面获得了广大经销商的认可，成为行业中的“佼佼者”，成为火锅面中的“高端王者”。

（3）渠道策略。南泥湾最早定位于B端火锅店市场，独特的市场切入点使南泥湾步入市场较为顺利，并在之后拓展C端消费者市场，打造供应链一体化。

（4）宣传策略。南泥湾已打通线上线下全渠道营销。线上渠道方面，南泥湾在各大网购APP上打造了南泥湾火锅面的店铺，并在“618”“双11”“双12”等消费节进行产品促销，如跨店满200减20等相关优惠活动，销量得到大幅提高。线下渠道方面，线下推广以人员上店推销为主，在展览会上崭露头角，吸引火锅店等B端客户进行购买，对于大量统一购买南泥湾火锅面的火锅店餐饮店等，都会给予一定的优惠，给足了火锅店等客户的盈利空间。如今的南泥湾火锅面主要市场还是火锅店餐饮业和线上店面，通过直销和分销相结合的模式，让消费者可以线下品尝体验火锅面的筋道口感，而后在线上购买，他们也希望未来能利用更多样的渠道，逐渐渗透扩大市场，稳步发展。

4.请分析南泥湾火锅面该如何突破“只有火锅才能煮的面”僵局?

|理论依据| **品牌延伸、品牌传播**

品牌延伸的定义：品牌延伸是指企业利用已经成功的品牌，将品牌要素完全或部分地延伸至相关的新产品，甚至不相关的行业、领域，以品牌优势快速切入新市场，并节省市场进入的成本，以此来拓展活动半径，扩大生存空间，强化品牌升值。

品牌延伸的策略：品牌延伸可分为产业延伸和产品线延伸。产业延伸可分为：产业链品牌延伸、相关性品牌延伸。产品线延伸可分为：向上延伸、向下延伸、双向延伸。

品牌传播的定义：品牌传播是向受众传达品牌信息以获得他们对品牌的认同，并最终宣传对品牌的偏好的过程。

品牌传播渠道：品牌传播渠道可分为人员传播渠道和非人员传播渠道。人员传播渠道可分为提倡者、专家和社会渠道三种类型。非人员传播渠道分为媒体传播、销售促进、事件和体验以及公共关系四种形式。

|案例分析|

南泥湾突破僵局的方法主要分为品牌延伸和品牌传播两个渠道。

品牌延伸：南泥湾的品牌延伸主要分为产业链品牌延伸和向上延伸。在产业链品牌延伸中，南泥湾在火锅面领域已较为饱和，且市场份额较为稳定，为此，南泥湾打造了拉面、杂粮面、干面条、烩面、刀削面等多个品种。在向上延伸中，南泥湾基于自有的蔬菜生产基地，除生产面条所需的蔬菜产品外，还生产高质量的竹岩土鸡、有机营养农家鸡蛋等农产品，打造高端产品，实现较高的增长率和利润率。

品牌传播：南泥湾的品牌传播主要可采取社会渠道传播、媒体传播、销售促进，以及事件和体验传播。在社会渠道传播方面，南泥湾可以以高品质生活者为“意见领袖”，带动相关社会网络人员购买。在媒体传播方面，南泥湾可以通过网络媒体进行产品宣传。在销售促进方面，南泥湾在消费节进行了产品促销，如跨店满200减20等相关优惠活动，销量得到大幅提高。在事件和体验传播方面，南泥湾以人员上店推销为主，在展览会上崭露头角，吸引火锅店等B端客户进行购买。

五、关键要点

1. 案例分析关键点

本案例通过介绍南泥湾火锅面的品牌打造过程，重点介绍品牌定位和品牌营销，通过分析南泥湾的品牌资产、品牌定位、品牌营销、品牌延伸和品牌传播等内容，进一步理解品牌营销的相关知识点，并掌握案例分析方法。

2. 关键知识点

（1）品牌资产的构成元素、品牌资产的“五星”概念模型；

（2）品牌定位的STP理论模型；

（3）4P营销策略；

（4）品牌延伸、品牌延伸的策略；

（5）品牌传播、品牌传播渠道。

3. 关键能力点

（1）理解、分析和解决问题的能力；

（2）学以致用的知识迁移能力，能将知识点与案例内容结合；

（3）批判性思考能力，客观合理分析案例。

六、建议教学计划

1. 时间安排

本案例可以作为独立的案例供讨论课使用，也可以用于品牌管理等课程中相关知识点的讲解。表1-1是按照时间进度提供的教学时间计划，仅供参考，整个教学过程以120分钟为宜。

表1-1 教学时间计划

<table>
<tr><th colspan="2">课堂阶段</th><th>具体内容</th><th>教学目标</th><th>时间安排</th></tr>
<tr><td colspan="2">课前计划</td><td>教师提前1周发布案例正文、辅助资料和启发思考题，要求每位学生在课前分小组去查找相关背景资料、理论知识并完成案例的启发思考题，形成Word文档，并在课前上交</td><td>引导学生课前完成案例阅读和理论知识学习，完成初步思考</td><td>课前1周</td></tr>
<tr><td rowspan="4">课中计划</td><td>课堂引入</td><td>（1）学生自由发言对南泥湾的了解信息，作为案例引入
（2）教师简要介绍本次案例背景、内容和理论知识点</td><td>引导学生快速融入案例学习情境，便于后续学习和讨论</td><td>10分钟</td></tr>
<tr><td>分组讨论</td><td>通过抽签或者自主组队的方式形成8组，每2个组分配1个相同的思考题，各组结合理论知识点进行小组讨论并形成观点</td><td>促进学生相互沟通协调，在理论框架下形成小组观点</td><td>20分钟</td></tr>
<tr><td>小组发言</td><td>（1）依据思考题的顺序进行小组发言，针对分配相同思考题的2组，1组选派1人进行代表发言，另1组选派1人进行点评与补充，每2组20分钟
（2）每2组回答完毕后，其他组成员可以自主发言。教师就发言内容进行点评与补充，表扬优点，指出不足，并启发学生完善对问题的解答</td><td>引导学生批判性思考，探析问题的本质，掌握知识迁移的能力</td><td>80分钟</td></tr>
<tr><td>课堂总结</td><td>教师评价总结各小组发言表现，梳理案例逻辑，再次强调易错理论知识点</td><td>深化学生对知识点的理解，加强学生的语言表达能力</td><td>10分钟</td></tr>
<tr><td colspan="2">课后计划</td><td>结合学生与教师的建议，优化小组思考题的答案，并以小组为单位上交电子版答案。最后附上小组成员名字与分工，标明自主发言人</td><td>加强学生对知识点的理解，强化学生的书面表达能力</td><td>课后1周</td></tr>
</table>

2.课堂提问逻辑

（1）针对思考题“1.南泥湾的品牌资产包括哪些元素？”教师可以提出以下引导性问题：

①依据生活经验，你们认为品牌应该包括哪些内容？

②在预习过程中，你们发现了南泥湾的哪些品牌元素？

（2）针对思考题“2.请分析：南泥湾是如何进行品牌定位的？”教师可以提出以下引导性问题：

①在预习过后，你们对品牌定位和品牌定位的方法了解了哪些内容？

②你们认为南泥湾现在的品牌定位是什么？

③结合STP理论，你们认为南泥湾是如何形成现在的品牌定位的呢？

（3）针对思考题“3.结合案例，南泥湾如何运用多种营销手段不断强化其品牌定位并进行推广？”教师可以提出以下引导性问题：

①在预习后，你们了解到了哪些品牌营销策略？

②结合4P理论，你们对南泥湾的品牌营销策略有何理解？

（4）针对思考题“4、请分析南泥湾火锅面该如何突破‘只有火锅才能煮的面’僵局？”教师可以提出以下引导性问题：

①了解完南泥湾的案例后，你们认为现在南泥湾面临哪些困境和僵局呢？

②你们认为南泥湾该如何打破这些僵局呢？

3.课堂板书设计

为更好地激发学生的学习热情，本案例采用图画式板书，尽量做到简洁生动地描述每个思考题的回答思路。板书如图1–11至图1–14所示。

问题1：南泥湾的品牌资产包括哪些元素？

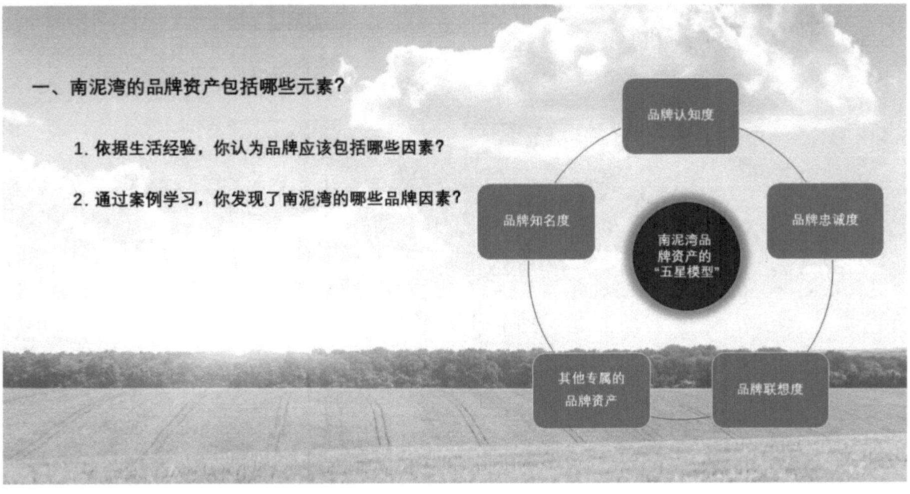

图1–11　板书1

问题2：请分析：南泥湾是如何进行品牌定位的?

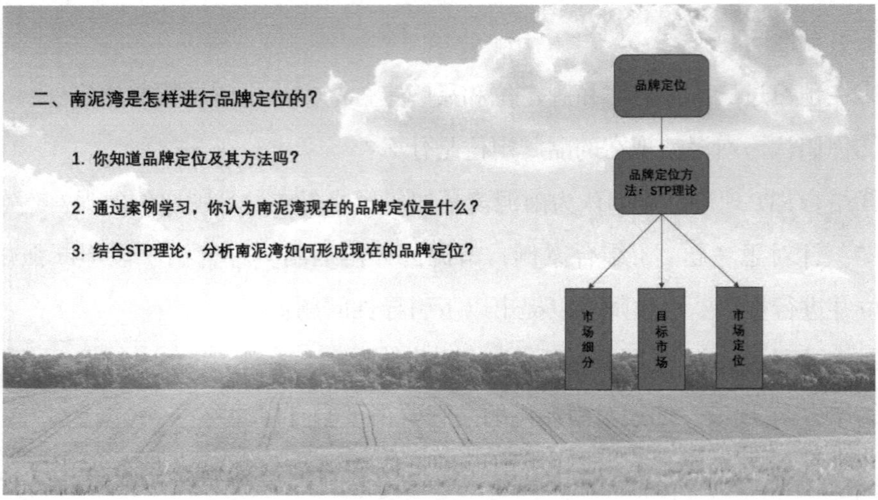

图1-12 板书2

问题3：结合案例，南泥湾如何运用多种营销手段不断强化其品牌定位并进行推广?

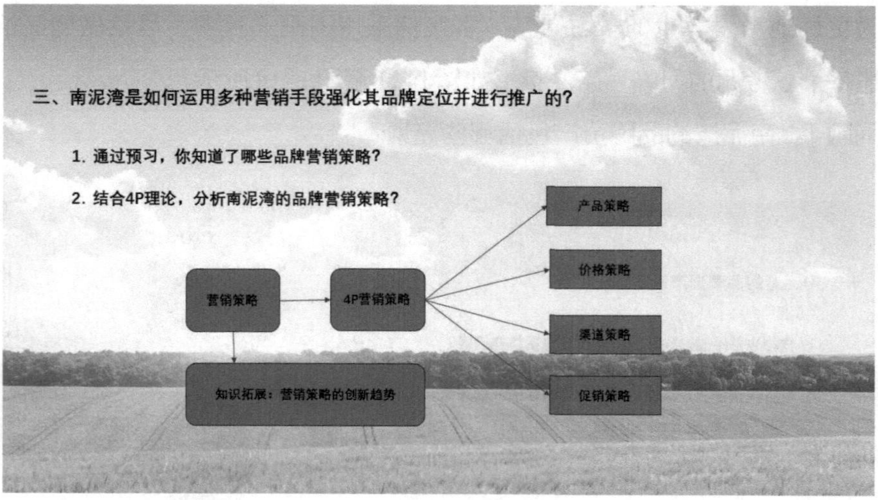

图1-13 板书3

问题4：请分析南泥湾火锅面该如何突破“只有火锅才能煮的面”僵局?

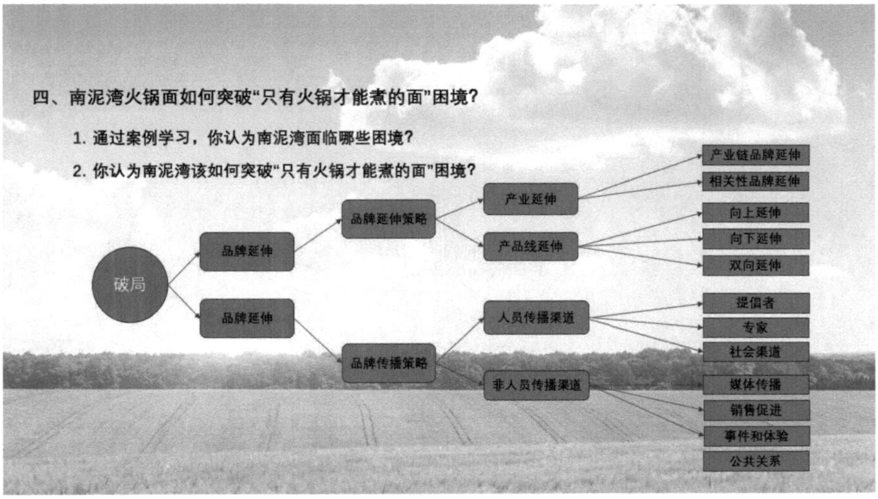

图1-14 板书4

案例二

风驰电掣："神农金康"如何打造"敏捷"之路？

摘要：本案例回顾神农金康公司从线下实体转战线上电商，从天猫购物式平台拓展到抖音短视频平台两次转型发展历程。从中分别提炼出隐藏在神农金康快速转型背后的人员敏捷性，其中包括员工忠诚、知识转化和实践创新能力；供应链敏捷性体现在市场响应、资源整合和标准管控能力；品牌敏捷性更加侧重于从机会识别、市场细分和产品研发角度进行展开。伴随着淘宝流量红利的消失，案例最后指出目前线上电商企业发展遇到的困境，引发学者思考破局之道，为线上电商企业发展提供思考和借鉴意义。

关键词：战略转型；线上电商；敏捷性；品牌策略

适用课程：本案例主要适用于战略管理、品牌管理课程的环境分析、战略转型和品牌布局等章节使用。

案例正文

一、引言

2021年11月14日，长沙神农金康总公司（以下简称"神农金康"）的办公室中，董事长何礼明正在和员工部署下一阶段的工作事宜。突然，一阵突兀的敲门声打断了他们的会议。"不好意思何总，天猫平台将我们"双11"的销售报表统计出来了，请您过目。"秘书连忙将销售报表递给何总。看着何总打开报表后微蹙的眉头，办公室里的人大气不敢出，默默等待着何总的答复。"啪"，何礼明合上销售报表，喜上眉梢地对下面的员工说："伙伴们，经过咱们不懈地努力，我们再次获得了天猫养生茶销量排行第一的美誉，可喜可贺呀。"

在大家的一片祝贺声中，神农金康创始人何礼明回想起这些年来公司取得的成就，想到公司从一家小微企业到如今的"湖南农业产业化龙头企业""国家级电子商务示范企业"，一路上他们经历了太多（见图2-1）。他的思绪不禁回到了2006年，那是他创办神农金康公司的第一年。

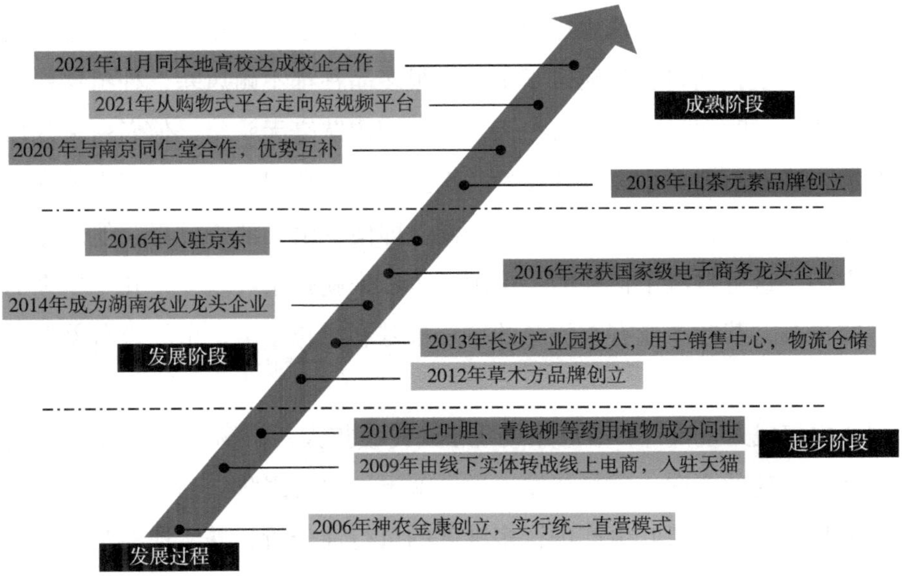

图2-1　神农金康发展历程

二、线下实体濒绝境，转战线上获新生

1.初心早定，寻获商机

湖南邵阳绥宁，地处云贵高原东部边缘，南岭山脉80里大南山北麓和雪峰山脉交会地带，平均海拔800米。迄今为止，这里仍然保持苍绿的原始森林生态，密集的天然冷水溪流孕育了这一片优质水源。由于从未被开垦过，这里仍保留着最纯真的无污染土壤。然而，这样一片生机的土地，却无法支撑起当地居民的生计，大量青年被迫出城务工，只得留下孤寡老人和孩子……

在贫苦的农村长大的何礼明，面朝黄土背朝天，从很小开始，便挑起了生活的重担。2006年前后，在国家政策的大力引导和众多新兴公司兴起的背景下，国内创业潮达到一个新起点。由于大学主修商学，又在社会上经历了两年的摸爬滚打，何礼明逐渐对国内的商业脉络有清晰的认知，于是，他同他的团队开启了艰难的农产品创业之路。

因为自己淋过雨，所以才更想为别人撑伞。当考察到绥宁县时，他不禁感叹这一片纯天然无污染的土地；同时，也在心中暗下决心，立志要帮助当地的农户摆脱贫困，实现小康，把出去务工的青年都吸引回来，创造属于这一片的新天地。

即使有着得天独厚的气候、土壤、水源条件，要生产什么呢？这个问题困惑了何礼明许久。起初，他预想过很多产品，在咨询多方专家后，专家普遍认为湖南绥宁气候多变；同时，基地位于山地，很多品种都不耐风寒，种植这些产品存在很大的风险。时间过了一天又一天，何礼明团队毫无头绪，他们白天外出询问专业意见，晚上上山考察。直到偶然一次上山，何礼明发现了几棵零零碎碎的茶树，树叶厚实肥沃，翠绿欲滴，果实丰满。即使在偌大的森林里，他还是一眼注意到了它们。这可点醒了何礼明，中国自古以来就是茶叶之乡，几千年来的饮茶习俗不容更改，茶叶产业有着深厚的市场根基和成长土壤，市场蕴藏着巨大的消费潜力。

据业内权威人士预计，茶叶市场规模将持续扩大，市场容纳度也会不断扩宽，这更加坚定了他的方向。蓄势待发，说干就干，他与团队立刻着手查询茶叶产业的相关资料，对当地茶叶生产进行多维度的可行性分析，并实地参观考察，最终确立以养生茶市场为方向。

当时，红茶、绿茶、乌龙茶等传统茶叶几乎占据大半市场，茶叶企业也基本形成规模化效益，何礼明要如何突破重围，形成自己的竞争优势呢？——养生茶。本草养生茶能够带领人们回归自然，享受健康，带来一种纯净自然的生活方式。加之21世纪初，养生茶市场还未成熟，前景巨大。何礼明团队构思生产一类能够通过饮茶来调理身体，治疗相关症状的茶疗产品。原产地野生的青钱柳芽叶、七叶胆芽叶、杜仲春芽叶以及茅岩莓是次原始森林中宝贵的药用植物资源，何礼明心想为什么不能将中草药药片同这几个品种结合起来呢？在绥宁实验成功后，何礼明毅然决然选择茶疗之路，研发出了分别具有不同健康功效的青钱柳茶、七胆叶茶、杜仲茶和莓茶四大系列。自此“神农金康”顺势而生。

2. 实体创业，步履维艰

2006年是“十一五”的开局之年，连锁经营的发展跃上一个新的台阶。电视里传来声音：“根据商务部商业改革发展司和中国连锁经营协会的调查统计，继去年‘连锁100强’首次突破10%后，本季度提高到11.2%，以国美电器为首的连锁经营企业前一百强销售规模达到8552亿元，同比增长25%，大大高于社会零售总额幅度”。何礼明立马关上电视，组织团队开会讨论下一步的战略部署。

运营部小李认为，相比于个体户管理的传统经营方式，连锁直营运营模式实行由上至下的统一直接式管理，统一进货，统一标识，统一培训，统一服务。这不仅提高了各店的专业化水平和员工素养，确保消费者对品牌的清晰认知，而且帮助自身找准市场定位，及时掌握消费者的多元化、个性化需求，无疑是神农金康这个新兴企业最迫切需要的。

通过对国内连锁直营市场进行大数据调查和预测，何礼明团队最终确定在全国范围内开设实体店，走连锁直营的策略。当然，开连锁店并不是一朝一夕能完成的，神农金康是一个全新的品牌，没有强大资本和背景支撑。何礼明只能带领团队全心投入产品研发，并且申请了诸多产品检验报告，力求用最优质的产品和最健康的理念感化顾客，经过他们的不懈努力，仅仅两年时间就在北京、湖南、江西等地布局了12家实体连锁店铺。

3. 抓住契机，转战线上

即使未能走向顶峰，神农金康的线下实体店铺也能够保持较为稳定的收入。直至2008年1月，全球范围内金融危机爆发。美国巨大债务危机波及世界，消化了中国的产能，我国经济陷入低迷，内需严重不足。初出茅庐的神农金康品牌知名度较低，品牌资产薄弱，抗风险能力差，加上长时间的供需不平衡，导致运营成本相对较高，12家实体店先后关闭。

然而，祸兮福所倚，福兮祸所伏。即使危机给国内实体经济带来较大影响，但也给线上电商发展带来了机会。彼时，“大淘宝战略”浮出水面，百度高度亮相，新易趣平台整合成效显现，网络营销成为最吸引眼球的新阵地。展望2009年，电子商务市场不容小觑。神农金康当然要抓准这个机会风口。

何礼明团队本身就是高校毕业生创业团队，基本都是“80后”“90后”，员工年轻化给公司带来巨大的活力和创造力，他们的学习能力强，思维敏捷性高，这既是资源，也是优势。

新生代为神农金康顺应此次电商潮流提供了人力基础。不同于老一代，他们生活在互联网兴起的年代。在互联网文化的熏陶下，他们不仅具有更加开放创新的思维；而且对网络营销有着更为敏感精准的认识。当时，电商消费群体的主流是年轻群体，只有年轻人才更了解年轻人，何礼明团队明白只有以消费者为导向，提供更加多元化、质量有保证、性价比高的产品才能够受到当代青年消费者青睐。

2008年阿里巴巴集团势如破竹，马云强调：“我们要给商家或个人提供一个标准可靠的交流信息传递平台，这是电子商务市场成型的必经之路。”因此选择当时冉冉兴起的天猫平台无疑是最正确的决定。没有一个商家会拒绝一个好的平台，对企业而言，一方面，天猫针对新企业入驻实行流量帮扶机制，极大地降低企业投入成本；另一方面，天猫旗舰店给商家一个可持续经营的阵地，能够更好地帮助商家强化品牌心智，沉淀用户。对顾客而言，天猫B2C模式直接建立起了商家与客户的桥梁，提供百分百品质商品，7天无理由退换货售后服务，提高消费者信任，增强顾客黏性。由此，神农金康依托天猫这个第三方平台，开启了“互联网+茶疗文化”的新篇章。

三、“敏捷”核心发展快，一跃竟成行头龙

1. 青春活力，焕发生机

初出茅庐的神农金康如何在风云涌动的天猫电商平台站稳脚跟？这个问题让当时的何礼明思索良久。首先他认为，他们的核心法宝之一就是“人”。

神农金康作为一家主打线上的电商企业，核心依托的就是“人”。这个人既指

消费者，又包括企业员工。公司于家明经理指出，虽然神农金康的目标消费群体是中老年人，但是当今时代购买途径的多样化、线上化、便利化，就决定了必须吸引这样一批与电商市场衔接密切的年轻群体，培养其创新性思维，形成一种迅速应对市场变化的条件反射本能，从而使神农金康能够紧追市场潮流，牢牢把握顾客消费心理偏好，筑牢人员基础。

何礼明透露，一直以来，神农金康就希望年轻群体的加入，以此来为公司时时注入新鲜血液，保持公司的开放和活力。目前，神农金康公司员工平均年龄在26岁左右，公司内部充满着青春、活力与朝气的气息。

然而，他也清醒地认识到年轻人做事情往往拥有自己的思维方式与行事特点，在利于团队形成乐观向上的氛围同时也存在就业初期心态不稳、活跃度高的特点，导致公司存在人才流失，跳槽率高的现象。

基于此，神农金康一直注重团队合作精神的培养，秉承着"健康、快乐、成长、成就"的八字宗旨来让员工在神农金康工作得快乐，成长得舒心，最终劳有所获，技有所长。神农金康每年会在重大节庆日时举办团建活动，增强团队凝聚力（见图2–2）。在日常工作中也侧重从知识、技能、思维、自信心以及价值观五个层面对团队的年轻群体进行训练，提高员工发现问题、解决问题、提高创造性思维的能力。

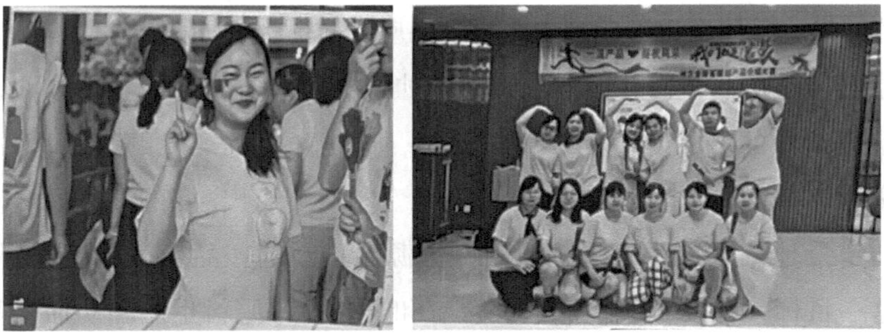

图2–2　员工团建照片

此外，神农金康为员工"量身定做"了灵活的调动机制。对于工龄较长，工作绩效优秀，并且与公司发展理念契合的员工，公司会将其提拔为管理层，负责管理架构工作；对于随着时间发展，逐渐跟不上公司发展脚步的员工，神农金康会将其淘汰，发放一定补贴，推荐其去更加适合的公司发展。

这样一来，神农金康不仅筑牢了应对风险的内部城墙，还增强了公司基于市场变化作出决策的可靠性和人员敏捷性（见图2-3）。

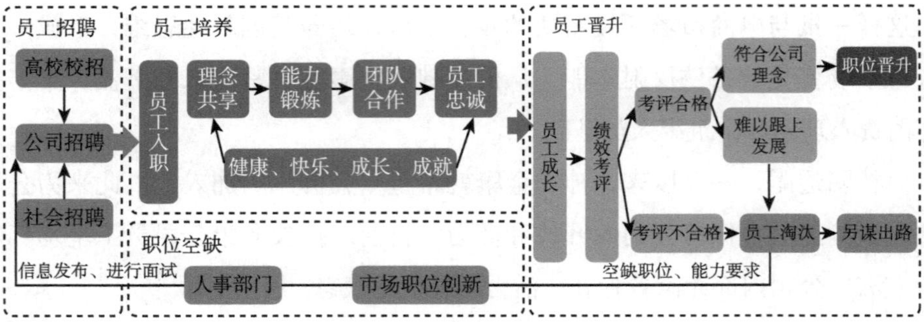

图2-3　神农金康员工培养模式

2. 自产自销，灵活多变

神农金康深植于养生茶行业，主打产品包括菊苣栀子茶、菊花决明子茶和胖大海栀子茶等，物流涵盖全国36个省市。截至2021年12月，神农金康全网官方自营店粉丝量近30万（不包括代理商和经销商网店），其中，在天猫和京东旗舰店中，主打商品的月销售额均达到1000元以上。其大范围的引流能力和众多的粉丝数量增加了神农金康产品的曝光度和销量。而逐渐加快的产品上新、升级速度和大体量的销售之下是它强大的供应链整合能力在背后支持。集产品种植、产品初加工、产品运输、产品深加工、产品开发、产品品质管理、仓储管理等于一体的自产自销的供应链体系也形成神农金康的供应链敏捷性。如图2-4所示。

在原料种植环节，何礼明与农户达成协议，坚持合作共赢。一方面，农户根据神农金康给予的产品质量标准种植原料，这是产品标准化的起点。另一方面，神农金康能够获得最原生态、无污染的生产原料，保证良好的产品质量。神农金康定期、定量地从农户手中采购原料，为源源不断的产品生产和流通提供保障。为实现这一目标，神农金康在湘西、绥宁和长白山等原料生产和初加工基地先后落地生根。

在产品加工环节，神农金康在集中收购原料之后，为了减少流通损耗，会就近建立初加工工厂，对原料进行初步筛选、晒干等初加工。之后，来自全国各地的初加工原料将被送往长沙产业园进行产品加工与组装。经过长时间的实践证明，要想减少库存积压，必须转变产品加工与商品销售的前后顺序——以订单量定产量。各平台的销售与订单信息及时反馈给加工组装仓，员工迅速作出反应对初加工产品进行组装、包装、贴单号等。大部分的产品筛选与加工组装都采用流水线作业；同时，出于对产品质量把控的要求，也需要人工实时地进行监督、管理。全过程采用"机械化+人工"模式完成，机械化提高生产效率，人工作业保证产品质量。

商品销售方面，主要包括两个销售渠道，其一是神农金康自主经营，涵盖天猫旗舰店、淘宝工厂店和京东旗舰店。其二是将产品分销出去，让经销商和代理商售卖，典型的分销渠道就是京东自营店。这也是神农金康在发货区单独将京东的订单分割出来的原因，京东自营由京东方进行管理，需要提前囤积货物，其运营管理也是独立的。

为了准确地把握消费者的心理特征，神农金康与清华大学数据研究中心合作，建构了一条销售数据—客户数据分析的双向反馈之路。将销售数据中客户的消费偏好和订单信息送往客户数据分析中心，对消费者画像进行存储，大数据将会及时地向潜在顾客和潜在复购者推送相关信息，以此反向哺育销售，提高销售额。

至此，神农金康形成原料自产、加工自理、网店自营和产品自销的高度自主化供应链模式，如图2-4所示。

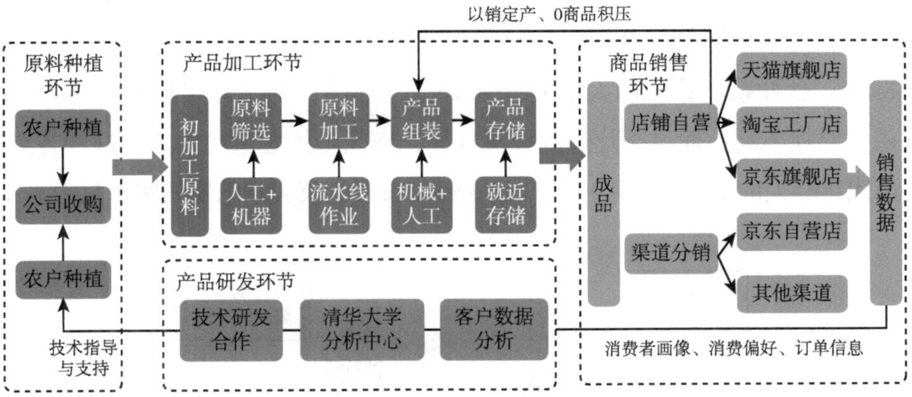

图2-4 神农金康供应链模式

3. 量体裁衣，打造品牌

随着经济与时代的发展，"互联网+"经济模式的异军突起，消费者的消费能力、消费结构、消费观念、消费心理都在发生改变，养生茶市场面临着新一轮的洗牌。时势造英雄，如何在茶市场消费需求升级的大背景下准确识别顾客的消费痛点，结合自身优势打造独树一帜的养生茶品牌，成为神农金康能否在养生茶市场分得一杯羹、长足发展的关键之处。

面对瞬息万变的市场环境，何总和他的团队迅速作出反应，收集市场变化信息，灵活分析数据，不断精化细分市场，力求把握住当下市场的脉搏，以便对症下药，量体裁衣。顾客个性化与多样化需求的涌现引导何总团队不断研发新产品，开拓新品牌以适应消费者新需求，引导消费新方向。

消费群体年轻化趋势。经济的发展、工作模式的转变导致许多年轻人由于工作或生活压力患上了慢性疾病，“猝死”“亚健康”等关键词在网上频频出现。这不仅给挥霍身体的年轻群体敲响警钟，也让他们把目光开始聚焦在养生上，自此养生不再是老年人的专利，崇尚健康，积极养生在年轻群体中掀起一股热浪，而作为养生代名词的茶，则成为年轻人中的当红“炸子鸡”。

何总立刻意识到，由于消费需求涌现得迅速突然，在茶叶市场针对年轻人特定的茶产品仍处于空白阶段。机不可失，何总团队运用大数据迅速收集饮茶年轻人的海量信息，分析得出这个体量庞大的消费群体不同于上一代消费者的一个显著特征是，注重品牌，对品牌辨识度的要求很高；同时，追求个性化、多样化产品，关注全方位的体验与享受。神农金康以此为出发点，开始有意地将企业原本的主品牌——“神农金康”打造成为一款个性化多样化的现代养生茶饮。作为企业主品牌，神农金康品牌茶饮践行着传承中华茶疗文化的宗旨，开发了七叶胆茶、青钱柳茶、杜仲茶、莓茶四大系列50余种茶疗珍品，均是对现代社会各种常见的慢性疾病对症下药，通过茶疗达到缓解疾病，恢复身体健康的目的。这些特点无疑契合当代年轻人的日常生活需求，产品一经发布便收获大批忠实顾客（见图2-5）。

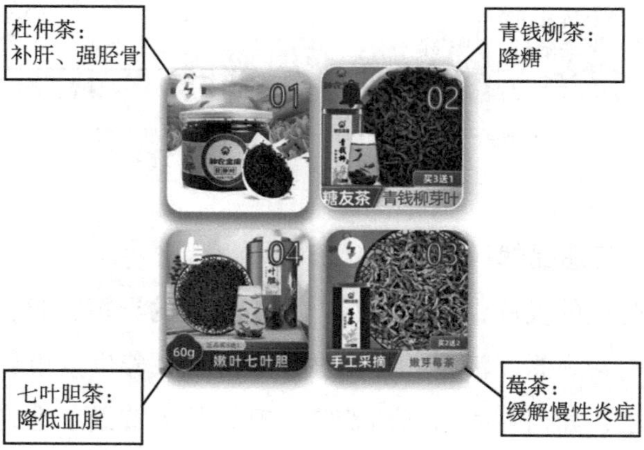

图2-5　神农金康四大系列产品

“中草药”追捧之风。“菊花明目治头眼”“当归补血又通脉”，民间流传的重要养生箴言谚语用深入浅出的语言阐释了其中深刻的养生道理，也点明了何礼明团队开发品牌的思路。随着医疗技术水平的提升，我们对中草药元素的获取也得到了突破性的进步，中草药的疗效越来越受到重视。何礼明意识到，将中草药与茶叶搭配起来，使养生健康的茶强上加强，一定是未来养生茶市场发展的一个大方向。

在敏锐地察觉到这一市场变化方向后，神农金康便以此为创新点，通过古籍查阅，科学研发，寻找出功效强且适合搭配产品茶叶的中草药，将这些中草药提取组合，与原生态茶叶搭配，推出以中草药组方为卖点的子品牌——草木方，着重在中草药和茶叶的搭配上下功夫；同时，针对男性与女性市场的不同养生需求针对性地开发不同产品，以适应市场变化，引导市场需求（见图2-6）。草木方旗下销量最佳的菊花决明子茶便是将金银花与菊花、人参片、甘草、茯苓、罗汉果等18味强力草本精华搭配起来，针对现代人熬夜常态化的现状而制，帮助调理熬夜后的身体状态。

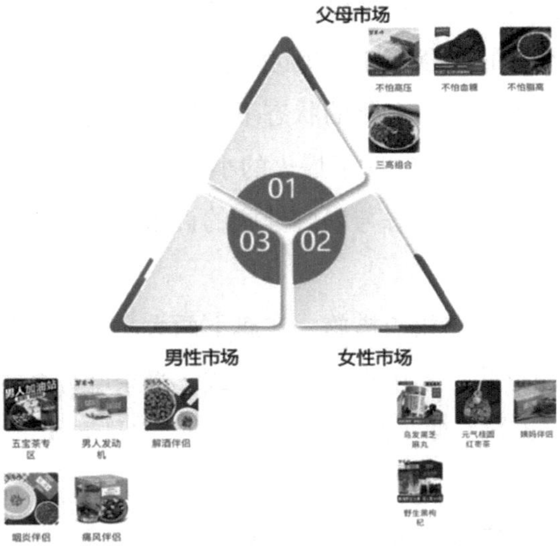

图2-6　草木方三大产品类

在产品试水成功后，神农金康灵活调节供应链，迅速扩大草木方生产线，使该子品牌在茶叶市场站稳脚跟，与主品牌神农金康互补，满足多样化的消费者需求。为了扩大草木方的市场影响力，神农金康选择与南京同仁堂联名的方式，通过贴牌南京同仁堂来提升草木方产品销量；同时，也是为南京同仁堂提供优质产品，二者优势互补，“珠联璧合”，实现共赢局面。自此神农金康由养生茶市场的跟跑者转变为领跑者（见图2-7）。

图2-7　草木方与南京同仁堂联名产品

“轻养生”理念出现。所谓“轻”，便是做减法，相较于传统养生繁多的项目、冗杂的步骤、五花八门的配套器具，“轻养生”更注重简化养生程序，节省消费者时间，在一种随性、平和、常态化的状态下，潜移默化地实现身心内在均衡，让养生成为一件没有负担的事情，时下爆火的小罐茶硬是将营销卖点打在了这上面，这也化解了当下人们忙碌的状态与渴望健康的诉求之间的矛盾，成为人们所推崇的养生理念。

神农金康也敏捷地采取相应措施，在旗下两大品牌里，摒弃以往传统茶叶厚重的茶饼或大茶罐的形式，采用小包装的形式，将茶叶分装为一袋袋适应单次冲泡的便携三角粽子小茶包，便于消费者日常携带，定量泡饮，方便且健康。

四、流量红利消失尽，拓宽发展成趋势

1.品牌拓展：迈入个人护理行业

2018年的一天，何礼明发现公司的一名男客服人员竟然在办公室里化妆，这可让他大为震惊，难道男生也是可以化妆吗？通过调查发现，目前男性化妆品市场并未完全发展成型，尤其是龙头企业尚未成型，基本上都是处于女性化妆品的

附属产品线。同时，他也发现，目前男性"秃顶""脱发"现象严重，并且呈现出年轻化趋势。公司内20—30岁男性成员中，有将近五成有脱发烦恼。嗅觉敏锐的何礼明认为这是一个绝好的新商机，将养生与男性护理结合起来，也许能够焕发出不一样的风采。

同年，何礼明创建了神农金康旗下子品牌——山茶元素，主打男士中草药个人护理和化妆品市场。随后，公司与清华大学分析中心展开合作，获得了首份中药茶质纹图谱库以及山茶元素五项国家发明专利，并且通过专项经费研发生产出了山茶元素洗发水。这是一种利用中草药提取技术，在山茶中提取了一种聚合分子在配伍上在黄芪、何首乌、丹参、当归等数种中草药中提取物，合成了一种外用于头皮降低AR受体因子浓度的配方山茶元素洗发水。

至此，神农金康形成"核心品牌主打养生，草木方细分市场，山茶元素供给男性护理"的主副品牌格局。子品牌是对母品牌市场的细分与补充，而母品牌则能够依靠子品牌打开更多的消费者市场（见图2–8）。

图2–8 品牌布局

2. 校企合作：提前招聘管培生

2021年11月，神农金康企业通过初步与湖南农业大学商学院进行接洽，确定了初期的合作方案。按照方案内容，神农金康公司承诺向湖南农业大学商学院市场营销系学生提供实习岗位，可以提前让营销系学生熟悉、了解相关的运营工作，让他们在实践中提高自己的实际运营分析能力；同时，也承诺会向优秀且有意向在神农金康公司的毕业生发放工作offer。这也标志着神农金康公司正在从原来的"招聘年轻人"模式走向"培养年轻人"模式，公司拥有了更长的时间来培训"未来员工”，而员工也有了更长的缓冲期来接触公司，了解他们未来的工作岗位与工作内容。

董事长何礼明也在时时关注着他们动态。每天，实训组的组长都会按时对工作内容进行汇总和思考，总结优秀的经验和做法，探讨已发现问题解决办法。此外，何礼明经常鼓励同学们要大胆接触新鲜事物，勇于将自己在学校所学习到的理论知识付诸实践，敢于在不断尝试中去创新，挖掘出自身的潜力与潜能（见图2-9）。

图2-9　管培生直播合影

3. 抖音直播：从购物式平台走向短视频平台

2021年，伴随着淘宝、天猫等购物式平台流量红利的消失，逐年递增的店铺流量运营成本也让何礼明在不断思索，究竟下一个时代浪潮的风口在哪里？哪里才能获得更多的流量关注？这时，一位员工的话点醒了何礼明，“我今天要早点下班，李佳琦今晚有直播，我都期待好几天了”。这句话正巧砸在了何礼明的心口，他心想：“现在直播这么火爆，那我们为什么不采用直播带货呢？”

神农金康公司本来就是主打线上电商销售，生产速度快、物流配送体系健全，加上公司都是俊男美女的年轻人，接受新事物能力快，做成直播难度应该不是很大。至于直播平台，何礼明初步决定在抖音平台进行试水，抖音流量大、受众多，而且抖音也具有商城功能，消费者可以直接在抖音购买产品，形成多平台经济收益；退一步说，倘若直播效果不佳或者出现不良现象，也不至于危及天猫主店铺。于是，当天他就召开公司会议，在广泛听取各方意见之后，他当即决定设立直播组，进驻直播。

目前，神农金康官方共运营3个抖音账号，其中1个交由管培生学生运营，由其自主负责视频脚本的撰写、内容的拍摄以及账号日常运营工作。主账号交由公司抖音组负责，视频内容多为农产品科普，每晚8点固定进行产品直播，帮助更多的人了解神农金康。

五、市场份额呈饱和，未来发展何去从？

2022年，站在新时代潮头，久久困扰着何礼明的问题便是下一个时代风口究竟在哪里？视线回到了神农金康会议室内，何礼明清了清嗓子说；"今天我把大家召集在这里的目的是想要讨论，作为目前天猫养生茶排行榜的TOP1，在市场份额日趋呈现出饱和的状态下，我们下一步究竟该向何发展？"

目前摆在大家面前有两条发展道路。一是发展重心是继续坚守养生茶市场，拓展养生茶应用场景和适用人群，做大养生茶市场蛋糕容量，从而能够持续扩大自己的商业规模。二是选择公司实施多元化战略，迈出养生茶市场，紧紧围绕"茶"元素，从养生拓展到护理，重新打开新世界的大门。

面对会议室内员工的七嘴八舌，何礼明的思绪又飘向了远方。

六、启发思考题

1.结合波特五力模型理论知识，分析神农金康公司的两次发展转变是如何找准时机的？

2.结合供应链协同发展理论，分析神农金康公司转战线上电商平台之后，它的供应链是如何协同发展的？

3.神农金康公司采取的是何种品牌策略？为什么要采取这种策略？它有哪些好处和不足？

4.结合敏捷性相关知识，分析神农金康公司"敏捷性"具体体现在什么方面？是如何表现出来的？

案例适用说明

一、教学目的与用途

1. 适用课程

本案例主要适用于战略管理、品牌管理课程的环境分析、战略转型和品牌布局等章节使用。

2. 适用对象

本案例适用于本科生、MBA、EMBA 以及企业高管培训学员等各层次学生的教学使用。

3. 教学目标

本案例回顾神农金康公司从线下实体转战线上电商，从天猫购物式平台拓展到抖音短视频平台两次转型发展历程，详细展示了企业是如何迅速抓住时机实现两次转型发展的，并且在过程中逐步提升企业员工敏捷性、供应链敏捷性和品牌敏捷性。教师引导学生使用相关理论对神农金康的两次转型发展进行深入分析，以提升学生识别、分析和解决问题的能力，具体如下。

（1）结合波特五力模型相关知识，明白宏观、微观环境在企业转型发展过程中的重要性，能够辨别并分析出企业的现有竞争者的竞争能力、潜在竞争者进入的能力、替代品的替代能力、购买者的议价能力以及供应者的议价能力。

（2）学习不同的商业供应链模式，理解供应链协同发展理论的核心与要义，探究在未来供应链模式应该如何发展。

（3）学会理解企业实施不同的品牌归属和品牌名称策略的原因以及所带来的优劣点，能够灵活运用理论知识点进行案例分析。

（4）理解动态能力、敏捷性之间的关系，能够提炼并概括出神农金康企业的三层敏捷性表现，并且分析出其背后的内在联系。

二、启发思考题

1.结合波特五力模型理论知识，分析神农金康公司的两次发展转变是如何找准时机的？

2.结合供应链协同发展理论，分析神农金康公司转战线上电商平台之后，它的供应链是如何协同发展的？

3.神农金康公司采取的是何种品牌策略？为什么要采取这种策略？它有哪些好处和不足？

4.结合敏捷性相关知识，分析神农金康公司"敏捷性"具体体现在什么方面？是如何表现出来的？

三、分析思路

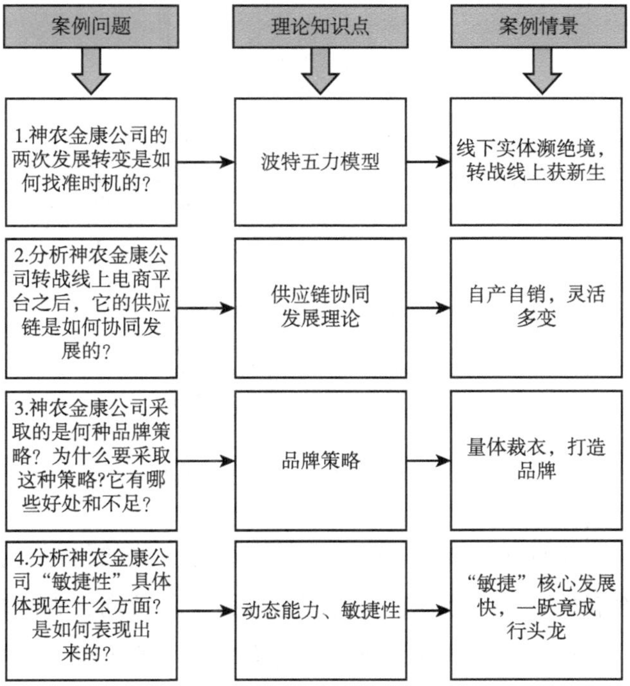

图2-10

四、理论依据与分析

1. 结合波特五力模型理论知识，分析神农金康公司的两次发展转变是如何找准时机的?

|理论依据|

波特五力模型是由“全球竞争战略之父”——哈佛商学院的教授迈克尔·波特于20世纪80年代提出。它整合产业链上下游和竞争左右端，将大量不同的因素汇集在一个简便的模型之中，揭示了影响产业发展的五种基本力量，分别是现有竞争者的竞争能力、潜在竞争者进入的能力、替代品的替代能力、购买者的议价能力以及供应者的议价能力。这些力量决定着产业的竞争规模和竞争实力，综合影响着产业吸引力和利润率，对企业一切的战略部署决策起到关键性作用（见图2-11）。

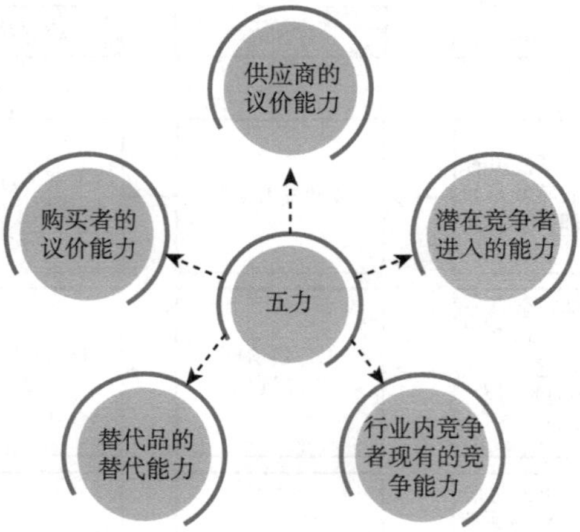

图2-11　波特五力模型示意图

（1）现有竞争者的竞争能力。行业中的大部分企业的目标都在于使自己的企业获得相对于竞争对手的优势，它们之间形成强大的抗衡，在战略实施中必然产生冲突与对抗，这就构成了现有企业之间的竞争。行业内部的竞争给企业带来更多的挑战，市场驱动要求行业内企业打造自身品牌优势，塑造差异化，形成独特的竞争价值，在市场赢得一席之地，抵御竞争对手的威胁。

（2）潜在进入者的进入能力。该能力是指有希望进入该行业的企业通过自身实力进入该行业，新企业的进入给行业带来了新的生产力和市场活力，当然，不可避免的是新兴竞争者同时渴望瓜分市场资源以占据行业一席之地。这就会与现有企业发生原材料与市场份额的竞争，最终导致现有企业的竞争地位和利润甚至是产业的平均利润率降低，行业整体盈利水平下降。潜在竞争者的进入能力越强，现有企业面临的威胁也就越大。而怎样应对这种威胁便成为企业持续向上经营的关键。

（3）替代品的替代能力。替代品是指那些与本企业产品具有同样功能或类似功能的产品。产业中现有产品与其替代品之间产生相互竞争行为，这种源自替代品的竞争会以各种形式影响产业中现有企业的竞争战略。

（4）购买者的议价能力。买方议价能力是指买方采用压低价格、要求较高的产品质量或索取更多的服务项目等竞争手段，从卖方与竞卖者彼此对立的状态中获利的能力。决定买方议价能力的基本因素有两个：价格敏感度和相对议价能力。价格敏感度决定买方讨价还价的欲望有多大；相对议价能力决定买方能在多大程度上成功地压低价格。

（5）供应商议价能力。供应商议价能力是指供应商讨价还价的行为和程度，指的是现有企业向供应商购买原料时，供应商通过提价或者降低所购产品或服务，提高投入要素价格与降低单位价值质量，影响企业的盈利能力与产品竞争力，向某产业中的现有企业无形施压，从而争取获得较好价格较高利润的能力。供方压力可以使一个产业因无法使销售价格跟上生产成本的增长而失去利润空间，因此也是影响产业竞争力的一个基本前提。

|案例分析|

（1）现有竞争者的竞争能力。养生茶行业自兴起以来，老字号品牌同仁堂、修正等一直居于市场领头羊地位，引领着未来风向，神农金康没有足够的资本与其硬碰硬，只有与其和谐相处才是生存之本。神农金康集团自创立以来，就以弘扬中华茶疗文化，打造茶疗产业国际品牌为己任，立足于原生态原叶茶的研发与加工，致力于让每一位消费者感受并体验中华五千年茶疗之精髓，努力成为中国乃至世界茶疗产业的领航者。因而，神农金康与南京同仁堂达成战略合作，神农金康优质独特的产品研发线借助南京同仁堂商标打进市场，实现共赢。

（2）潜在进入者的进入能力。中国是茶叶的故乡，中华民族有着浓厚的茶饮文化，随着人们不断迈进小康生活，对于茶，不再单一地停留在解渴、品鉴的阶段，越来越多的人开始在自身健康方面投资。即使神农金康早一步发现这个契机，打造出了一条茶疗之路，行业外部诸如传统茶企业以及美容养生企业对养生茶行业这一块市场蛋糕也可谓虎视眈眈。这对神农金康形成严重的威胁，一旦这些有着丰富阅历和消费者基础的公司进入，新创办的神农金康想抢占市场份额更是难上加难，那么如何在短时间吸引流量走向大众视野呢？当然是借助冉冉升起的互联网。由此，神农金康迅速行动——入驻天猫，建立自身平台基地，全面转战线上。

（3）替代品的替代能力。替代品价格越低、质量越好，其对产业现有产品所能产生的竞争压力就越强；反之，其所能产生的竞争压力就越弱。养生茶行业也不例外。从大层面来看，近些年随着“养生”观念的深入，众多饮料企业纷纷涉足养生茶领域，使养生茶产量不断攀升，给市场带来了很大压力。由于是饮品属性，这些茶饮的味道也更能获得消费者青睐，加之都是成品购买，给顾客提供了便利，养生茶茶饮给传统泡制茶叶市场带来巨大冲击。从小层面来看，老字号品牌同仁堂、修正也不断研发新产品，市场逐渐饱和，同类产品的大量流通有望取代神农金康的市场地位。基于如此严峻的形势，神农金康必须提供更多质优价廉、性价比高的产品抗衡。因此，神农金康不仅结合中草药元素推出七叶胆茶、杜仲茶等茶品，还研发出了草木方品牌，进军养生茶护肤行业，在当时形成自己的竞争优势。

（4）购买者的议价能力。考虑到顾客议价会影响产品实际利润所得，神农金康同时兼顾了影响议价的两个方面，力求降低顾客议价能力。一方面，向顾客不断地输出养生茶产品对健康的好处，传达“守护您和家人的健康”核心理念，在潜意识里强化产品的功效而相对弱化消费者对产品的价格敏感性；另一方面，线上市场的战略确定了价格的相对稳定性，不同于线下实体店铺直接面向顾客进行语言交流，线上客服形式给予顾客讨价还价的空间小，从而相对议价能力也更低。

结合波特五力模型的案例分析如表2–1所示。

表2-1　　波特五力模型案例分析

波特五力理论依据	市场主体	神农金康案例分析
现有竞争者的竞争能力	同仁堂，修正，百瑞源	同南京同仁堂合作，优势互补，合作共赢
潜在进入者的进入能力	制药企业，医料企业	借助线上平台引流，占据市场，增强同潜在进入者的竞争能力
替代品的替代能力	养生茶茶饮，保健品，中草药材，其他品牌养生茶	扩宽产品组合宽度，优化品牌结构，建立与众不同的优势
购买者的议价能力		强化产品优势进而弱化价格敏感性；线上营销降低顾客相对议价能力
供应商的议价能力		自产自销一体化模式，省去中间环节，提利润增效率

2.结合供应链协同发展理论，分析神农金康公司转战线上电商平台之后，它的供应链是如何协同发展的?

|理论依据|

20世纪90年代中期，供应链协同（Supply Chain Collaboration，SCC）的概念由咨询界和学术界正式提出。1999年4月，全球著名的供应链管理专家Anderson和Lee发表了题为《协同供应链：新的前沿》的文章。文章明确指出，新一代的供应链战略就是协同供应链。目前，供应链协同已经成为供应链管理领域研究的热点，受到了理论界和企业界广泛的重视。

供应链协同管理就是针对供应链上各节点企业的合作所进行的管理，是供应链中各节点企业为了提高供应链的整体竞争力而进行的彼此协调和相互努力。供应链协同通过将供应链上分散在各地的、处于不同价值增值环节的、具有特定优势的独立企业联合起来，以协同机制为前提，以协同技术为支撑，以信息共享为基础，从系统的全局观出发，促进供应链企业内部和外部协调发展，在提高供应链整体竞争力的同时，实现供应链节点企业效益的最大化目标，开创"多赢"的局面。

供应链协同管理的目的就是通过协同化的管理策略使供应链各节点企业减少冲突和内耗，更好地进行分工与合作。要实现供应链的协同运作，供应链各节点企业必须树立"共赢"的思想，为实现共同的目标而努力；必须建立公平公正的利益共享与风险分担的机制；必须在信任承诺和弹性协议的基础上进行广泛深入的合作；必须搭建基于T技术的信息与知识共享平台，实现及时相互沟通；必须进行面向客户和协同运作的业务流程再造。

从管理层次的角度来看，供应链协同管理被划分为战略层协同、策略层协同和技术层协同三个层次。

首先，战略层协同处于供应链协同的最高层次，它主要是从战略的高度，明确和强化供应链协同管理的思想，并进一步改进供应链协同管理的策略和方法，增强整条供应链的整体竞争能力，最优化解决供应链协同中的各类问题。战略层协同主要包括文化价值融合、发展目标统一、风险分担、收益共享、协同决策与标准统一等内容。

其次，策略层协同是供应链协同管理研究的中心问题，具体涉及以下内容：具有直接供需关系的上下游企业间的需求预测协同、生产计划协同、采购协同、制造协同、物流协同、库存协同和销售与服务协同等。

最后，技术层协同主要是指通过协同技术，为供应链节点企业提供实时交互的共享与沟通平台，其主要目的是实现供应链节点企业的同步运作与信息协同；同时，增加端到端的透明度，提高决策的快速性和有效性。技术层协同是供应链实现协同的基础和关键，它为战略协同和策略协同提供有力的支持。技术层协同的内容包括：信息采集、存储与传输等的标准化，平台建构，智能处理和保密制度等。

供应链协同管理层次如图2-12所示。目前，供应链协同管理是供应链管理崭新的和最为现实的模式，已经受到企业界和理论界的广泛重视。

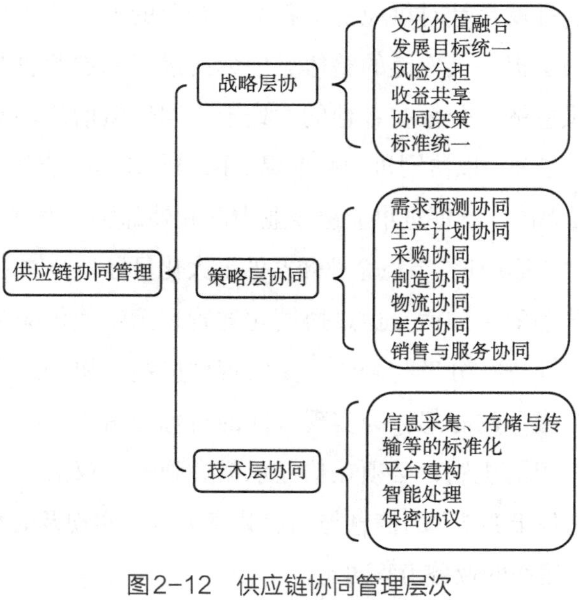

图2-12　供应链协同管理层次

|案例分析|

（1）构建以合作关系为基础的供应链协同管理模式。在传统农产品供应链的管理模式下，供应链上的各环节独立运作，企业之间缺乏有效的合作，不利于资源的共享和有效利用。神农金康则以协同机制为前提，以协同技术为支撑，以信息共享为基础，将原料种植、加工、运输等集为一体，使供应链上、中、下游密切联系，进行更好的分工与合作，从而增强协同企业和主体之间信息流、资金流、物流及其他相关资源的整体性，实现企业资源优势互补，有效提升行业整体价值，进而创造行业价值最大化。

（2）构建以信息技术为核心的供应链协同管理模式。随着"互联网+"的不断发展，信息技术的应用范围越来越大，信息技术的运用直接关系到供应链管理的成效。在神农金康供应链管理模式中，信息技术贯穿于农产品供应链管理的全过程，包括"以销定产"，依靠对市场的精准分析确定产量、产品组合，指导生产等。这一系列的信息分析工作实现农产品供应链节点企业的同步运作与信息协同；同时，增加端到端的透明度，提高决策的快速性和有效性。

（3）构建以客户需求为驱动的供应链协同管理模式。供应链协同管理可以发现客户的真实需求，客户需求是供应链驱动的首要要素，这确保了供应链协作的方向性。神农金康利用信息化网络，通过消费者画像实时反馈市场需求信息，从而指导原料生产调控工作，避免盲目生产导致的产需不平衡状态。通过与高校研究中心合作，确保反馈的市场信息能够有效地回传，为公司下一发展阶段目标提供有力的武器，保障信息对称并有效执行。

（4）构建以绿色发展为特色的供应链协同管理模式。在新发展理念贯穿市场发展的前提下，绿色发展俨然成为一个重要的发展趋势，成为推动经济结构调整的重要举措。神农金康在供应链管理模式中，原料的种植生产、加工运输、包装销售等过程中处处渗透着绿色环保的思想，包括种植过程标准化、绿色化，包装风格简约化等，从而实现对资源的合理利用、降低成本和减少对环境造成的污染，这即是对可持续发展的继承，也是可持续发展中国化的理论创新。

（5）构建以产业平台为引领的供应链协同管理模式。供应链协同可以构建产业生态平台，与上、中、下游企业进行良好的业务关联。基于此，神农金康确定了通过产业平台来实现战略协同，神农金康在天猫和抖音自建网店，自主经营。并将销量权利适当分发给经销商，由其自主经营，扩充产业平台范围，并以此推进供应链协同管理，保证销售体系健全完善。此外，2016年神农金康与京东成功签约，在京东建立自营店，并与天猫的物流体系区分开来。利用各类平台将信息流、商流、资金流和物流有效地整合了起来，供应链协同所创造的平台价值，是个体企业所无法实现的。

3. 神农金康公司采取的是何种品牌策略？为什么要采用这种策略？它有哪些好处和不足？

|理论依据|

品牌策略：

为了使品牌在市场营销中更好地发挥作用，必须采取适当的品牌策略。品牌策略将品牌的理论与营销进行结合，由此来实现品牌的核心价值，提高消费者对品牌的认知，赢得消费者的信赖。品牌和营销两者相互促进，通过品牌的树立，营销模式会逐渐趋向成熟化，而通过数次营销活动的开展，消费者能够更加了解品牌，对品牌有全新的认识，所以两者也是相互依存、共同进步的。企业在进行品牌策略时，一般可以作出以下几种选择。

（1）品牌归属策略。企业一旦决定对产品使用品牌，企业对品牌归属就面临3种选择，包括：

①使用制造商的品牌，即制造商自己根据产品的设计、质量、特色等特点创立品牌，并从中获取品牌权益，如华为是全球最大的通信设备制造商。

②使用中间商的品牌，又称经销商品牌，是指制造商将产品大批量地卖给中间商，中间商再使用自己的品牌将产品转卖出去。一般而言，实力较弱的制造商会选择实力较强的中间商利用中间商的品牌效应盈利。

③制造商品牌和中间商品牌混合使用。例如，一部分产品使用制造商的品牌，另一部分产品采用中间商的品牌，或为了进入新市场，先采用中间商品牌，待产品在市场上打开销路以后，再改用制造商品牌。

（2）品牌名称策略。企业在品牌名称的选择上，主要有四种策略：

①统一品牌策略，即企业对其全部产品使用统一品牌的策略。使用这一策略，有利于节省新产品的市场推广费用。

②个别品牌策略，即企业对各种不同产品分别使用不同的品牌名称。该策略可以使公司为每一新产品寻找最佳的名称；同时，有利于顾客识别并选购自己满意的产品，而且不会因为个别产品的声誉不好而影响其他产品。

③分类品牌策略，即企业各大类产品单独使用不同的品牌名称。这样的好处是可以避免不同类型的产品互相混淆。比如美国烟草大王菲利浦·英里斯公司旗下的万宝路、卡夫、果珍、麦斯维尔以及米勒品牌。

④组合品牌策略，又称公司名称与单个产品名称相结合策略，即企业决定其各种不同产品分别使用不同的品牌名称，而且各种产品的品牌名称前面还冠以企业名称。这种决策的主要好处是在各种不同新产品的品牌名称前冠以企业名称，可以使新产品合法化，能够享受企业的信誉，对各种不同的新产品分别使用不同的品牌名称，又可以使各种不同的新产品有不同的特色。

|案例分析|

（1）品牌归属策略。在品牌归属策略上，神农金康旗下三大品牌采取的是使用制造商品牌，即由神农金康公司自己创造品牌使用。

这种策略的优点是降低企业综合成本，拓宽产品渠道。制造企业以自有品牌的合作模式和零售企业共同研发、生产自有品牌，填补其富余的生产能力，分摊企业的综合成本，提高企业的经营业绩；同时，提高企业自身包括包装设计、产品研发、价格策略、食品安全管理等各方面在内的能力。制造企业和零售商合作自有品牌可以节约广告费等费用，而且通过协商包材数量、起订数量、包材等合作细节，大大降低了企业经济成本和财务风险，将人力物力投入到提高产品品质上，推出更多"质优价廉"的好产品。

神农金康除了对自己旗下三大品牌使用制造商品牌外，还和南京同仁堂合作，使用中间商品牌。一方面，神农金康借助南京同仁堂大品牌优势输出自己的产品，提高产品销售量；另一方面，南京同仁堂使用神农金康优质产品扩大自己品牌影响力，双方做到合作共赢。

（2）品牌名称策略。在企业品牌营销中，要分析行业市场发展所需，为品牌进行清晰的定位，这是打响企业品牌的先决条件。在市场竞争的大潮中，要加强品牌定位，并将企业文化及发展内涵融入其中，使企业形象和特色更加鲜明，以企业独有的魅力来吸引更多的消费者。为了避免企业品牌的千篇一律，企业更应该将自身的独特优势发挥出来，以能够在众多企业品牌中脱颖而出，并在市场中赢得一席之地，以特色占领市场，准确清晰地把握品牌定位。

为了使自己旗下各类产品的特点鲜明，避免消费者混淆不同类型产品，神农金康在发展企业主品牌——“现代养生茶饮”神农金康的同时，也旗帜鲜明地为具有中草药组方特点的产品使用“草木方”品牌，以及为针对男性美妆养护市场的产品使用“山茶元素”品牌。三类产品品牌相辅相成，又各有特色。其中，作为企业主品牌的“神农金康”以传承中华茶疗文化为宗旨，旗下的茶疗珍品在继承传统中华茶养生健体、醒脑提神的功效的同时，针对现代社会常见的各种慢性疾病对症下药，契合当代年轻人的日常生活需求。而“草木方”则是针对时下掀起的“中草药”追捧之风，顺势而为，将中华养生茶与中草药的精华相结合，运用现代先进的医疗科技，使二者结合得更加契合。“草木方”品牌旗下产品的显著特点便是配料中含有譬如决明子、人参片、罗汉果等传统中药材，使该品牌旗下产品养生效果更为显著。而作为男性养护产品的“山茶元素”品牌相较于其他两个品牌区别更为明显，旗下产品都是针对男士头发控油、美白净肤的护理产品。

分类品牌战略的优点在于，首先，由于集中在一个单独的品牌下，避免了传播的随机分散，建立起来的品牌知名度能为所有产品所共享；更进一步地，这种战略能通过广告传达它的独特承诺；推出新产品的成本也不需要花费很大。

分类品牌策略无明显的劣势，但是相对统一品牌策略而言，如果目标市场利润低，企业营销成本又高的话，分类统一品牌策略略显营销传播费用分散，无法起到整合的效果。

4.结合敏捷性相关知识，分析神农金康公司“敏捷性”具体体现在什么方面？是如何表现出来的？

|理论依据|

（1）敏捷性定义。Lcocca研究所（1991）在向美国国会提交的《21世纪制造业发展战略》报告中首次提出了敏捷竞争战略：现代工业已经跨越大批量生产时代，并进入了数据竞争时期。新的竞争规则需要在产品、组织、战略诸方面变得更灵活敏捷。而敏捷是指对从迅速变化、不断细分、高质量、高性能的顾客定制产品和服务型的全球市场中获利的经营挑战作出的全面反应。即企业要想在顾客机会不断变化、难于预测的竞争环境中盈利运营，其战略目标应能丰富顾客的价值。产品应是敏捷产品，其生产需要顾客参与设计，能不断升级，满足顾客的特定要求。同时，竞争也不再是传统竞争的概念，而是通过合作提高竞争力。组织形式也随之出现虚拟状态。敏捷竞争改变了大批量生产企业的惰性，促使企业开发生产寿命周期短、高度差异化的产品，培养生气勃勃、积极向上的员工，造就广泛分权、灵活决策的企业。

随着对企业敏捷性研究的不断深入，敏捷性的定义可以大致概括为：敏捷性是一种能够满足市场快速变化的能力，它是针对在商业竞争主导系统中产生的内在不可撤销的变革而形成的复杂的战略反应。敏捷性要求放弃不再适应变革需要的事务，即对企业传统运行模式进行变革，具有快速响应的战略竞争能力。

（2）动态能力。动态能力理论源起于Schumpeterian的竞争理论，即竞争优势的形成是基于对企业现有资源的"创造性破坏"和对新的或潜在资源的整合。Makadok认为，动态能力是资源依赖理论的延伸。所不同的是资源依赖理论强调了组织资源的融合机制，而动态能力则更加关注能力的构建模式。在今天变化频繁而且资源短缺的外部环境下，企业组织只有拥有按照消费需要变动来重新配置自身资源的能力，才能保障其未来的竞争优势。因此，企业组织需要通过持续创新、调整和重构资源等过程来满足外部环境变化的需要。

动态能力是指企业能够整合、建立和重构企业内外资源来应对变革环境的能力。动态能力根植于组织运行过程之中。动态能力中的动态是指企业为了迎合商业运行环境的需要而对自身已有能力的重新调整和构建，而能力则是指恰当地调整、整合和重构组织内外的技能、资源和功能，来满足变革环境的需要。

（3）动态能力与敏捷性的比较（见表2–2）。

①定义上的比较。动态能力是指企业能够整合、建立和重构企业内外资源来应对变革环境的能力。而敏捷性则是企业在快速变化的市场环境中，面对商业竞争中出现的不可逆的变革，应该具有的快速响应的战略竞争能力。前者强调组织为了获取竞争优势，应该采取比竞争者更有效的方法，创新和调整其运行规范和整体活动。市场环境中，企业应该通过比竞争者更有效的方法来提升组织对变革反应的主动性，创造企业的竞争优势。因此，敏捷性和动态能力均是一种企业能力，属于企业用于重整资源和满足市场变动需要的能力中的一种。

②动力因素的比较。从动态能力的角度来看，模糊的行业结构、界线不明的组织边界、变化的商业模型、变动的竞争者和商业环境中非线性且不可预测的变革推动了企业对动态能力的需要。而且动态能力的具体内涵亦取决于外部市场机制的特点。从敏捷性角度来看，快速变化的市场需求、难以预测的变革趋势推动了企业的实时反应能力、快速和柔性的产品创新能力和管理能力的需求。因此，

不确定的竞争环境和持续的变革成为两种企业能力发展的共同推动力。

③目标的比较。动态能力是管理者改变资源需要，配置资源和整合资源以产生新价值的企业能力和战略规范模式，其目的在于提高企业获取竞争优势的有效性。与动态能力相比，作为一种在变革不断且不可预测的环境中保证企业持续发展的能力，敏捷性的目的在于减少变革对产品生产成本、产品质量、产品有效性、组织模式和创新领导能力的影响。因此，获取竞争优势和实现持续发展是动态能力和敏捷性的共同目标。

④内涵上的比较。动态能力强调了企业组织中源重构的必要性和重要性。其具体表现为产品发展能力、生产能力、组织运行能力和管理能力等系列能力的综合体。敏捷性则存在于组织发展过程中。其核心内涵是对商业的变化进行及时反应，有效实现产品生产和配送，保证组织与人员的柔性。因此，动态能力和敏捷性的内涵均根植于组织过程中。

⑤实现过程的比较。感知环境、组织学习、联盟和资源整合是动态能力实现的四个主要使能过程。动态能力的实现离不开战略、技术、组织及其变革的支持，更依赖于员工的具体行为。敏捷性的使能过程亦强调了敏捷战略、组织内部过程调整、与外部企业合作和重视人力资源四个环节的重要性和必要性。可见，这两种能力的实现均依赖于战略明确、技术支持、组织资源重组以及员工行为管理等多角度的整合过程。

表2-2　　敏捷性与动态能力的比较

比较内容	动态能力	敏捷性
定义（它们是什么）	动态能力是指组织为了追求运行效率性，系统制定地具有可调整性的日常规范以及稳定的集体活动。从市场变革的角度来看，动态能力又可定义为企业所具有的能够通过整合、构建、重整内外资源来满足快速变革环境需要的能力	作为一种敏捷战略能力，敏捷性是指通过资源整合和路径实践来为提供能够需要消费需要的产品和服务以适应快速变化的商业环境。敏捷性是企业成功竞争的基础，涉及速度、创新、柔性、主动变革、质量和收益等
动力源（什么因素鼓励/强调了它们）	不确定的工业结构 模糊的组织边界 易变的商业运行模式 流动的市场游戏者 非线性和不确定的市场变革	全球化竞争趋势 市场细分 成熟的消费群 技术发展 更多的不确定变革

续表

比较内容	动态能力	敏捷性
目标（应用它们的目的是什么）	提高组织运行的有效性 获得竞争优势	获得竞争优势 取得持续发展的可能性
要点（主要内容）	管理者通过特殊的组织和战略过程来改变企业资源基础以适应变革环境的需要（如产品发展程序、战略决策和联盟等）	存在于组织发展中战略过程（将价值通过产品传递给消费者，随时准备应对变革，重视员工知识和行为和形成虚拟运行模式）
实现途径（如何获取它们）	感知环境 组织学习 合作竞争 整合资源	丰富消费者需求 合作获取竞争优势 有组织来获取竞争优势 重视信息和人对企业行为影响

（4）敏捷性：复杂动态环境下动态能力的新内涵。Teece（1997）将动态能力喻为"能力发展的弹道"，是过程（企业组织和管理过程）、定位（企业现有的资源）和路径（能够制约企业行为的信念和惯例）共同作用的结果。实践表明，外部环境变化是推动企业组织变革的必然因素。关注环境变化，及时进行自我调整亦是一个企业必然的生存原则。然而市场是在不断地演进中，变革的程度和模式亦如此。正如上文中所论述的，动态能力的内涵将随着市场发展而发展。这意味着市场变动趋势推动着动态能力的发展，决定了其组织过程、组织定位以及其运行路径的变革方向。

同样作为一种企业能力，敏捷性则被认为是在变革难以预测的环境中，能够及时提供满足消费者需求的产品的能力。因此，变化是决定敏捷性凸显和内涵的关键因素。当商业环境处于相对稳定状态，变动趋势易于预测和掌握时，敏捷性则未能进入企业管理者所关注的视野中。然而，当外部环境变化呈现多样性且难以预测时，将提升敏捷性的重要性和必要性，从而使敏捷性成为企业获取竞争优势的保证。由此可知，动态能力是一种综合能力，是企业组织自其存在之日起就具备的能力，其内涵随着企业面临的市场环境变化而演化。而敏捷性则是企业能力在高度动态市场环境中获取生存与持续发展的具体体现。因此，动态能力具有抽象性和普遍性的特点，而敏捷性则是具体明确的运行能力即动态能力属于企业能力的宏观概念层，是企业能力的综合体。而敏捷性则属于企业能力的微观概念层，是企业能力的具体表现形式（见图2–13）。

总结以上的分析，敏捷性是动态能力在高度变化的环境中的核心内容，是其内涵演进的必然趋势。因此，敏捷性的研究应该归属于企业动态能力研究的一个具体分支，能够适用于动态能力的理论和方法同样适应于敏捷性。这将为企业追求敏捷性提供更多的参考模型和方法论。

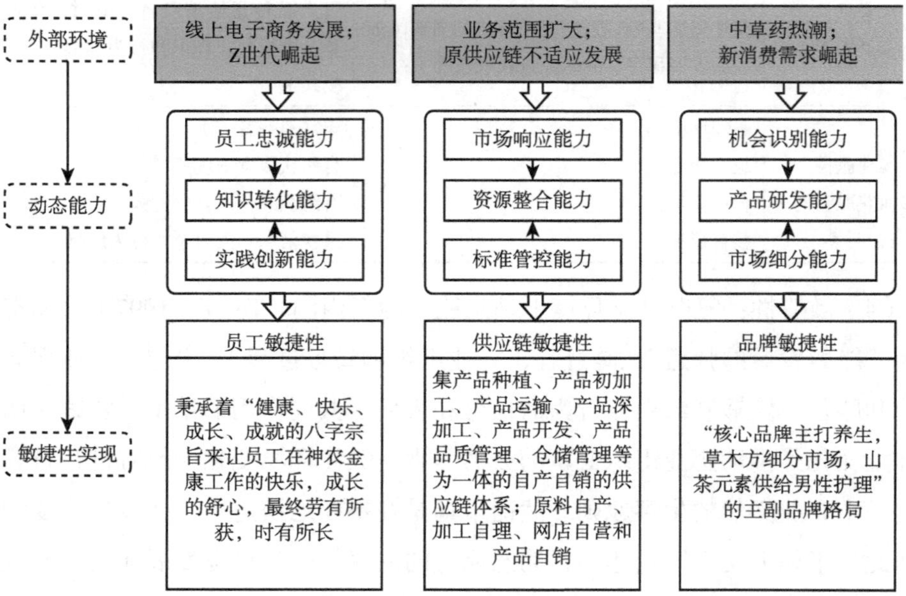

图2-13 敏捷性示意图

|案例分析|

神农金康的三大法宝就是它的三层敏捷性：员工敏捷性、供应链敏捷性和品牌敏捷性。

员工通过招聘入职后，公司将“健康、快乐、成长和成就”的人才培养理念贯穿员工发展过程，让员工实现与公司价值理念同步同频，让员工在工作中劳有所获，学有所长，增强员工对于企业的归属感。随着员工年龄增长，公司有健全的员工淘汰机制，会定期对员工进行绩效考评，对于考评合格，并且与公司发展理念高度契合的员工，就会将其晋升成为管理层；对于考评不合格和难以持续跟上企业发展的员工，会发放遣散费，推荐他去其他公司工作。职位出现空缺后，公司会将信息迅速反馈给市场部，让市场部来挖掘新的岗位和能力要求，再将信息返还给人事部门，形成新的一轮员工招聘（见图2-14）。

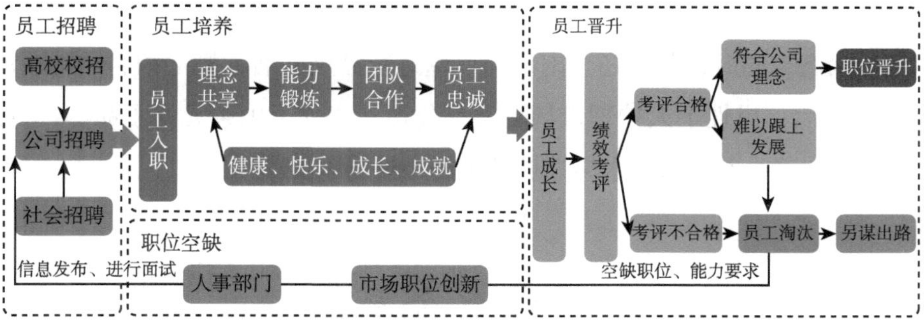

图2-14　神农金康内部的员工培养—晋升模式

神农金康在新疆喀什、湖南邵阳和吉林长白山等地都建立了自己的原料基地，采用"农户种植+公司收购"模式，既能提高农户积极性，又能监督产品质量。原料进行初加工之后会运往长沙加工基地，公司采用"人工筛选+机器组装"的方式提高加工效率，并保证原料品质。在销售环节，公司坚持自营销售，开设天猫旗舰店、淘宝工厂店和京东旗舰店数家，采用"以销定产"模式来减少商品积压。当线上消费者下单，加工部门会立刻收到信息反馈，进行原料组装，制成商品。公司会定期整理消费者订单信息并发送至清华大学及相关数据分析中心，从中分析并预测消费者来年偏好，指导下一年原料种植生产工作。由此，公司形成原料自产、加工自理、网店自营和产品自销四"自"模式（见图2-15）。

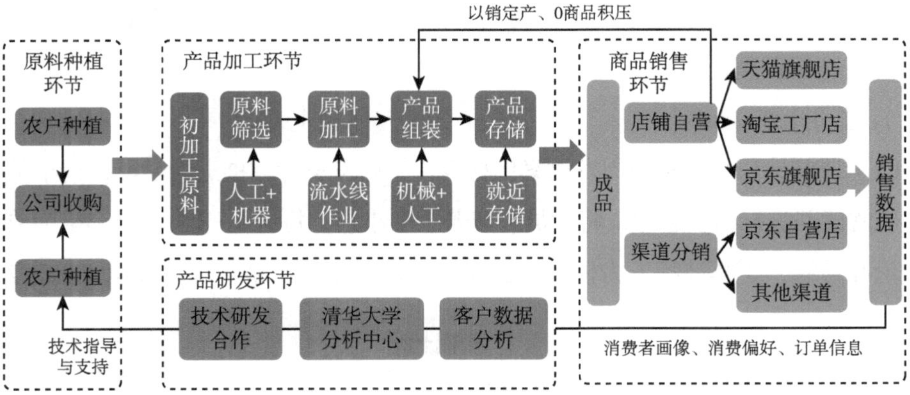

图2-15　神农金康供应链模式

公司旗下共有三大品牌。一是主品牌——神农金康，开发了七叶胆茶、青钱柳茶等四大系列50余种茶疗珍品，均是对现代社会各种常见的慢性疾病对症下药；二是公司在2012年成立子品牌——草木方，积极回应市场"中草药"追捧之风，旗下菊花决明子茶将金银花与菊花等18味强力草本精华搭配起来，帮助调理熬夜后的身体状态，同时，公司还与南京同仁堂进行品牌联名，搭上知名品牌顺风车；三是2018年后，男性个人护理市场崛起，公司又成立了山茶元素子品牌，以茶元素为核心，从养生茶领域试水男性护理市场（见图2–16）。

图2–16 神农金康品牌布局

至此，公司形成“核心品牌主打养生，草木方细分市场，山茶元素供给男性护理”的主副品牌格局。

五、建议课堂计划

本案例可以供独立的案例讨论课使用。以下是根据时间进度提供的课堂教学计划建议，仅供参考。教学与讨论时间，建议控制在100分钟，具体时间分配可视实际情况进行调整。

1. 时间计划

（1）课前计划。提前一周发放案例材料，将启发思考题推送给学员，请学员在课前完成阅读并进行初步思考，将学员分成若干个小组，每组6—8人，以小组为单位开展讨论和总结，了解波特五力模型、供应链管理、品牌策略等理论知识（见表2–3）。

表2–3 课前计划

内容	教学内容	时间
课前计划	提前发放教学案例，并提出启发思考题，要求学员在课前完成阅读和初步思考	上课前一周
	安排学员在课后（6—8人一组）之前开展小组讨论	
	要求学员提前熟悉相关基础知识	

（2）课中计划（见表2-4）。

①案例引入（15分钟）。教师讲述神农金康有限公司发展背景和研究意义，提出拟讨论的若干思考题。目的是让未完成课前作业的学员对本案例有一个大致的了解，通过同学相互间的交流，产生思想的碰撞，让做过预习的学员扩展自己的思维，学员之间达成一定的共识，为后续讨论奠定良好的基础。

②小组讨论（40分钟）。教师逐一提出问题引导讨论，告知讨论的4个思考题，并且确定小组发言顺序。

③课堂互动深入分析（30分钟）。待小组发言完毕，各小组可派代表对其他小组进行点评，或者教师随机提问学员，诱导其分享此次案例学习的启示。

④案例总结（15分钟）。最后由教师对列出案例讨论要点和主要学习启发点进行总结，对案例讨论结果进行点评和归纳。

表2-4 课中计划

内容	教学内容	时间
案例引入	教师开场：点明本案例的企业背景，介绍本案例的大致内容、涉及的思考问题、案例整体逻辑与脉络等	15分钟
	案例回顾：介绍神农金康成立以及发展过程，重点向学员讲述其打造敏捷之路的几大法宝，将案例大体回顾一遍，为学员做好"热身"，为下一步讨论打好基础	
小组讨论	按照启发性思考题的顺序逐个提出问题并进行理论的讲解和引导性分析	40分钟
	各小组汇报案例问题的讨论结果，采取随机点名或者小组派代表发言的方式引导学员回答问题，调动全体学员参与的积极性	
提问互动深入分析	教师再次将思考问题逐条抛出；同时，结合各小组对问题的分析及解决方案作出点评，各小组可派代表对其他小组进行点评，教师也可随机邀请学员分享此次案例学习的启示	30分钟
	教师对大家讨论的结果进行总结，并进一步启发大家从供应链、敏捷性、品牌战略等角度对本案例进行深入思考和进一步的讨论	
案例总结	教师对本案例的知识要点进行梳理和总结，形成案例知识网	15分钟

（3）课后计划。布置作业，学员结合课堂所学的理论知识和方法对类似的企业进行分析，形成研究报告。

2.课堂提问逻辑

根据案例正文的脉络，案例说明书中一共设置了以下4个思考题，在实际教学过程中，教师也可根据正文的逻辑进行提问：

问题1：结合波特五力模型理论知识，分析神农金康公司的两次发展转变是如何找准时机的?

问题2：结合供应链协同理论，分析神农金康公司转战线上电商平台之后，它的供应链是如何协同发展的?

问题3：神农金康公司采取的是何种品牌策略？为什么要采用这种策略？它有哪些好处和不足?

问题4：结合敏捷性相关知识，分析神农金康公司“敏捷性”具体体现在什么方面？是如何表现出来的?

3. 板书设计

图2-17　板书1

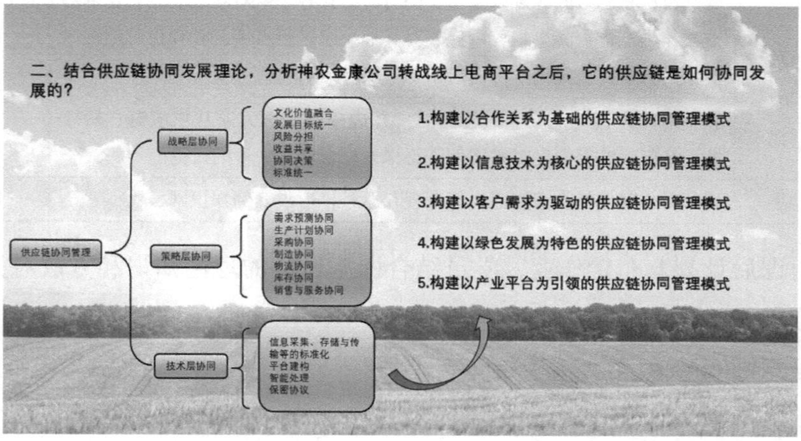

图2-18　板书2

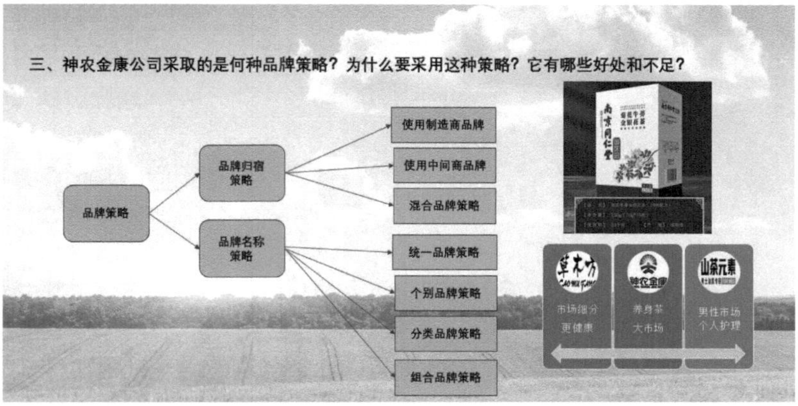

图2-19　板书3

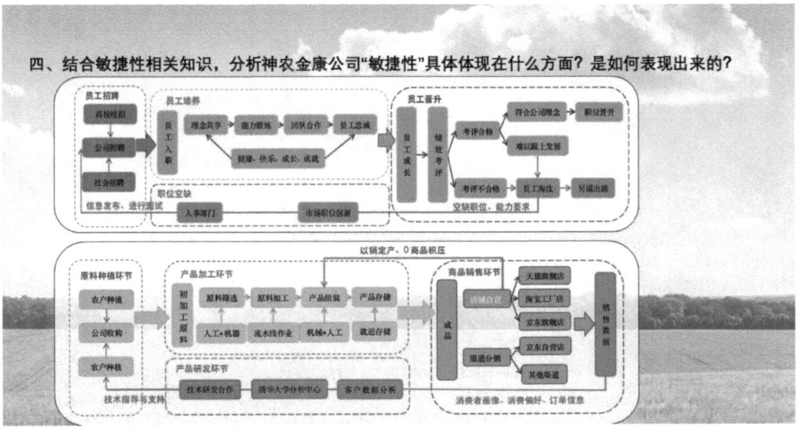

图2-20　板书4

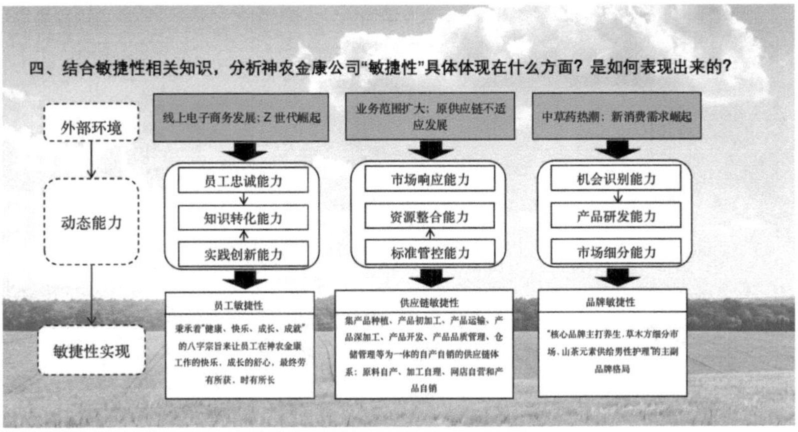

图2-21　板书5

案例三

庆申堂：生态农场初探索，规划“尹”销铸成功

摘要：案例从尹小毛创业故事与企业家精神出发，依次介绍庆申堂农场的经营理念、经营道路、营销方式与未来发展规划，重点突出了农场的原生态经营理念与骨牌式口碑传播，最后创始人通过回乡创业带动农民共同致富，推动乡村振兴的创业初衷来突出现代农业发展的无限潜力与重大意义，也希望能呼吁更多贤才回乡创业，重视我国生态农业的发展，为推动乡村振兴发展注入更多新的力量。在农场创始人尹小毛坎坷艰辛与激情毅力并存的创业故事分享中，我们不仅看到了一名农创企业家艰苦奋斗、坚持不懈的斗争精神与敢为人先、与时俱进的创新精神，还看到了一个回乡创业人员浓厚的乡土情怀与高度的社会责任感与历史责任感。

关键词：原生态；因地制宜；以人为本；可视化；多客源；骨牌营销；内循环可持续；战略联盟

适用课程：本案例可作为综合教学案例，主要适用于农产品营销学、创业管理学、品牌营销、市场营销学等课程。

案例正文

一、引言

看稻花开，看橘红。

见牛羊归，见南山。

用一方水土养一方生灵，

怀一抔赤诚兴一寸乡土。

愿做一颗启明星，

指引原生态迈向新征程。

在这里，伴随清晨鸡犬相鸣与清新花香的唤醒，享受夏日午后的与孩童乘凉嬉闹，期待落日归山后的一顿佳肴（见图3–1）。

这里，就是尹小毛的原生态农场——庆申堂。

尹小毛在他每一个宣传视频中都重复又重复这一句“投身原生态，我是认真的！”是的，尹小毛正是怀着这样的执着回归乡土，带着这样的初心投身农业。他一再地重复，不仅是因热爱，更是一个新农人对国家乡村振兴号召的响应。在那个午后，尹小毛看着白日向西斜，听着鸡鸟牛羊相鸣，品着酿造果酒的陈香，说着他20余年来几经磨难又找寻目标后重新出发的故事。

图3–1　田园牧歌

二、咬定初心不放松，立根原在故园中

从湖南邵东到广东深圳走多远？尹小毛用自己的脚步丈量出了答案——700公里；而从广东深圳回到湖南邵东要花多久？尹小毛用岁月刻印出了答案——20年。

1992年，尹小毛离开了自己的家乡去湖南省吉首市读初中，到1995年就回到了家乡，所以当时尹小毛并没有受到很多的知识教育。到1996年11月7日，尹小毛选择南下广东，当时的条件十分艰辛，吃不饱穿不暖，经历了很多的苦难。最后在1999年尹小毛几经辗转进入了一家台湾企业，在企业中尹小毛学到了许多的理论知识，生活上也有了很大的改善。在2000年时，尹小毛被企业派到北京去学习工商行政管理和企业行政管理。对于尹小毛来说1999年是他人生中的转折点，在这一年尹小毛接触到了日式的管理模式、日本文化和中华文化之台湾文化。在当时那个年代台湾就提出了有序发展，所以尹小毛接受可持续发展的理念是十分早的，这就影响到了他之后的一系列创业发展活动。尹小毛在外工作20年，最后在2016年返回了家乡。在2014年时，尹小毛就将要回家创业的想法告诉了父母，父母最初听到这个消息时就和尹小毛大吵了一架，甚至到最后要和他断绝血缘关系。“好不容易在外面干出一番事业，怎么又要回到这穷乡僻壤？”尹小毛回忆起父母和他说的话，“在2014年时我就和我现在的妻子说过我要回乡创业，如果你能接受，我们就走下去”。在更早之前尹小毛其实经历过一段婚姻，那段婚姻的失败让他更加慎重地对待他和妻子的这段关系，这也是与生俱来的责任感使然。而他的妻子最终也是选择站在他这一边，夫妻俩毅然走上了回乡创业路，决定打造自己的农产品品牌——庆申堂家庭农场。

当问到为什么回乡创业时，尹小毛说道：“因为放不下自己的故乡，走了20年，感觉还是被带回到了这里。”就像牵了线的风筝，不管飞多远，终究都要回来。而这份乡土情结也让尹小毛下决心靠农产品走出一条乡村振兴之路，而他也以自己为例，向年轻人表达了他对乡村振兴的看法，“回乡如果是为了名，我在广东那里也有自己的圈子，如果是为了利，我在那混得也很好”，尹小毛认为乡村振兴不是发家致富的风口，必须要久久为功，只要年轻人不为名利，只是单纯地热爱自己脚下的这片土地，那么乡村振兴的道路才能走得长久。

尹小毛在经过6年调研之后首先选择了养牛，当时因为尹小毛在公司的付出所

以公司对于尹小毛的创业给予了一定的支持，但是尹小毛的第一次创业是血本无归。经过这次创业，尹小毛学到了很多，获得了许许多多的经验，其中尹小毛获益最大的一点就是创业只能借鉴不能模仿。在经历了第一创业失败之后，尹小毛的很多行动与措施都有了转变，比如学习了很多的有关养殖的专业技术，当动物生病之后自己研究处理，这样便节省了很多支出。在第二次创业时，尹小毛在自己家附近建场，场里面的所有事情都是尹小毛自己做的，用尹小毛自己的话说就是为了做到真正的原生态、可视化。在尹小毛眼中，只有原生态的产品才是真正健康的好产品。如今外面充满了激素和药物的农产品让人们失去了自身身为自然人的属性，而只有原生态的农产品才能让人们回归自然，享受到真正健康，属于大自然的馈赠。

如果真的要做原生态的产品，就一定不能急于求成，要做小而精的营业模式，这也是庆申堂家庭农场的初心。尹小毛以自己家的鸡蛋举例：“我不能向我的顾客保证什么时候能拿到原生态的鸡蛋，因为我的鸡什么时候下蛋我是不知道的，这不像集中化养殖的鸡场，我只能保证我的鸡一下蛋就给客户送过去，这就是小而精的模式，我做的不是量产的东西。”从2018年开始对自己的农产品亲力亲为，要将庆申堂家庭农场的品牌口碑传出去，直到2021年，对原生态的承诺就是尹小毛对顾客的承诺，坚持小而精，不做大而劣。

有了第一次的创业经验，后面尹小毛的创业就变得顺利很多。第二次创业养了羊、牛、鸡等，进行多品种养殖。在养殖过程中汲取第一次失败的教训，当动物生病之后尹小毛选择隔离研究实验来处理生病的问题，这为他的农场养殖提供了很多的帮助。在2016年至今的发展过程中尹小毛也遇到了一些问题和挑战，比如兼并了一家千万级别的农场，除此之外为了承担乡村振兴的责任不得不考虑更多的事情。尹小毛从2016年开始创业养殖直到今天为止，虽然经历了许许多多的磨难但是结果总是好的，尹小毛的农场正有序地向好发展。而在自己的农场步入正轨之后，尹小毛开始思考如何把自己的模式推广出去，带着乡亲们共同致富。在长期的实践和与其他农户的接触中，尹小毛找到了致富的道路——产业化。尹小毛认为只是开农场、做农产品并不能让乡亲们完成乡村振兴，只是埋头做产品，若产品卖不出去，农村这块土地也没办法走向致富的天地。尹小毛仔细了解了邵东当地的自然地理环境，种上适合在当地生长的植物，因地制宜，不打药，不杀虫，确保了产品的品质与健康。同时做好产销对接，做到产销一体化，从而形成完整的产业链。尹小毛一直在和我们强调："农产品卖不出去，一样不赚钱！"庆申堂家庭农场五年来一步一耕耘，而在未来，如何能让庆申堂的品牌走好下一个五年，尹小毛看着温热的火炉，这将是他要思考的问题。

三、一语天然万古新，可视可感见真纯

1. 本色原生态，追求真善美

"回归原生态，让孩子能吃上最健康的食物。"庆申堂尹小毛用最淳朴的话、最真诚的心打动消费者。秉承着这样的初心，尹小毛用自己种的粮食饲养鸡鸭猪牛，再把这些畜禽的粪便作为瓜果粮食的肥料，还用农场种植的瓜果酿酒……运用这种"内循环"的生产模式，进行了原生态的规划设计。

一是规划区域。依据规划要求成为生态畜牧放养区、畜牧农舍、游客休闲娱乐区（烧烤区、游泳区、农家餐饮区）。

二是植树造林。种植相关果树用于出售、酿酒、作为畜禽粮食等。

三是依据地形，修建水库蓄水养殖水产；在库区上游设立生态放养区养殖畜类；在后山设立农家乐休闲区供游客观赏游玩。

（1）因地制宜，遵守自然规律。庆申堂家庭农场在合理和充分利用当地自然资源和自然条件基础上，对当地特点进行全面的调查和分析，依据不同地形特点，合理规划区域并适当进行土地改造，建立起的生态农场。从一开始寻找远离污染的土地，确立安全有机的种植、养殖方法，到品种选择，新鲜、美味及营养搭配，再到保鲜、存储、配送的技术保障……尹小毛都是亲力亲为。随着劳作经验的不断积累，回归田园的"快乐农夫"尹小毛和夫人在耕种收获间因亲近自然而越来越体现出自我的价值，坚持种植过程中"绝不使用农药、化肥、转基因种子"，坚持养殖过程中"绝不使用激素""采用优质蛋白的无公害绿色种植物作为饲料"，坚持用"最土最笨"的方法种植养殖，本着"农场生产、经营、销售各环节可视化和真诚的态度"赢得了更多社会团体和家庭的关注和信赖。

（2）循环种养、绿色可持续发展。庆申堂家庭农场的多样化养殖、种植形成一个完整的循环链条，体现了典型的循环经济内涵，节约了大量的中间投入，减少了化肥、农药的使用，在创造经济效益的同时，也创造了社会效益。通过对能源利用和经济效益的综合规划来提高生产率；同时，避免了对自然资源的过度消

耗和对生态平衡的破坏（见图3-2）。

图3-2 生态养殖

2.“画”里有“话”，一切尽收眼底

市面上许多农产品打着“有机”“生态”“原生态”的旗号，跟风炒作噱头，而真正能做到的又有几家呢？又能如何体现证明呢？尹小毛的可视化农场能给你答案。“如果你买了一只猪，你能看到它的一生，你还会觉得不放心吗？”尹小毛就能给你这种最直观的体验，让每一个产品的生产直到送到顾客手中的每个环节都能做到可视化。可视化农业实际上是利用互联网视频监控技术结合传统农业种养殖技术将绿色生态农产品的生产生长情况24小时无死角提供给消费者查询观看，让消费者眼见心安，放心购买。

农场经营初期，尹小毛夫人在朋友圈发出了这样一条视频——“尹小毛、夫人和孩子们在自家农场玩耍，养殖的牲畜在属于自己的领地自由生长。”这片宁静祥和的场景令人十分向往，尹小毛也因此成为朋友圈的红人，追求原生态食品的顾客也找上尹小毛。尹小毛以此为契机，分析顾客的心理和切实的需求，“怎样能让消费者放心购买、安心食用，消除他们对农产品质量安全的顾虑呢？”会员制、有机认证等都是一种方式，但还不够，再细致一点，尹小毛通过不断学习和经验积累以及他的新媒体思维使他有了一个完整可行的思路——实行“可视化”监控管理，让整个生产过程变得透明，真正让顾客可知可感。

尹小毛的可视化农场也实行“私人订制”，即会员制，从会员制角度来看，可视化种养的优势是能采用预售模式，帮助农场缓解资金压力。虽然目前经常是“高端定制+可视”标配出现，但是随着物联网的普及，也许会成为一大趋势。农场要在激烈的竞争中急流勇进，就要不断学习了解相关的知识，力求将可视化的管理达到更专业化系统化，尹小毛提出了以下设想，并着手进行策划开展。

消费者提前在尹小毛的视频中观看并选定其心仪产品。

消费者可以将选择的产品交予尹小毛进行持续的种养管理，并可以通过可视化技术直观看到自身产品的生产情况。

通过互联网24小时视频实时观看所有养殖流程，包括产品选购、养殖和加工等，以及按客户要求的标准来养殖。可视化，是农产品营销的一个拐点，它缩短了流通渠道，保证了销售渠道的独立性和可靠性，真正让买方与卖方的信任有了衔接点。

3.以人为本，创服务无距

尹小毛认为，传统农户往往远离商业区，他们习惯并更倾向于与中间商或收购商打交道，所以农产品一般随行就市，受中间商的打压，不具备议价能力。因此，尹小毛认为要解决这个问题，必须要培养自己的零售意识，摆脱对收购商的依赖，形成“品质优良、以顾客需求为导向”的以人为本、诚信经营的经营理念。

（1）让顾客尝得到的新鲜。近年来，在我国旅游业迅猛发展的大背景下，农家乐作为一种新兴热门的旅游模式逐渐得到城市消费群体的喜爱。随着经济的发展，人民的生活质量有了明显的提升，在快节奏生活下的人们，逐渐对淳朴的乡村慢生活、对人与人间更纯净的交流产生了向往。尹小毛想为何不办一个轻松休闲的场所，能让大家进行娱乐和与大自然进行更深层度的接触呢？因此，尹小毛的农家乐诞生了，在这里有户内户外烧烤、游泳场所、高尔夫球场，在这里可以呼吸到新鲜空气，听到鸡鸟虫鸣，吃到绿色无公害的农家菜，喝到尹小毛自家酿的果酒。每道菜肴都是100%安全、天然、原汁原味。采用从田间到餐桌的新鲜直供会员制方式，加强了与消费者的直接沟通和相互信任，让消费者拥抱大自然，享受慢生活。

（2）让顾客看得见的成本。尹小毛以各大商超中大米的价格为例，由于顾客并不知道是如何定价的以及各环节成本是多少，所以很容易就觉得价格和质量与成本不匹配，这样消费者只能在购买试错后才能选择出合适的商品，使顾客并不能放心地购买。但秉持着以人为本、从顾客需求出发理念的尹小毛则认为，生产成本需公开透明化，庆申堂的生产经营就是这样，“让每个进入庆申堂的家人们都能以最公开透明的价格购买到最心仪质量最好的产品。”尹小毛如是说。让消费者能够清楚了解到庆申堂的成本、利润，诚信经营也使庆申堂的经营得到了许多消费者的青睐。

（3）让顾客体验得到的方便。从前，远在城市的亲人想要吃到新鲜的畜禽，小农户想将活的牲畜运输给亲人都是非常不便的，且不说运输费用昂贵，保鲜和冷藏技术也是达不到标准的。而现在庆申堂家庭农场作为一个具备冷藏技术和运输能力的中转点，不仅为该地区范围内的农户提供了较专业化的技术，而且可以对牲畜等产品进行活体运输，在为农户提供了方便的同时，更扩大了销售范围。

通过切实结合消费者的需求，每一个过程都让消费者得到方便和满足。以人为本，诚信经营是农场经营管理理念能够有所突破的关键点，能够改良流通模式和零售模式，开拓与消费者更紧密连结的渠道。

四、积跬步以至千里，积小流以成江海

1. 双管齐下创新风、线上线下一体化

农产品只有通过市场交换，才能使用其价值和使用价值，农场才能盈利。家庭农场建立之初就是要将产品市场化。所以家庭农场的发展必将面临一个问题，产品通过什么方法销售给消费者，即农产品销售渠道有哪些？

（1）可视化的认养服务。尹小毛和他的夫人受到QQ农场启发，决定将农场全程可视化溯源。恰巧当时产生了香猪幼崽、黑山羊幼崽的市场需求。尹小毛在与珠三角顾客群体进行沟通协商后，决定将每一头出生的香猪幼崽和黑山羊幼崽以一定价格出售，在顾客认养后进行标签识别并全程监视喂养，尹小毛本人则担当了饲养员与看护员的角色，通过实时监控记录给顾客传达香猪与黑山羊的动态，最后直接对接餐桌，全程的可视化寄养保证了能给顾客提供安全可靠的高质量原生态产品，同时通过收取一定的寄养费用实现农场持续性盈利。

（2）餐饮零售一体化。线上线下预定零售的成熟，让尹小毛开始新的销售探索。尹小毛觉得单一的零售方式不仅存在市场风险较高和盈利方式单一的不足，

而且在一定程度上限制了农场品牌知名度的提高以及其他业务的拓展。结合农场周围的地理环境、部分群体的用餐需求以及家庭成员对农产品菜肴的爱好，尹小毛以太公毛庆申的名字来命名，建立了庆申堂农场，为邵东地区以及附近居民提供食品挑选预定、就餐休闲、户内外烧烤等一系列农家乐餐饮服务。顾客在就餐前先进行食材的挑选与预定，在选定菜品之后进行加工制作，在享受到美食的同时可以进行农场参观、全面感受环境和产品的原生态，也可以通过与朋友进行户内外烧烤的方式感受乡土慢节奏生活。顾客在参观农场环境和其他休闲活动中会再次进行产品的购买与预定（见图3-3），提高了农场的产品销售额，降低了产品滞销风险；此外，通过庆申堂家庭农场这个窗口，尹小毛可以看到更多的市场信息，在变动的顾客需求中了解市场的最新动态；同时，采纳吸收顾客的建议，努力完善农场存在的不足，不断提高顾客的消费体验与满意度。

图3-3 用于客户体验的农产品

（3）多客源销售。起初，作为一名在珠三角有长达15年职业经理人生涯的高薪收入人员，尹小毛回乡创业的第一批客源群体便是珠三角的同事与朋友。同为高薪收入阶层的他们对于食品的质量要求比较高，愿意支付高于普通农产品的价格购买质量更高的产品，所以尹小毛通过向这些高端客户群体冷冻速运的方式批量出售自己的原生态产品，结合顾客的食品用途需求，可直接对接酒店、餐馆。

由于疫情的影响，珠三角地区的客户群收入水平降低，导致客户对于产品需求下降，尹小毛把目标慢慢转向邵东、邵阳地区的高档小区。在对客户消费能力、产品需求以及自身产品供应能力进行考察研究后，决定将部分高档小区作为其供应对象。相较于珠三角客户群，邵东、邵阳地区客户群具有运输距离短、节省物流成本；多个小区同时供应，突发性需求减少的风险降低；作为邻近地区的客户群体，更易建立亲密友好的往来关系。

联想到自身外出务工时只能在春节或其他长假期间吃到家乡美食，尹小毛开始主动联系本地区外出务工人员，挖掘他们对于家乡产品的需求，把远在几百几千公里之外的家乡务工人员作为自己又一个客源群体。根据个人需求准备产品，待预订量达到一定规模后进行批量运输。家乡的美食总是让人容易满足的，在外人员的夸赞与推荐又让庆申堂的名声进一步打响了，这一点让尹小毛也很是意外。

批量运输农产品虽然让在外人员得到了满足，但是对于尹小毛来说，不定时、不定量的运输也让自己的压力增添了许多。在与夫人商讨过后，他们决定与珠三角、邵东地区的粮油店铺进行合作出售个人品牌产品，以此来解决产品积压、滞销的问题。多渠道销售不仅可以增加农产品的市场覆盖面，有利于扩大产品的销售，而且有利于提高传递和共享市场信息的能力，庆申堂农场通过对多客源销售渠道进行归纳、对比、分析、研究从中得出有效信息，避免单一渠道信息的片面性，为庆申堂突破在渠道建设上的单一性提供有利武器。

2.持多米诺骨牌，用口碑缔造未来

（1）骨牌营销与社群营销兼重。与其他品牌商兼顾产品销售与品牌推广的做法不同，尹小毛专注于产品质量与用户的消费体验。产品养殖全过程的可视化、农家乐餐饮服务的先享受后付费等方式不断提高消费满意度，庆申堂农场的口碑也在这个过程中慢慢建立并不断提高。尹小毛说“酒香不怕巷子深”，好的产品无须过度宣传，好产品创造好口碑，好的口碑就是庆申堂农场最好的广告牌。现在的营销工具有很多，但是最牢固的营销方式是社群营销，它有着最广泛的群众基础，最高裂变的效应。尹小毛与消费者之间不仅是买卖关系，还是一种朋友合作伙伴的关系。消费者可以为产品的生产研发提供自己的想法与见解，提高产品制作过程中消费者的参与度。通过与用户之间频繁的交流沟通不断增强商家与客户的互动，在这个过程中与客户建立情感上的联系，用心维护好每一位新老客户，让他们放心为庆申堂的服务买单。

（2）网络营销来加持。在当今飞速发展的网络时代，传统营销模式已经不能满足现阶段经济的发展，越来越多的公司、企业都在向网络方面转型。网络日渐成为公司、企业的赚钱工具。大部分的网络营销是直接进行产品推广，而尹小毛则另辟蹊径，不管是朋友圈分享的视频还是公众短视频平台上的动态，都是以分

图3-4　网络分享创业经历

享创业经历、食品加工方法为主，就像一个好友在与你分享日常生活一般，可以减少消费者对于某些产品过度宣传产生的反感情绪以及购买的顾虑（见图3-4）。尹小毛既是产品的代言人也是产品品牌的推广大使，经营好自己的个人形象就是推广品牌的最好方式。质量好的产品只能给消费带来物质层面的满足，而品牌好的产品给消费带来的不只是物质层面的满足，更多的是精神层面的享受。在物质文化相对比较饱和的今天，消费者需要更多的是对精神文化的索求。特别是对于像中国这种“面子大过天”的国度，优秀品牌对于国人来说不只是优秀品质代表，更重要的是品牌能撑起国人这一大“面子”，优秀品牌是消费者之所以购买的充分必要条件。

五、尾声

1992年被动离乡后，尹小毛夫妻并未被生活的坎坷磨灭心中对于故土的情怀和热血。2016年，尹小毛夫妻放弃在珠三角的高薪工作，返乡创业，投身原生态养殖产业。从单品种到多品种、从几十亩到几百亩土地，从单一的销售渠道到多客源销售，整个业务市场的拓展过程都是夫妻亲力亲为。于是我们看到了今天拥有350多亩土地，涵盖多个养殖品种的纯原生态庆申堂家庭农场。“以诚信为本、待人友善”是尹小毛经常挂在嘴边的话，顾客是消费者，也是真正的朋友。每一位顾客在享受原生态产品的同时，也被尹小毛的真诚热情所感染。“离乡是被动的，返乡是主动的”，尹小毛从未忘记这方养育他的土地，投身原生态养殖，是他创业的主要途径，更是他为乡村振兴贡献自己力量的一种方式。回到家乡投身农业养殖，给更多人提供健康的原生态农产品，实现自我价值，回馈感恩社会，是尹小毛从一而终的目的。尹小毛的故事还在继续，投身养殖行业的第一个五年在夫妻的不懈探索下渐入佳境，庆申堂也一直在坚持原生态养殖的初衷上不断创新自己的服务方式与服务流程，在这个大数据时代，让顾客享受到原生态绿色产品的同时得到便捷安全的服务是庆申堂努力的方向与目标，“返璞归真”“健康生态”

是人们始终重视与向往的，也是尹小毛创办农场的初衷，但想要实现通过庆申堂农场带动乡村发展，推动乡村振兴这一伟大目标仅靠夫妻两人单打独斗是远远不够的，如何在充分整合当地资源的基础上与企业进行合作，通过战略联盟的团队协作方式实现庆申堂家庭农场的持续发展是尹小毛未来发展规划中最重要的一步，也是打造百年家庭农场的前提；实现资源整合，进行团队协作之后如何进行营销，让庆申堂家庭农场成为邵东地区的原生态招牌是尹小毛下一个五年要继续探索的，也是值得每一位回乡创业者学习与关注的。

六、启发思考题

1.原生态家庭农场具备哪些市场竞争优势?

2.庆申堂有哪些家庭农场独特的经营理念与营销渠道?

3.原生态农场在大数据时代如何兼顾初心与创新，扩大自己的农场知名度与消费市场?

4.尹小毛可以通过哪些方式利用庆申堂带动乡村发展，推动乡村振兴?

案例适用说明

一、教学目的与用途

1. 适用课程

本案例可作为综合教学案例，主要适用于农产品营销学、创业管理学、品牌营销、市场营销学等课程。

2. 适用对象

主要适用于与管理相关专业的全日制本科生、研究生及MBA、EMBA和创业培训人员。

3. 教学目的

本案例主要描述了庆申堂生态农场品牌锻造之路，深入思考初期返乡创业人员如何发现家乡的特殊之处，感知家乡市场需求，结合自身经验在经历挫折后不屈不挠，始终把为客户服务牢记于心。以原生态、体验式营销和可视化管理争取客户、经营品牌；以线上线下、多客源多渠道销售品牌产品；以骨牌式口碑营销品牌，打响品牌商号。

（1）通过本案例的学习，旨在引导学生关注原生态农场的经营理念和营销模式，重点思考如何在原生态农场的基础上，将科技与农场进行生态化联结，营销品牌，从而打造品质化产品和更具影响力的生态农场品牌。

（2）通过案例的分析与讨论，在一定程度上，让具有专业知识的学生了解不一样的农村营销方式和理念，学习更多的农产品营销方法，努力为之后农产品的产业化、标准化、品质化出一分力，让农产品的发展有更加宽广的道路。通过此案例来激发学生的主动性和兴趣，并结合当今时政，来促使学生为乡村振兴出一分力。

二、启发思考题

从无到有的庆申堂生态农场，一路走来，遇到的问题都可以给我们提供经验，在初步了解案例之后，我们准备了几道题目供大家更好地总结案例：

1.原生态家庭农场具备哪些市场竞争优势？

2.庆申堂有哪些家庭农场独特的经营理念与营销渠道？

3.原生态农场在大数据时代如何兼顾初心与创新，扩大自己的农场知名度与消费市场？

4.尹小毛可以通过哪些方式利用庆申堂带动乡村发展，推动乡村振兴？

三、分析思路

教师可根据自身的教学目的灵活地运用此案例，结合学员的实际情况对案例进行分析。可以结合思考题从市场营销学、创业管理学、推销理论与技巧等方面逐步梳理出本案例涉及的相关理论要点。这里提供本案例分析思路，仅供参考。

第一阶段，返乡初期。

1.从薪资待遇较高的珠三角地区回乡创业，尹小毛除了具有寻找创业机会的尖锐眼光，你还从他的身上看到了创业者应具备的哪些特质？

2.尹小毛认为实现乡村振兴也是其回乡创业的一个缘由之一，那么请简要分析一下庆申堂原生态农场如何在自己发展之路上，对创业者家乡进行建设，即农场在哪些经营方面可以为乡村振兴作出贡献，请列举四五点。

3.在科技如此发达的今天，利用转基因技术培育的食品已经面世。虽然有一部分消费者乐于尝鲜，但是更多消费者依旧青睐正常培育的产品和原生态产品，是否就代表在一定程度上，转基因食品已经不再是原生态食品的市场竞争者，在接下来的发展中，农场主也可以放松对转基因食品的警惕呢？

第二阶段，创业中期。

4.从案例中可以了解到，在创业初期，牲畜生病后，尹小毛并未进行病种隔离。而在中期时，他将病种隔离并且进行研究试验。这也给了广大创业者一个警示，在创业中遇到的困难层出不穷，重要的不是打击，而是我们需要有一颗勇敢面对和努力寻找解决措施的心。

5.庆申堂农业选择了当下比较热门的一个农产品话题“可视化”，在学习过程中，让学生了解可视化究竟是什么，为什么他能在当今农产品营销的过程中发挥如此之大的作用。分析可视化农业在农产品营销的过程中发挥了怎样的作用。在未来可视化还能为农产品营销作出什么贡献，未来可视化还可以发展到何种程度。

6. 最近话题“沉浸式”逐渐变得热门，沉浸式展览、沉浸式餐馆。庆申堂也提供与沉浸式类似的体验式服务，那么你认为庆申堂的体验式与沉浸式消费如何更好地结合以帮助庆申堂的发展（注：从消费者视角）。

7. 近年来，我国旅游业迅猛发展，农家乐成为一种新兴热门的旅游模式逐渐得到城市消费群体的青睐。请结合消费者心理学、推销理论与技巧和知识，分析尹小毛采用体验式营销的依据在哪里？

第三阶段，创业后期。

8. 由于2020年疫情的影响，珠三角地区客户逐渐流失，尹小毛将目光放在了邵东地区的高档小区和务工人员并把批量预订零售发挥到极致效果。这也悄悄体现着庆申堂的发展，实现了初步的订单农业。不只是庆申堂，连服装产业也出现越来越多的订单预售情况。在服装业，消费者初期支持并且理解订单生产，可是到后来，消费者对订单预售产生了极大的抵触心理，这是在农业领域没有观察到的，学生在分析案例时应该多思考，订单式农业的存在对消费者购物产生了怎样的正面影响？

9. 为了应对风险，庆申堂选择了战略联盟的方式，在农产品经营的过程中，单一的、个人的力量总没有团体的力量大，对比单一农产品经营，战略联盟的农产品经营方式有哪些优势，又有哪些局限性。思考战略联盟是不是以后农产品营销的趋势，并分析以后农产品营销还可能有哪些组织形式。

10. 在网络飞速发展的今天，传统营销模式满足不了现阶段经济的发展，越来越多的公司、企业都在向网络方面转型。网络日渐成为公司、企业赚钱的工具。大部分的网络营销是直接进行产品推广，而尹小毛则另辟蹊径，以人为主体进而进行品牌的推广。你认同这种做法吗？为什么？

11. “酒香不怕巷子深”，社群营销基于老顾客的宣传来扩大品牌的知名度，带领学生深入思考社群营销的概念是什么，运用其他知识，思考除了基于群聊的口口相传，庆申堂还能采取哪些方法扩大社群营销的影响力，创新营销方法？

12. 绿色可持续发展是我们一直以来所推崇的。从单一的牲畜养殖到种植绿色植物充当牲畜饲料，多样化养殖、种植形成一个完整的循环链条，体现了典型的循环经济内涵。内循环还能体现在农场经营过程中的哪些方面？

13.尹小毛具有初心与热爱，他热爱家乡故土，回乡除了发展农业之外，还为了实现自己的初心就是乡村振兴，努力让乡村走出贫困。随着国家政策的发展，学生应当不只局限于教材，应该有更多的思考，应当坚持初心，为国家发展出一分力。

四、理论依据与分析

1.理论依据

（1）原生态农业。原生态农业的概念可分为广义和狭义两种解释。狭义的原生态农业是秉承传统农业的理念，遵循自然规律，利用未被破坏的原生态自然农业环境，在非转基因生物可行性的基础上，结合现代科学管理手段，因地制宜地开展农、牧、渔、林等多种循环互补式生产，最终为人类提供更自然、更安全、更健康农产品的农业。

广义的原生态农业是指遵循自然规律和经济规律，以生态学和生态经济学原理为指导，将人、生态、经济、社会和文化的协调发展视为主要目标，在考虑农业生产的地理生态条件的前提下，运用当代先进的农业科技和管理手段，按系统工程的方法建立的，具有生态与经济良性循环、持续发展的，多层次、多结构、多功能的综合农业生产体系。原生态农业的内涵包括：

第一，原生态农业的发展空间是未被破坏的自然生态环境或被人为破坏极小的自然生态环境，那些被化肥农药浸染、生态破坏严重、污染程度极深的区域无法开展原生态农业生产。

第二，原生态农业的思路与传统农业的理念是一脉相承的，讲究对自然规律的认可和遵守，讲究“天人合一”的自然宇宙观，强调人与自然的和谐共存，持续发展。农业生产要依赖自然，顺应自然，利用自然，而不是人为地改造自然。

第三，原生态农业崇尚传统的农耕方式，却也不排斥现代科学技术与科学管理理念。在不破坏自然的前提下，任何有益的科学元素都可以在原生态农业中得到应用。

第四，原生态农业追求内源式发展，尽量减少外部投入。因此，它主张抛弃农药化肥，因地制宜地开展农、牧、渔、林或多种循环互补式生产。通过作物间互补共生的原理和循环使用、变废为宝的机制开展农业生产。

第五，自然提供给我们的都是经过千百年进化而来的自然、安全、可靠的物种。因此，原生态农业也要求保留自然的味道，排斥和拒绝一切转基因的元素。

（2）农业可视化。农业可视化主要是指依靠互联网、物联网、云计算以及雷达技术及现代视频技术将农作物或牲畜生长过程的模式、手段和方法呈现在公众面前，让消费者放心购买优质产品的一种模式。

农业三维可视化平台主要为农业企业或行政主管部门提供近地遥感的信息数据采集服务，帮助实施产业规划、项目规划等。致力于弥补传统农业物联网项目提供农业遥感大数据单体平台的不足，实现园区农业资源直观数据化、可视化。农业三维可视化平台可以进行农业数据采集和海量数据清洗处理，通过底层三维地图实景模型可以提供诸多数据服务，可精准测算各种数据等。园区内所有设备资源都可以通过这个平台进行管理，避免偏差，减少决策失误，实现一个平台作战。农业三维可视化平台为农业管理部门提供新颖的数据发布展示，为园区领导提供服务管理的决策支持辅助信息，也为农业操作人员提供更便捷的全局控制途径，形成高层核心和基层多点联动作业的有效尝试。

（3）循环农业。循环农业是指在农作系统中推进各种农业资源往复多层与高效流动的活动，以此实现节能减排与增收的目的，促进现代农业和农村的可持续发展。

通俗地讲，循环农业就是运用物质循环再生原理和物质多层次利用技术，实现较少废弃物的生产和提高资源利用效率的农业生产方式。循环农业作为一种环境友好型农作方式，具有较好的社会效益、经济效益和生态效益。循环农业是相对于传统农业发展提出的一种新的发展模式，是运用可持续发展思想和循环经济理论与生态工程学方法，结合生态学、生态经济学、生态技术学原理及其基本规律，在保护农业生态环境和充分利用高新技术的基础上，调整和优化农业生态系统内部结构及产业结构，提高农业生态系统物质和能量的多级循环利用，严格控制外部有害物质的投入和农业废弃物的产生，最大限度地减轻环境污染。

发展循环农业是实现农业可持续发展战略的重要途径。循环型农业是运用可持续发展思想和循环经济理论与生态工程学的方法，在保护农业生态环境和充分利用高新技术的基础上，调整和优化农业生态系统内部结构及产业结构，提高农业系统物质能量的多级循环利用，严格控制外部有害物质的投入和农业废弃物的产生，最大限度地减轻环境污染，使农业生产经济活动真正纳入农业生态系统循环中，实现生态的良性循环与农业的可持续发展。

（4）社群营销。社群营销就是在互联网数字化社群的社会环境下，充分运用互联网工具，利用群体失智、情绪化的特点，激发社群所蕴藏的巨大能量，达到营销的目的。社群营销的核心是“人”，辅助因素是产品与服务。目的在于通过赋予品牌人格化的特征，努力在品牌和消费者之间形成情感，让消费者保持对品牌的情怀，即情感依恋，从而积极热情、不计报酬地宣扬自己偏爱的品牌，甚至直接销售产品。

社群营销在今后不仅仅是一种营销思路，更应该纳入企业的商业模式中。它需要我们打破很多传统的思维方式和解决问题的方法，在互联网社会里，它是企业生存、发展、竞争必不可少的策略与战略。

（5）网络营销。网络营销，亦称作网上营销或者电子营销，是指以现代营销理论为基础，借助网络、通信和数字媒体技术等实现营销目标的商务活动。为用户创造价值是网络营销的核心思想，基于互联网工具的各种方法是开展网络营销的基本手段。互联网为营销带来了许多独特的便利，如低成本传播资讯。互联网媒体在术语上立即回响与引起回响双方面的互动性本质，皆为网络营销有别于其他营销方式的特性。

网络营销是基于网络及社会关系网络连接企业、用户及公众，向用户及公众传递有价值的信息与服务，为实现顾客价值及企业营销目标所进行的规划、实施及运营管理活动。网络营销是企业整体营销战略的一个组成部分，网络营销是为实现企业总体经营目标所进行的，以互联网为基本手段，营造网上经营环境并利用数字化的信息和网络媒体的交互性来辅助营销目标实现的一种新型的市场营销方式。

（6）战略联盟。战略联盟（Strategic Alliances）是指由两个或两个以上有共同战略利益和对等经营实力的企业（或特定事业和职能部门），为达到拥有市场、共同使用资源等战略目标，通过各种协议、契约而结成的优势互补或优势相长、风险共担、生产要素水平是双向或多向流动的一种松散的合作模式。

战略联盟的战略优势包括：一是创造规模经济。小企业因为远未达到规模经济，与大企业相比，其生产成本就会高些。这些未达到规模经济的小企业通过构建联盟，扩大规模，就能产生协同效应，即“1+1>2”效应，提高企业的效率，降低成本，增加盈利，以追求企业的长远发展。二是实现企业优势互补，形成综合优势。企业各有所长，这些企业如果构建联盟，可以把分散的优势组合起来，形成综合优势，也就可以在各方面、各部分之间取长补短，实现互补效应。三是可以有效地占领新市场。企业进入新的产业要克服产业壁垒，企业进入新市场也同样要越过壁垒。通过企业间的联盟合作进入新市场，就可以有效地克服这种壁垒。四是有利于处理专业化和多样化的生产关系。企业通过纵向联合的合作竞争，有利于组织专业化的协作和稳定供给，如丰田公司只负责主要部件的生产和整车的组装，减少了许多交易的中间环节，节约了交易费用，提高了经济效益。而通过兼并实行联盟战略，从事多样化经营，则有利于企业寻求成长机会，避免经营风险。在选择联盟对象时，企业首先要清楚候选企业的战略意图；其次应该调查候选企业的合作经验。此外，企业还应考察潜在候选企业是否具有独特的核心竞争力和发展的潜力。

2. 案例分析

（1）原生态家庭农场具备哪些市场竞争优势？随着互联网技术的发展与信息传播速度的提高以及人们收入水平的提高，大多数人对于健康的关注也在持续不断地上升，作为以原生态为主打的家庭农场，其最大的特点是绿色健康，原生态家庭农场的产品能带给消费者心理上和味觉上的双重信赖，食物的品质有保障，消费者愿意花费高于产品一般市场价格的价格去购买家庭农场的原生态产品，所以原生态家庭农场进入市场的第一大市场竞争优势便是随时代的发展人们对于绿色健康食物的渴望和向往以及产品本身所具有的品质保障；家庭农场第一大竞争因素是由时代环境影响产生的，那么家庭农场的第二大市场竞争优势便是由家庭农场本身所决定的，买卖交易的最终盈利额是由生产成本和市场售价决定的，作为原生态家庭农场。首先，可以从生产原材料上节省大量成本，尹小毛在采访中提到了自己农场循环种养的理念，所有的动物均为家养或圈地散养，这些畜禽的食物来源是自己农场种植的大麦与玉米等食材，而散养类畜禽的所有食物来源便是山间的青草与露水，畜禽的粪便也做到了批量清洁出售，整个生产过程达到了一个充分利用当地资源的原生态循环，生产成本大为降低。

其次，家庭农场的人员构成也是节约生产成本，提高农场生产效率的一个重要方面。农业生产具有季节性和地域性，收获的周期长，劳动成果大多数表现在最终成果上。如果采用工厂化的劳动组织形式，不仅难以准确计量分散的农业劳动中每一个生产环节上各个劳动者的劳动数量、强度和质量，也难以进行绩效衡量和工资发放。而家庭农场的劳动者主要是农场主本人及其家庭成员。这种以血缘关系为纽带构成的经济组织，其成员之间具有天然的亲和性。家庭成员的利益一致，内部动力高度一致，可以不计工时，无须付出额外的外部监督成本，可以有效克服“投机取巧、偷懒耍滑”等机会主义行为。同时，家庭成员在性别、年龄、体制和技能上的差别，有利于有效分工，因此这一模式特别适用于农业生产和提高农业效率。原生态家庭农场在人力、物力上达到了最大限度的生产成本缩减。

再次，当下许多家庭农场都采取订单式农业生产与个人自由化生产，尹小毛提及当下农场的产品直接对接餐桌与最终消费者，减少了中间商环节，根据客户订单与季节性原材料的生产供应量来决定某一类畜禽的喂养数量，生产的灵活度与市场决策程度较高。

最后，家庭农场的经营成果具有传承性。以家庭成员为核心去经营，经营规模有限，在目前家庭联产承包责任制的基础上，家庭承包的土地具有延续性。所以父辈积累的经营成果可以传承到子辈，甚至是孙辈。

（2）庆申堂有哪些家庭农场独特的经营理念与营销渠道？作为邵东地区拥有一定知名度与规模优势的原生态家庭农场，庆申堂最大的经营理念体现在畜禽的喂养上，纯散养种植，根据当地山形地势与气候条件来决定喂养畜禽的种类，做到了“因地制宜”，遵循自然规律，回归原生态，这也是尹小毛先生创办家庭农场的初衷；在产品销售与宣传上，庆申堂始终坚持“以人为本”的经营理念，每一位顾客与消费者都是农场主尹小毛的朋友，他始终秉持这个理念，给顾客看得见的成本和尝得到的品质，用真诚赢得每一位回头客；在生产过程中，庆申堂在当代智慧农业的普及推广上不断探索，农场的生产过程运用到了大数据可视化、互联网订单式农业；与当下多数农场的宣传方式不同，庆申堂的尹小毛选择了类似于格力电器品牌创始人董明珠“为自己代言”的宣传方式，通过互联网与线下活动的组织参与，他热情好客、真诚善良的形象为每一位消费者所熟知，通过自己个人形象的宣传与塑造，采用骨牌营销与社群营销相结合的营销方式，通过网络营销达到持续宣传的效果；订单式营销与产品直接对接餐桌的销售方式让庆申堂拥有极大的生产灵活性。“积跬步以至千里”尹小毛始终坚持以顾客需求为导向在不断探索，为自己代言，打造出百年老店庆申堂。

（3）原生态家庭农场在大数据时代如何兼顾初心与创新，扩大自己的农场知名度与消费市场？“回归原生态，让家人与更多人吃上安全健康的食物”是尹小毛回乡创业的初衷，也是当代原生态产品的消费者的最终需求。扩大农场知名度的第一步是关注产品本身，产品的组合要多元化。原生态家庭农场可以通过多种途径开展绿色食品认证、有机农产品认证和地理标志农产品认证，努力打造属于自己的品牌，努力加快品牌建设，提高品牌的知名度。农产品生产者要注重产品的多样性，提高市场竞争力水平。坚持发展多元产业，通过产品多样化、多品种、多元化格局应对市场潜在的风险，确保市场稳定性收益。第二步是管理理念要科学。家庭农场虽然是以家庭为生产单元，但是要坚持好自己的定位，要以企业化的管理理念加强生产经营管理，要始终坚持诚信经营，严格生产标准，确保产品质量，并依靠产品质量取得良好的信誉和效益。要坚持“管服结合”的工作理念，增强产品服务意识，做好售后服务保障。尹小毛始终在给顾客提供更好更广的服务中不懈探索着，用诚信经营留住老顾客，吸引新顾客。第三步是发展模式要绿色。生态发展是家庭农场发展重要方向。为了提高农场的可持续发展水平，应该将生态、效益和农业功能结合起来；同时，也可以将农业观赏功能、旅游功能和农业文化结合起来。家庭农场主要分布在田间地头，主要是发展农产品初加工产业、休闲农业和创意农业，要结合交通、地域等优势资源，积极打造绿色生产、销售、休闲一体的产业发展模式，利用自媒体宣传推广拓展线上线下相结合的销售模式。实现与文化创意、休闲健身、生态旅游等产业的有机融合，推动现代休闲农业发展。第四步是合作机制要完善。注重形成新型经营主体利益联结机制，实现不同主体间优势的互补，相互之间的抱团。家庭农场应该加强与合作社、农业社会化服务组织、农业企业在资源、市场、人才、资金等方面的协作互补，加快提升创立农业产业化联合体，提高综合性农业经营效益。鼓励家庭农场加入专业合作社；同时，积极推动家庭农场与电商平台经营者建立合作关系，拓宽农产品流通渠道，提高产品附加值。

（4）尹小毛可以通过哪些方式利用庆申堂带动乡村发展，推动乡村振兴？与当地中小农户在原生态产品的原材料以及粪便上进行合作，形成长期的供应商与上下游供应链的关系，帮助当地小农户进行产品的销售；以庆申堂为招牌，关注品牌本身，在提高品牌影响力与知名度的同时着手进行地域地区的宣传，结合当地资源与特色，在体验式营销模式的开展中与当地政府、合作社进行合作，带动当地旅游业以及农业的发展。

五、背景信息

最开始在深圳工作时，尹小毛曾亲眼目睹一些工厂带来的环境破坏，并且由此对周围农产品的安全性与可靠性产生了深深的质疑。再联想到自己家乡邵东地区还未经开发纯天然无污染的土地，尹小毛决定自主创业，由于对近两年消费者对于原生态农产品的需求日益增多，尹小毛在充分观察了市场之后决定将原生态作为自身产品的招牌，作出一个原生态无污染的新式家庭农场。

从2010年开始，尹小毛花了六年的时间对湖南邵东地区的市场情况进行了调研并以养牛作为自己家庭农场产业的第一步，但是对养殖技术的陌生令问题层出不穷，尹小毛的创业也是血本无归，但是在这次创业之后尹小毛学习了很多有关养殖的专业技术，并为后续的创业打下基础。在第二次创业时尹小毛在自己家附近选择了一片没有污染的土地建立了庆申堂家庭农场，庆申堂家庭农场的理念就是“回归原生态，让孩子吃上最健康的食物”。

从2018年开始庆申堂家庭农场采用了一种用自己种的粮食饲养鸡鸭猪牛，再把这些畜禽的粪便作为瓜果粮食肥料的因地制宜的内循环模式。这种内循环模式既保证了庆申堂家庭农场可以不再需要依赖外来的农药和激素，也保证了原生态农场的可行性。在建立了可持续的原生态养殖模式之后，庆申堂从消费者的角度出发，采取了“可视化”的管理模式，从一头香猪的出生到屠宰消费者可以用手机全程监控。通过这种“线下养殖+线上监管”的模式，庆申堂形成一条保质保量的产品供应链。而在农场建立的初期，受到先前创业失败的影响，农场建立初期资金较为短缺，为了降低生产成本，庆申堂采取“寄养+预售”相结合的模式，恰巧当时产生了香猪幼崽、黑山羊幼崽的市场需求。尹小毛在与珠三角顾客群体进行沟通协商后，决定将每一头刚出生的香猪幼崽和黑山羊幼崽以一定价格出售，在顾客认养后进行标签识别并全程监视喂养，尹小毛本人则担当了饲养员与看护员的角色，通过实时监控记录向顾客传达香猪与黑山羊的动态，最后直接对接餐桌，全程的可视化寄养为顾客提供安全可靠的高质量原生态产品，也通过收取一定的寄养费用实现农场持续性盈利。

2019年，庆申堂家庭农场认为单一的零售方式不仅存在市场风险较高和营利方式单一的不足，而且在一定程度上限制了农场品牌知名度的提高以及其他业务的拓展。恰巧当时农家乐模式开始变得火热起来，庆申堂家庭农场便开发了农家乐的业务，顾客在参观农场环境与进行其他休闲活动中会再次进行产品的购买与预订，提高了农场的产品销售额，降低了一定的产品滞销风险；此外，以庆申堂家庭农场为窗口，也可以看到更多的市场信息，在变动的顾客需求中了解市场的最新动态；同时，采纳吸收顾客的建议，努力完善农场存在的不足。随着后疫情时代的到来，庆申堂家庭农场也面临着线下销售渠道凋敝的困境，原先的珠三角地区客群的消费力开始不断下降，所以庆申堂家庭农场开始运用自媒体平台如抖音、朋友圈等积极拓展线上销售渠道，并把目光投向周围的亲朋好友，产品的推广上更多地将目标市场放到了邵东地区而非原先的珠三角地区，通过这种多渠道销售不仅增加了农产品的市场覆盖面，有利于扩大产品的销售，而且也提高了庆申堂家庭农场传递和共享市场信息的能力。

目前，庆申堂家庭农场的产品已经从最开始的牛拓展到了香猪、黑山羊、鲢鱼、鸡鸭和各种瓜果蔬菜，并形成稳定的销售渠道；农场总面积也已经扩大到350多亩，规模空前。在未来，庆申堂家庭农场希望能够通过自己的影响力将自身成功的创业模式推广出去，不仅能够用这种模式为乡村振兴贡献一份力量，还能够推动庆申堂家庭农场未来运行得行稳致远。在将邵东地区的各种资源整合在一起之后，庆生堂家庭农场能够集合团队的力量，进一步拓展原生态养殖模式的下一片天地。

六、关键要点

关键点：通过了解庆申堂的营销渠道与经营理念，深入思考如何通过可视化技术提高市场需求，旨在向学生展示可视化农业、线上线下一体化、骨牌营销和体验式营销的理论知识在营销的实际应用，提高其实际解决问题的能力。

关键知识点：可视化农业、线上线下一体化、骨牌营销和社群营销及体验式营销与订单式农业的理论知识。

关键能力点：阅读与分析能力、反思与发散能力、总结及归纳能力以及运用理论知识解决实际问题的能力。

七、建议课堂计划

本案例可以供独立的案例讨论课使用。以下是根据时间进度提供的课堂教学流程和时长建议，仅供参考。本案例教学时长可控制在90分钟以内，具体时间分配可视实际情况进行调整。

1.时间计划

（1）课前计划。如表3-1所示，提前一周发放案例材料，将启发思考题提供给学员，请学员在课前完成阅读和初步思考。将学员分成若干个小组，每组4—6人，各学员以小组为单位开展讨论和总结，并了解订单式农业、产销一体化和供应链金融的理论知识。

表3-1 课前计划

内容	教学内容	时间
课前计划	提前发放教学案例，并提出启发思考题，要求学员在课前完成阅读和初步思考	上课前一周
	安排学员们在课后（4—6人一组）之前开展小组讨论	
	要求学员熟悉可视化农业、内循环农业、线上线下一体化、骨牌营销和社区营销、体验式营销、订单式农业等知识	

（2）课堂计划。如表3-2所示。

案例引入（15分钟）。由教师进行庆申堂背景介绍，并提出拟讨论的若干思考题。其目的是让未完成课前作业的学员对本案例有一个大致的了解，为后续讨论奠定良好的基础。

小组讨论（25分钟）。教师引导学员思考并讨论4个思考题，确定小组发言。

课堂互动、深入分析（控制在30分钟内）。教师点评，各小组派代表对其他小组进行点评，让学员分享案例学习的心得。

案例总结（20分钟）。最后由教师列出案例讨论要点，对学习理论启发点进行总结，并对案例讨论结果进行点评和归纳。

表3-2 课堂计划

内容	教学内容	时间
案例引入	教师开场：点明本案例的行业背景，并介绍本案例的大致内容、所涉及的思考问题、案例整体逻辑与脉络等	15分钟
	案例回顾：介绍庆申堂农场的经营理念与营销渠道，重点了解可视化农业实现农户合作与预售模式的开展，以及线上线下一体化模式与订单式农业如何有效提升产品品质并拓宽销售的渠道。将整个案例大体回顾一遍，为学员做好“热身”，以便接下来讨论环节的进行	
小组讨论	按照启发性思考题的顺序逐个提出问题并进行理论的讲解和引导性分析	25分钟
	各小组汇报对案例问题的讨论结果，提出问题与思考。教师随机点名或小组派代表回答问题，调动全体学员参与	

续表

内容	教学内容	时间
课堂互动深入分析	教师再次将思考问题逐条抛出；同时，结合各小组对问题的分析及解决方案作出点评，各小组可派代表对其他小组进行点评，教师随机邀请学员分享此次案例学习的启示	30分钟
	教师对学员讨论的结果进行总结，并进一步启发学员从农场的竞争优势引出农场的经营理念和营销渠道，概括总结庆申堂家庭农场的独特优势，给予其他家庭农场借鉴。另外通过乡村振兴这一热点启发学员。了解可视化农业、线上线下一体化、骨牌营销和社群营销、体验式营销、订单式农业等理论知识在营销中的实际应用	
案例总结	教师对本案例的知识要点进行梳理和总结，形成案例板书	20分钟

（3）课后计划。请学员根据对案例的分析和课堂讨论，形成案例分析报告。

2.课堂提问逻辑

教师通过庆申堂独特的营销渠道、经营理念的总结，使学员了解可视化农业实现农户合作与预售模式的开展以及线上线下一体化模式对有效提升产品品质并拓宽销售渠道的作用，深刻理解其背后的逻辑，从而提高学员运用可视化农业、线上线下一体化、骨牌营销、体验式营销、订单式农业等营销知识在实际解决问题的能力。

八、板书设计

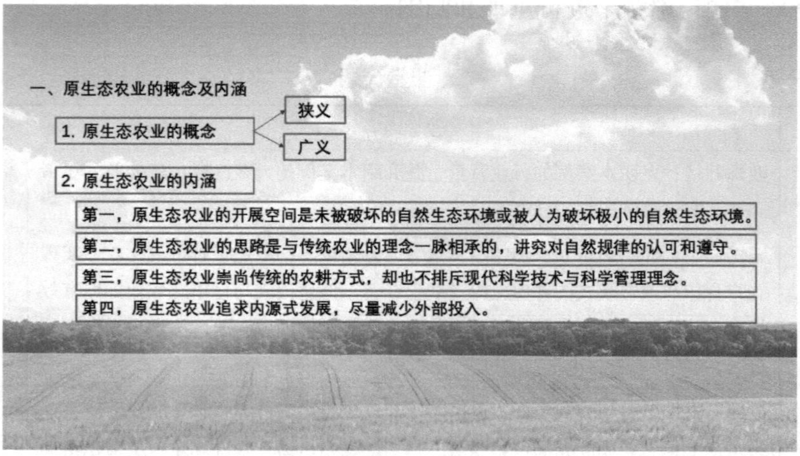

图3-5 板书1

图3-6 板书2

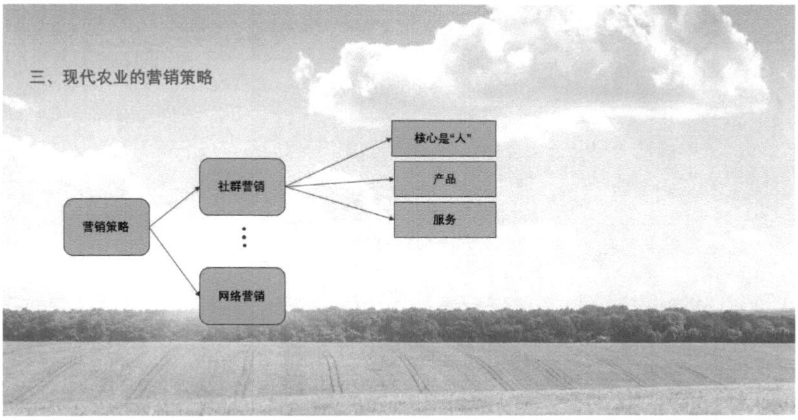

图3-7 板书3

图3-8 板书4

五、案例分析
1. 原生态家庭农场具备哪些市场竞争优势?
2. 庆申堂有哪些家庭农场独特的经营理念与营销渠道?
3. 原生态家庭农场在大数据时代如何兼顾初心与创新，扩大自己的农场知名度与消费市场?
4. 尹小毛可以通过那些方式利用庆申堂带动乡村发展，推动乡村助兴?

图3-9 板书5

案例四

养殖现代化：南川河合作社“猪周期”下的破局之道

摘要：在我国的养猪行业，“猪周期”是每个生猪养殖户不可避免的困境。本案例描述了南川河合作社在对“猪周期”进行了充分的思考后，采取了以养殖现代化为轴心的管理信息化、技术科学化、设备标准化、发展可持续化的产业布局，从而破解了“猪周期”的难题，并有望在未来通过这一方式促进整个行业的健康发展。

关键词：南川河合作社；猪周期；蛛网理论；养殖业现代化

适用课程及对象：本案例适用于市场营销、农产品营销等课程中有关市场营销信息和农产品销售的教学模块。主要适用对象为MBA、硕士生、本科生。

案例正文

一、引言

2022年5月的一个下午，在湖南省浏阳市枨冲镇和平村的一个养殖户家里，南川河合作社理事长甘元田正在和养殖户亲切地交谈着，这已经是他这个星期到访的第11个养殖户了，身为南川河合作社的社长，他一有空就会到合作社社员的养殖场里转一转，聊一聊，了解社员们的养殖场状况，“老刘啊，怎么样，上次我喊你不要犹豫，赶快多出栏，没说错吧？”“嗨呀，甘社长，你可真神哩！没有你的话，那个月我不知道要亏多少钱嘞，合作社给的消息真是帮大忙了！”养殖户老刘激动地说道。“哈哈哈，那都是应该的，合作社能发展到今天，离不开每一个社员的支持啊。”甘社长也十分欣慰，看着笑得合不拢嘴的老刘，不禁感慨万千，到今年，已经是合作社建立的第十五个年头了，思绪飘荡间，他仿佛看到了自己刚刚创立南川河合作社时的情景……

二、南川河合作社的诞生

1.决心扎根养猪业

甘元田作为合作社的创始人，对于南川河合作社的发展至关重要。他原本是一家食品公司的职员，后来公司面临裁员困境，他不得不思考是否还要继续留在养猪行业，正当他在还犹豫时，电视上播报了一则新闻：“WTO谈判中，一个外国官员声称‘中国的猪肉质量不如美国的狗粮’”，这则新闻引发了他的愤慨；同时，也刺激他产生了留在养猪行业的决心——中国有这么多优良的土猪品种，沉淀着数千年的养猪历史，如今却落得如此境地，为此，他决心要为中国的养猪业做些什么！

于是，甘元田开始酝酿自己的创业计划，除了在网上查找信息，他还到家乡的农贸市场里去转，到养猪场里和养殖户们去聊，仔细观察和分析当地养猪业的痛点和难点。经过一番调研和走访，他聚焦在一个问题上——“猪周期”。起因是他在网上看到有清华学者在一个农业论坛上提到“猪周期是散户最大的风险来源”；同时，在和养殖户的交谈中，他还发现，猪价波动是一个被频频提到的话题，许多养殖户都因此受到亏损，甚至有的已经打算退出行业。“有什么办法能够帮助养殖散户们规避猪周期的风险呢？”甘元田不禁思考起这个问题，为此，他首先对猪周期问题进行了充分探究。

2. 养猪业的“魔咒”——猪周期

甘元田了解到，猪周期是生猪行业常见的经济现象，指“价高伤民，价贱伤农”的周期性猪肉价格变化怪圈，猪肉价格高，刺激农民积极性造成供给增加；供给增加，造成肉价下跌；肉价下跌到很低，打击农民积极性，造成供给短缺；供给短缺，又使肉价上涨，周而复始，就形成所谓的“猪周期”（见图4-1）。

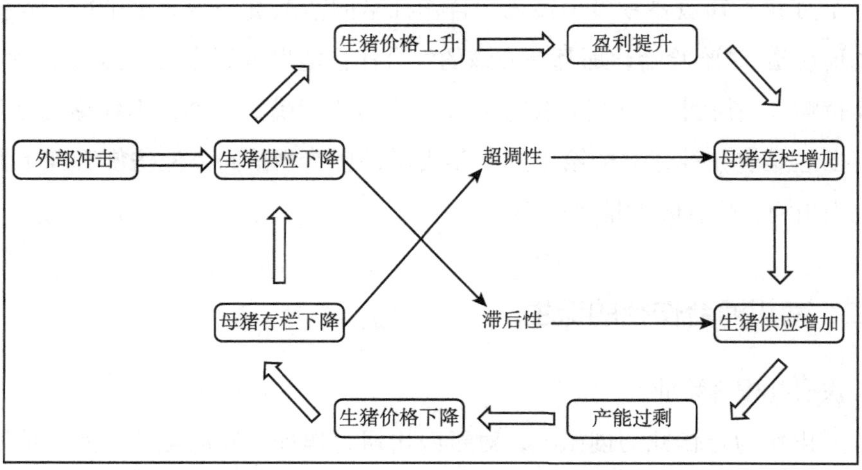

图4-1　猪周期成因

资料来源：作者根据网络资料整理。

从更深层次来说，生猪价格的波动往往可以用“蛛网理论”中的发散型蛛网模型来解释，根据蛛网模型，造成某些生产周期较长的商品产量和价格波动的主要原因是，生产者总是根据上一期的价格来决定下一期的产量，即上一期价格也是生产者对下一期的预期价格，预期价格与实际价格的不吻合造成了产量和价格的波动（见图4-2）。

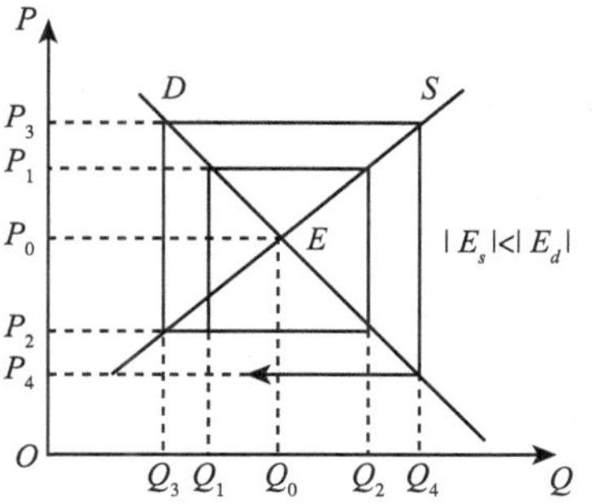

图4-2　发散型蛛网理论模型

在我国，当前2600万个养猪场户中，99%是年出栏500头以下的中小场户。2019年，我国出栏量最大的温氏、牧原、正邦、新希望等8家养殖企业，生猪出栏量仅占全国总出栏量的8.27%。也就是说，“猪周期”背后，是一个高度散户化、供求波动剧烈的完全竞争市场，是极度不可控的。作为养殖散户，不能改变环境，就只能通过改变自身去适应环境。可是，农村的养殖户文化知识水平普遍偏低，又有几个能破解其中奥秘呢？想到这里，甘元田越发感到身上的担子重了起来。

3. 合作社的诞生

在之前的走访中，甘元田其实不只发现了猪周期这一个痛点，渠道闭塞、技术落后、贷款无门等问题也是养殖户们心中的老大难。同时甘元田了解到，浏阳市最近正在大力扶持农民搞合作社，邻县有几个合作社都办得红红火火，对自己来说，是一个不错的选择。于是，说干就干，2007年9月，南川河边，一个未来将影响浏阳乃至整个湖南生猪业的合作社诞生了（见图4-3）。

图4-3　南川河合作社外景

南川河合作社成立之初，主要从事收购活猪、屠宰、销售猪肉、做生猪经纪、活猪短途运输、销售饲料等一些传统业务。合作社以统一的方式向成员提供饲料、兽药、仔猪，致力于帮农户解决购买和销售渠道问题（见图4-4）。

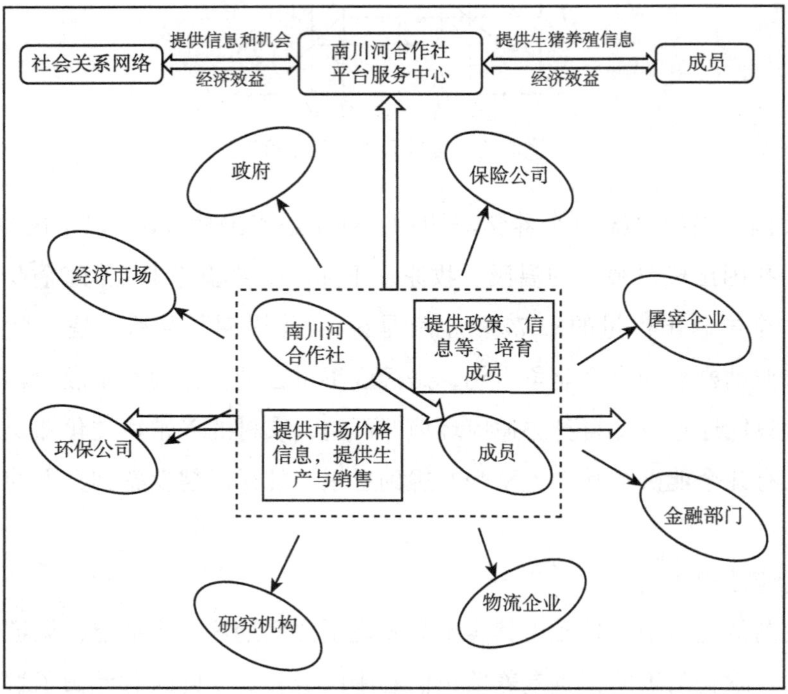

图4-4　南川河合作社早期模式

至此，南川河合作社通过整合生猪产业链资源，已经初步建立起一个生猪养殖与管理的现代化服务平台。

但是，甘元田深知，想要挥去猪周期这个萦绕在养猪业上的阴云，仅仅做到这些是远远不够的。为此，他以养殖现代化为轴心，对合作社的发展作出了四个方向的战略突破，分别是：管理信息化、生产科学化、设备标准化、发展可持续化。

三、养殖现代化，破局猪周期

1. 管理信息化

（1）行业信息。想要破解猪周期，一个重要因素就在于对猪价变动要有一个大致的预判，建立一个灵敏的市场预警机制。在互联网时代，信息变得唾手可得，但是，如何才能获取对自己有帮助的信息？拿到手的信息要如何进行整理分析？这些问题却鲜有人能够回答清楚。

而甘元田有一套自己的消息收集渠道：每天看行业新闻报道、阅读行业“大牛”的公众号文章、与业界朋友交流讨论等。看到一些重要信息，他也会直接通过合作社的微信公众号平台推送给社员，为其决策提供参考意见。此外，他时常关注市场猪肉价格以及各省母猪存栏量，通过当期价格以及能繁母猪存栏量，预判养猪个体养殖户下期生猪出栏量，及时向养殖户发出信息预警。每次发出预警，都能让社员们止损不少，帮助社员们挺过了一个又一个猪周期。甘社长也因此得到了社员们的充分信任，甚至在整个浏阳的养猪圈都有不小的名气。

（2）政策信息。及时了解国家政策，也是养殖户应对猪周期的重要一环。国家为了抑制猪周期，也会适时发布补贴扶持、冻肉收储、预警信号等政策信息，对养殖户进行指导和帮助。但绝大多数散养户并不能及时掌握这些政策信息，再加上盲目地追涨惜售与恐跌滥杀，导致养殖户始终处于受损最大的弱势。

而合作社与政府的关系密切，甘元田经常会到当地政府汇报和商议合作社发展情况，与浏阳市政府、长沙农业发展委沟通频繁，从而往往能够将第一手的政策信息传递给养殖户；同时，也会将通过网络获取的行业政策要闻通过微信公众号发送给养殖户，确保养殖户能够充分知晓政策动态。

此外，养猪是一门重资产的生意，小养殖户通常是没有巨大现金流的普通农民，想要入场或者扩产都很困难。为此，合作社会以自己名义向银行进行贷款；同时，借助利好的政策条件，凭借合作社与政府间的紧密联系，向政府寻求资金帮助，至今已帮助养殖户建设多个高水平的标准化猪场。

（3）消费信息。在生猪的终端销售方面，南川河合作社作为平台服务中心与多家公司（双汇集团、雨润集团、湖南红星盛业食品有限公司等）进行了对接，从而销售终端可以把信息汇集成大数据，通过合作社传递给养殖户，让养殖户直面并掌握终端消费需求，从而可以杜绝因信息分析不精准而导致盲目抛售或生产现象，改善供需错配现象，为猪周期的到来加上一层防护栏。

（4）同行信息。南川河合作社一直致力于加强养殖户之间的合作交流，以合作社作为交流平台，个体养殖户可以相互分享养殖技术、猪场建设，分享对于养殖相关政策的解读，增加养殖户对于该行业的了解，提高学习意识，以更好地适应市场变化，提升养殖效率。

同时可以使浏阳市数千户个体养殖户共享信息资源，产生行业协同效应，做到拧成一股绳，全市一盘棋。面对猪周期，可以更好地避免恐慌情绪，保持头脑清醒，不跟风扩产，也不盲目抛售，实现地域性价格稳定。

2. 生产科学化

关注外部环境固然重要，但练好“内功”也必不可少！猪价无法掌控，但成本是可以的。只有通过集约化生产降低了成本，面对猪周期，才更有底气。而养殖户大多都还停留在粗放的阶段，即便想学也苦于无门，很难进现生产效率和管理水平的提升。

为此，南川河合作社为个体养殖户搭建起与高校之间的沟通桥梁，高校师生的丰厚知识储备，为社员们的养猪事业打下了坚实的基础。合作社聘请了湖南农业大学商学院、动物医学院、动物科学技术学院的专家为合作社定期开展培训，培训内容涉及营销、动物营养、养殖技术、猪病处理等，向养殖户传授目前国际先进的养殖技术以及管理理念，有问题也可以随时提供技术咨询，从而养殖户的生产理念也逐渐由“经验”转向了“科学”，生产效率逐渐高了起来。

3. 设备标准化

要降低成本，必然离不开设备的标准化。而在与养殖户的长期对接中，合作社发现大多数养殖户的养殖设备与目前国际提倡的养殖设备标准还有差距，且造成了一些不必要的损失。如缺少保育舍的保温灯就可能导致很大一部分刚出生的小猪死亡，大大降低了猪仔的存活率。因此，合作社找到相关设备供应商与之合作，积极为养殖户引入更多的标准化养殖设备，提供更多的渠道选择与价格优惠。目前与南川河合作社对接的养殖户达5800户，其中有超过10%的养殖户已经使用上了这种设备。

此外，由于引入的设备销售量大、种类多，合作社还要求供应商针对他们的产品以及使用中出现的具体问题，为养殖户提供专业指导。

4. 发展可持续化

可持续化发展，清洁生产，不仅是对于国家环保政策的响应，还是自身发展模式的一种升级，是对疫情防控的另一层保障。行情不可掌握，猪场的疾病却是可以预测和掌握的。猪场各种慢性消耗性疾病阶段性出现时，既减少出栏数量，又延长出栏日期，影响猪场效益；同时，会出现多个生产周期出栏猪减少，而某一阶段出栏猪挤堆的窘境。传染性疾病可能导致1—2个或更长时段的出栏猪减少，甚至使猪场元气大伤，无猪可卖。只有强化猪场疫病控制，才能确保自己在猪周期处于高位时顺利变现。

自2014年1月6日起，中国第一部农业和农村环境行政法规《畜禽养殖防疫条例》生效，国家环保部门对全国生猪养殖重点区域监管非常严厉，环保压力一时成了重中之重。

为此，南川河合作社为社员不断更新环保政策的有关信息，并制定了详细的应对措施，充分利用国家对养猪业的扶持政策，建立了猪粪发酵沼气池，积极引导会员开展生态环境保护工作，实施了种植和养殖相结合的生态模式，减少了被禁止养猪的成员数量，引导合作社成员逐步建立起清洁生产的标准化体系，最终达到了政策规定的环保标准（见图4-5）。

图4-5　施工中的猪粪无公害化处理池

四、双战告捷，成果显现

1. 非洲猪瘟来势汹汹

2018年8月，非洲猪瘟疫情在我国暴发。不同于以往的疫情，非洲猪瘟因其特殊的传播方式，一经暴发便产生了强大的杀伤力，在短短不到1年的时间里，就攻陷了为防止猪瘟进一步传播而筑成的一道道防线。各家猪企、养殖户也不得不缩小养殖规模，消费者对猪瘟的恐惧心理也减少了对猪肉的需求，导致猪肉价格下跌，使行业渐渐低迷。

但是在浏阳，因为南川河合作社积极关注国内外行业信息，在猪瘟疫情还在苗头之时，便感受到了这场猪瘟可能带来的危机，立即通过微信平台向社员发出预警，提醒社员加强生物安全意识，提高农场防非硬件条件，及时做好猪场消毒，保证生猪质量；同时，稳住生猪存栏量。收到消息的社员纷纷加强自己的预防措施。一个人的力量也许微不足道，但是数千户养殖户的力量却不可忽视。通过南川河合作社各个社员的努力，浏阳乃至长沙的猪肉价格稳定在正常水平。长沙市市长曾就此对南川河合作社的努力提出嘉奖："浏阳保住了长沙！"

2. 最强"猪周期"的到来

正可谓"一波未平，一波又起"。2020年新春伊始，一场新冠疫情席卷而来，此次前所未有的疫情又给养殖户们带来了新的挑战。疫情暴发至今，我国生猪行业正经历着一个超级"猪周期"。本轮猪周期在生猪产能、猪价波动、养殖户在高峰期的养殖收益上，均是超乎以往历史周期。以消费者最熟悉的猪肉价格为例，猪肉价格在2020年年中到达顶峰，每斤价格超过40元，让消费者直呼买不起猪肉，但猪周期从罕见的高点到罕见的低点，不过也只是用了几个月的时间。2021年以来，猪肉价格一轮下跌，2021年10月，猪肉价格更是跌到了5元以下，也就是目前生猪行业所说的"破五"，生猪行业以小散户居多，许多个体养殖户还没来得及逃离，便被它困在其中，养殖户也是卖一头亏一头。

而甘社长通过对前四轮猪周期的长期分析，对其拐点进行了预判。2021年4月，甘元田便嗅到了猪价下跌的气息，"猪周期已经前行了21个月，再往前走便十分危险"。根据自己的预测，他及时通知养殖户分批出栏生猪，淘汰低产能母猪，降低生猪平均重量，从原来的160—170公斤下降至120—130公斤，在猪肉价格还是11元/斤时，就分批出栏生猪。由此，社员们顺利逃过本轮猪周期，并没有过多的亏损（见图4–6）。

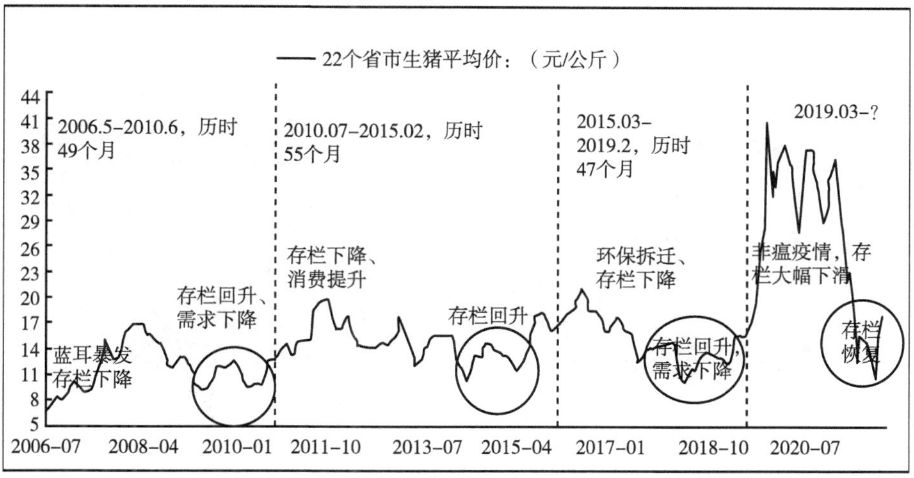

图4–6　四轮猪周期行情变化

资料来源：华夏基金。

五、尾声

2021年的猪价起起落落，即便是有多年养猪经验的养猪人也难以预计2022年的猪价变化。面对如此诡异的猪价，南川河合作社甘元田却并没有退缩——“未来两三年既是我们的挑战也是我们的机遇，合作社会继续深刻解读行业政策信息，提高养殖科学化水平，借助如今利好的政策条件，在猪周期到来之时，帮助更多农民减少损失，保障他们的利益”。尽管未来行情不定，但甘元田始终相信合作社将带领更多的养殖户越过一座又一座的高山，正如甘元田始终坚持留在养猪行业的决心一般，证明中国的养猪业大有可为，终将成为引领国际的标杆。

六、启发思考题

1.猪周期与蛛网理论的关系是什么？猪周期形成的本质原因是什么？

2.南川河合作社作为一个信息平台，为养殖户带来了哪些信息呢？

3.如果你是南川河合作社的一名社员，面对新的一轮猪价上涨，你会采取什么措施？

附录1　南川河合作社服务中心

图4-7　合作社服务中心内景1

图4-8　合作社服务中心内景2

图4-9　合作社服务中心内景3

图4-10　养殖设备1

图4-11　养殖设备2

附录2　南川河合作社为养殖户推送行业信息

图4-12　公众号截图1

图4-13　公众号截图2

图4-14 公众号截图3

附录3 杨花养猪场

图4-15 猪场外景

图4-16 猪粪无公害化处理池

图4-17 饲料投喂设备

图4-18 阳光控制帘

图4-19 猪粪收集管

图4-20 小猪养育栏

案例适用说明

一、教学目的与用途

1. 适用课程及对象

本案例适用于市场营销、农产品营销等课程中有关市场营销信息和农产品销售的教学模块。本案例主要适用对象为MBA、硕士生、本科生。

2. 教学目标

随着农业农村现代化的开展，小农户小散户的发展并不能科学对抗自然灾害与适应市场的变化，如何让小农户接收到先进的设备与养殖技术，如何快速找到市场定位，判断市场价格，都需要“中介”在里面斡旋，这时，农业合作社应运而生。本案例阐述了南川河合作社（NCH）致力于以养殖现代化为轴心的管理信息化、技术科学化、设备标准化、发展可持续化的产业布局来破解“猪周期”这个行业难题的过程。而南川河合作社在做好农户工作的同时，也对浏阳生猪进行了品牌塑造，让浏阳生猪具有了一定的品牌认知度和品牌知名度。因此，本案例也可引导学员思考南川河合作社获取营销渠道的途径，以及品牌塑造之路。

3. 理论知识点

（1）猪周期与蛛网理论：猪周期概念和蛛网理论假设。

（2）营销信息：营销信息概念、营销信息的来源划分、外部信息的类型。

（3）价格影响因素：哪些因素影响价格、商品价值与价格的关系。

二、启发思考题

1. 猪周期与蛛网理论的关系是什么？猪周期形成的本质原因是什么？

2. 南川河合作社作为一个信息平台，为养殖户带来了哪些信息呢？

3. 如果你是南川河合作社的一名社员，面对新的一轮猪价上涨，你会采取什么措施？

三、分析思路

启发思考题根据决策情境和决策逻辑进行设计。教师可根据教学目标灵活使用该案例，以下为建议的案例分析思路（见图4–21），仅供参考。

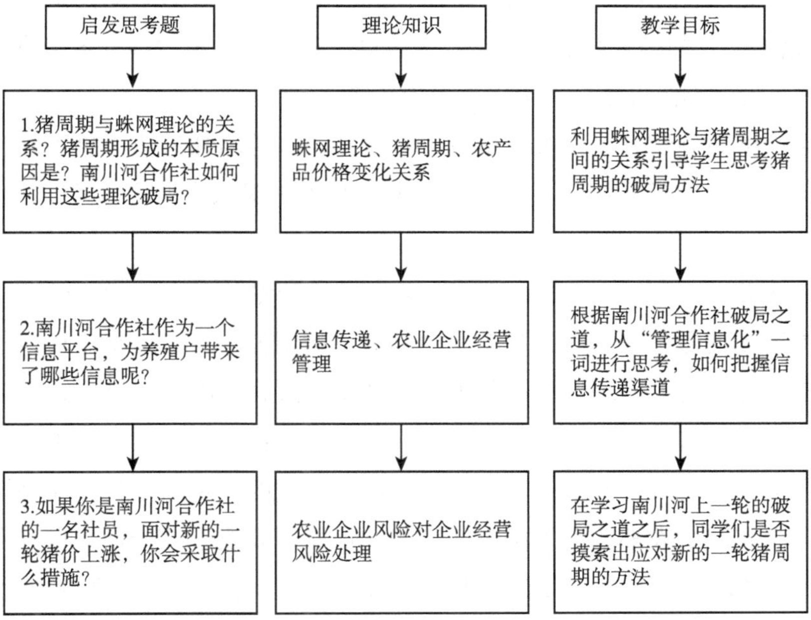

图4–21　分析思路

农业企业经营管理：农业企业经营管理是指企业对农业生产、交换、分配、消费等社会再生产过程的各项经营活动进行计划、组织、指挥、协调、控制等管理工作的总称。

信息传递程序中有三个基本环节：第一个环节是传达人，必须把信息译出，成为接受人能懂得的语言或图像等。第二个环节是接受人（消费者）要把信息转化为自己所能理解的解释，称为“译进”。第三个环节是接受人（消费者）对信息的反应，要再传递给传达人（销售经理），称为反馈。

经营风险处置原则：风险和报酬均衡；采用的方法和企业承受能力适应；全面性和针对性统一。

农产品销售的特点：农产品需求弹性少；农产品生产具有季节性、地域性特点；农产品销售具有风险性。

四、理论依据及分析

1. 猪周期与蛛网理论的关系是什么？猪周期形成的本质原因是什么？

|理论依据| 猪周期与蛛网理论

猪周期是一种经济现象，指“价高伤民，价贱伤农”的周期性猪肉价格变化怪圈。“猪周期”的循环轨迹一般是：肉价高—母猪存栏量大增—生猪供应增加—肉价下跌—大量淘汰母猪—生猪供应减少—肉价上涨。

猪肉价格高刺激农民积极性造成供给增加，供给增加造成肉价下跌，肉价下跌到很低打击了农民积极性造成供给短缺，供给短缺又使肉价上涨，周而复始，这就形成所谓的“猪周期”。

蛛网理论是一种引入时间因素考察价格和产量均衡状态变动过程的理论。1930年由美国的舒尔茨、意大利的里西和荷兰的丁伯根各自提出。1934年，经英国的卡尔多定名为蛛网理论。这是因为均衡变动过程反映在二维坐标图上，其形如蛛网，故名。这一理论的内容是考察某些商品，特别是农产品的价格波动对下个周期产量的影响时，所发生的均衡变动情况。它的假定前提是：在完全竞争条件下单个厂商及个人都认为无法改变商品的价格，只能影响产量。这种商品需要较长的时间才能生产出来，而在该生产周期内的生产过程中，生产规模无法改变。本期市场价格由本期需求量决定，本期产量由上期市场价格决定（见图4-22）。

蛛网理论假设是一种动态均衡分析。古典经济学理论认为，如果供给量和价格的均衡被打破，经过竞争，均衡状态会自动恢复。蛛网理论却证明，按照古典经济学静态下完全竞争的假设，均衡一旦被打破，经济系统并不一定自动恢复均衡。这种根据的假设是：（1）完全竞争，每个生产者都认为当前的市场价格会继续下去，自己改变生产计划不会影响市场。（2）价格由供给量决定，供给量由上期的市场价格决定。（3）生产的商品不是耐用商品。这些假设表明，蛛网理论主要用于分析农产品。

图4-22中P、Q、D、S分别是价格、产量、需求函数和供给函数；t为时间。根据上述模型，第一时期的价格P_1由供给量Q_1来决定；生产者按这个价格来决定他们在第二时期的产量Q_2。Q_2又决定了第二时期的价格P_2。第三时期的产量Q_3，由第二时期的价格P_2来决定，依此类推。由于需求弹性、供给弹性不同，价格和供给量的变化可分三种情况：

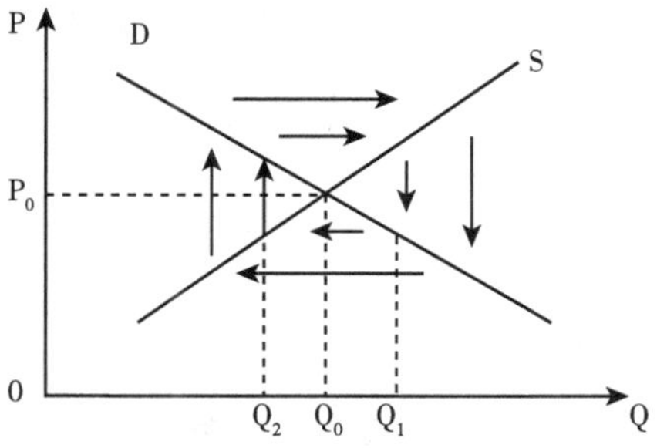

图4-22 蛛网理论模型

（1）当供给弹性小于需求弹性（即价格变动对供给量的影响小于对需求量的影响）时，价格和产量的波动将逐渐减弱，经济状态趋于均衡，如图4–23所示。供给弹性小于需求弹性为“蛛网稳定条件”，蛛网向内收缩，称为“收敛型蛛网”。

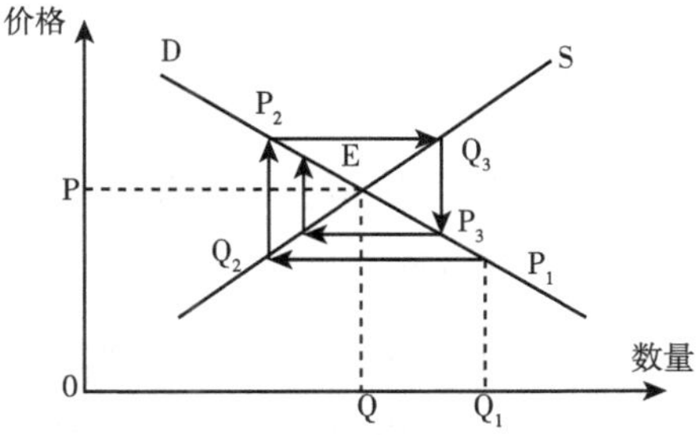

图4-23 收敛型蛛网模型

（2）当供给弹性大于需求弹性（即价格对供给量的影响大于对需求量的影响）时，波动逐步加剧，越来越远离均衡点，无法恢复均衡，如图4–24所示。供给弹性大于需求弹性为“蛛网不稳定条件”，蛛网为“发散型蛛网”。

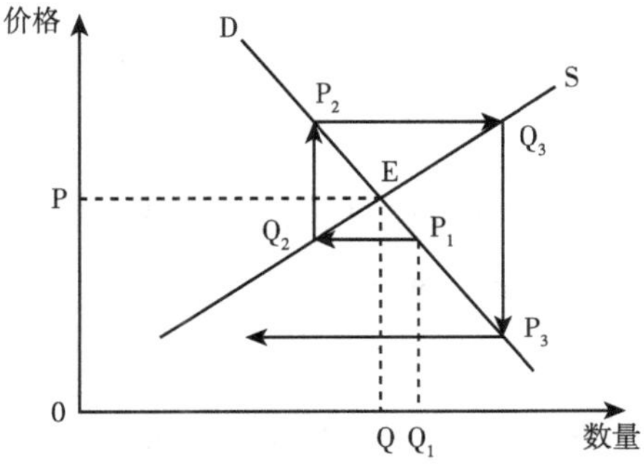

图4-24 发散型蛛网模型

（3）当供给弹性等于需求弹性时，波动将一直循环下去，既不会远离均衡点，也不会恢复均衡，如图4-25所示。供给弹性与需求弹性相等为“蛛网中立条件”，蛛网为“封闭型蛛网”。

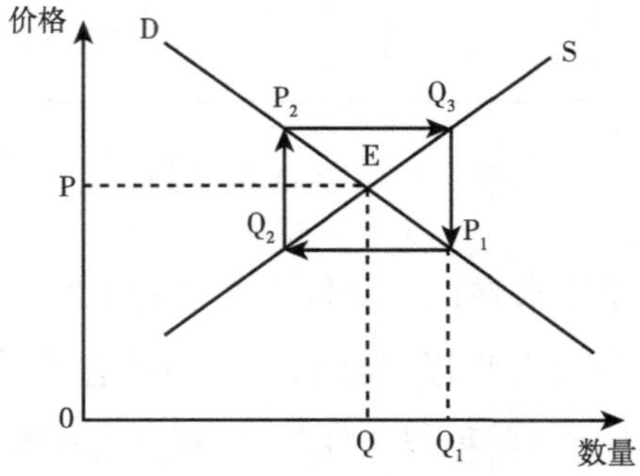

图4-25　封闭型蛛网模型

|案例分析|

蛛网理论很好地诠释了我国猪肉价格与供求量的特性，即猪周期，进而分析出产生猪周期的本质原因有如下五方面。

（1）生猪生产产量不稳定。生猪生产没有与工业化、城市化同步。一方面中国用地、劳力、资金急剧向工业和城市流动，生猪发展速度减缓；另一方面居民收入快速增加，农村人口大量涌进城市，猪肉需求急剧上升。特别是受比较效益低、疫病难控制及市场风险大等影响，生猪生产产量起伏不定。

（2）标准化规模饲养程度低。在生猪价格历次波动中，散养户缺乏准确的市场信息和预测能力，只能随生猪价格的涨跌，或盲目扩张生产，或恐慌性退出生产。

（3）疾病加剧产业波动。例如，2006年下半年以来，部分生猪主产省暴发猪蓝耳病疫情，除生猪直接死亡损失外，还导致患病母猪流产或死胎。又如，2010年冬季到2011年春季，一些省区发生仔猪流行性腹泻，个别养殖场小猪死亡率高达50%。疾病导致供应减少，大大推动猪肉价格上涨。

（4）信息监测预警调控滞后。由于生产分散、单位众多，难以普查，抽检又存在误差等问题，存在着统计数据不准的问题。加之生产者和地方政府出于税收、疫病信息、政策红利等自身利益因素，工作合力不强，没有建立灵敏的监测预警机制，以销定产难度大。

（5）生猪生长周期性影响。生猪生产具有周期较长、途重难改变的特性。散养户以当年市场价格为标准预期未来收益，陷入“蛛网困境”，生产计划赶不上变化，产量赶不上市场变动的节奏。以2011年猪肉价格上涨为例，既有疫情导致能繁母猪存栏量下降、散养户退出的原因，也有饲料、人工、仔猪等成本迅猛上涨的因素。

南川河合作社基于这五点原因对猪周期进行破局。

一是稳定生猪产量，提供先进设备。南川河合作社在与众多农户接触的过程中发现大多数农户都未采用标准化的设备导致生猪产量并不稳定，如缺少保育舍的保温灯就可能导致很大一部分刚出生的小猪死亡，大大降低了猪仔的存活率。缺乏统一化的设备成了农户的生猪养殖的直接难题，而合作社的到来为农户们解决了这个难题。南川河合作社找到相关设备供应商，为养殖户购买设备提供选择；同时，向养殖户引进标准化设备，目前与南川河合作社对接的养殖户达5800户，其中有超过10%的养殖户已经使用上了这种设备。不仅稳定了生猪的产量，还提高了农户的标准化养殖水平。

二是运用信息化，精准把握预测未来市场。南川河理事长甘元田利用自己多年在养猪行业的摸索和学习形成一套自己的信息获取方式：每天看行业新闻、与业界朋友交流看法、利用微信平台浏览行业信息，并对于行业信息认真琢磨，互联网的信息优势让合作社的专业信息来源广泛。并通过对信息的整理和分析将预知的消息和行业重要信息通过微信号、微信公众号等平台将信息推送给每个农户，使农户能够及时把握市场的信息提高市场预测能力。

三是引进先进药物，学习高效防病技能。合作社为加强农户对于生猪病害的防控，一方面由合作社聘请湖南农业大学商学院、动物营养学院、畜牧兽医学院的专家为合作社提供技术咨询，定期开展培训，培训内容涉及营销、动物营养、养殖技术、猪病处理等，向养殖户教授目前国际先进的养殖技术，在数字化的推动下，养殖户可在线上平台观看培训内容；另一方面由生产供应商提供培训，因销售量大、种类多，合作社技术人员无法解决饲料、医药疫苗、畜牧设备使用上的一切问题。合作社要求供应商针对产品的具体问题，为养殖户提供专业指导。

四是整合农户，加强农户之间的交流。个体户的单打独斗无法创造行业的高峰，南川河合作社将浏阳市的数千个农户联系在一起，通过共享资源、交流养殖技术、分析现行政策和行业信息来提高农户对于信息的把控，以此做到全市一盘棋，方便浏阳市生猪行业进行统一信息化布局战略。

五是参透政策，提高布局。为避免生猪生长周期长，中途难改变的特性，防止农户以当年市场价格为标准预期未来收益，陷入"蛛网困境"，生产计划赶不上变化，产量赶不上市场变动的节奏。南川河合作社为个体户规划方向，南川河对国家政策及信息进行解读并将对行业政策信息导向分析内容推送给各农户，理事长甘元田通过对当期价格及市场存栏量等信息的观察及分析预测出下一期生猪的出栏量，帮助农户提早布局，降低猪周期给农户带来的损失。

2. 南川河合作社作为一个信息平台，为养殖户带来了哪些信息呢？

|理论依据|

营销信息（Marketing Information）即市场营销信息，是指一定时间和条件下，与企业的市场营销有关的各种事物的存在方式、运动状态及其对接收者效用的综合反映。它一般通过语言、文字、数据、符号等表现出来，所有的市场营销活动都是以信息为基础展开，经营者进行的决策也是基于各种信息，而且经营决策水平越高，外部信息和将来的预测信息就越重要。市场营销信息是形成企业战略性经营信息系统的基础。

依据信息来源划分，营销信息可分为外部信息和内部信息。外部信息集中反映了商品供需变化和市场的发展趋势。主要包括：市场需求信息、用户信息、合作伙伴信息。

（1）市场需求信息：主要由以下三个方面组成：购买力信息——反映了社会购买能力，如用户的数量与收入情况、用户的构成、用户的各种分布等；购买动机信息——反映了用户产生购买动机的各种原因。潜在需求信息——反映用户各种偏好等。

（2）用户信息：包括企业用户的基本情况和潜在用户的分布情况、用户的主要特点和支付能力、信用程序等方面的评价。

（3）合作伙伴信息：由于企业在生产中需要购买各种原材料和零配件，并且需要一系列的销售商将产品推向市场，在生产过程中，还可能需要其他厂商协助生产，因此营销信息系统需要原材料与零配件供应商、合作生产企业和分销商等的信息。

|案例分析|

南川河合作社运营的核心就是信息，其模式是信息的收集、整合、分析、发布的一整套流程运作。市场的需求是所有市场主体的行动导向标，合作社利用自身优势敏锐地捕捉与合作社、养殖户的生产、销售活动紧密联系的市场信息。为了保证信息能够及时、准确地传递给每一位养殖户，合作社利用微信号、微信公众号等平台推送信息。

（1）市场需求信息：猪肉是人们的生活必需品，其市场购买者的规模数量是比较稳定的，其需求在价格稳定的情况下也是比较稳定的。人们在猪肉这种生活必需品上的购买力水平是非常高而且强健的，购买动机也是很单纯的，这就让合作社和养殖户相较于其他企业组织不必费心去琢磨消费者的购买力和动机。随着人们生活水平、社会整体健康意识的提高，猪肉的消费者都更偏向于安全健康、品质保障、可看见、可溯源的猪肉。南川河合作社连续数年来一直关注着市场需求动态，发现几乎所有的养殖户都不可避免地陷入同一个窠臼——猪周期。为了尽可能帮助养殖户避开这个危险的周期，合作社收集、整合、分析数年来的四轮猪周期行情变化，找出拐点，预测市场走向。并将及时获取的生猪行业价格信息，和对于未来猪肉价格走势的预测传递下去，通知养殖户分批出栏生猪，淘汰低产母猪。这样一来，能为养殖户最大限度地减少猪周期带来的损失。

（2）用户信息：有了固定的生猪产量，销往何处、如何销售是合作社接下来要思考的问题。合作社有着平台资源整合的优势，在寻找市场的商业谈判时有着极大的主动权。在购买方与合作社取得联系时，合作社会详细地了解客户的相关购买信息，根据客户要求的生猪品种、大小、数量等来为其匹配相对应的养殖户，将这些信息提供给养殖户，让他们继续详细地就屠宰、价格、运输等问题进行进一步协商。

（3）行业信息、合作伙伴信息：第一，在行业信息方面，对于政策解读较为精确的文章、国家发布推动生猪行业发展的利好政策，合作社经过仔细筛选后，都会适时、适量、适度地提供给养殖户，供他们进行销售决策。第二，在合作伙伴方面，生猪养殖业需要猪种、饲料、养殖设备以及后期养殖技术的供应。为了能让养殖户的养殖朝着信息化、现代化迈进，进而提升产品价值，合作社积极寻求各方面的合作伙伴，并把有关信息传递给养殖户。合作社一直在引进优良猪种方面努力，以此来提高单位产能；饲料是影响猪肉质量的重要因素，合作社也是严格把关饲料的引进，之前是从外引进，后来是慢慢联合养殖户研制、生产饲料并自制品牌，让养殖户喂养得放心，让消费者也吃得放心；养殖设备是合作社带领养殖户走向现代养殖的重要关卡，合作社在市场上寻找适合、高效率的机器设备，将其引入合作社并引导养殖户了解相关信息、体验有关机器操作，指导养殖户购买并投入使用，大大提高效率和技术；合作社致力于引导养殖户观念和技术的转变升级，在与长沙高校的合作方面，注重理念的传输和硬技术的传授，在收集相关信息后，召开会议，分享这些信息核心精髓，并就此进行交流；全产业链一体化是合作社布局的至关重要的一步。在终端销售方面，南川河合作社通过平台服务中心与多家零售终端公司连接，销售终端可以把信息汇集成大数据传给养殖户，让养殖户直面并掌握终端消费需求；同时，避免某一企业因为信息分析不准确而导致盲目抛售或生产，改善供需错配现象。

3. 如果你是南川河合作社的一名社员，面对新的一轮猪价上涨，你会采取什么措施?

|理论依据|　　价格影响因素

新的一轮猪价上涨其实是猪肉价格的正常上升周期，即猪周期。

猪周期就是猪的供需周期，也就是说养猪户养猪赚一年、平一年、亏一年的经济现象。猪周期一般情况下都是每过三五年就会来一轮，在这期间，猪价会此起彼伏，养殖户也会因为其价格而获利或亏损。与此同时，养殖成本比如饲料、养殖技术等也会多多少少作用到猪周期上。猪周期的运行都是受到商品供求关系的影响，因而它的循环轨迹一般是：肉价高—母猪存栏量大增—生猪供应增加—肉价下跌—大量淘汰母猪—生猪供应减少—肉价上涨。在这样的循环中，若是遇上饲料上涨，或者是养猪技术进步的话，那么猪周期的节点位置就会继续延长。

影响商品价格的主要因素有商品的价值、供求、国家政策、消费心理、地域条件、天气和生产条件等。

（1）价值决定价格。价值是价格的决定因素。商品的价值量越大，商品价格越高。例如，汽车的价格高，自行车价格低。价格不管怎样变化，总会围绕着价值的轴。

（2）供求影响价格。当供给大于需求时，商品价格下跌；当供给小于需求时，商品价格上涨。

（3）国家政策影响价格。即国家通过宏观调控的行政手段强行规定价格。当商品价格过高时，考虑到消费者的承受能力，政府会采取最高限价，如药品价格。最高限价一般低于均衡价格。

（4）消费心理影响商品价格。当消费者受攀比和从众心理影响时，商品的需求量会大幅增加，这时销售者可以提价。房价的炒作便是这样。当消费者受求实心理影响时，则商品不容易卖高价钱。

（5）地域条件、天气、生产条件等也是影响价格的因素。例如，各种节日前，鸡蛋的价格会上涨，节假日后又趋于正常。

价值的变动是价格变动的内在的、支配性的因素，是价格形成的基础。但是，由于商品的价格既是由商品本身的价值决定的，也是由货币本身的价值决定的，因而商品价格的变动不一定反映商品价值的变动。例如，在商品价值不变时，货币价值的变动就会引起商品价格的变动。

同样，商品价值的变动也并不一定就会引起商品价格的变动。例如，在商品价值和货币价值按同一方向发生相同比例变动时，商品价值的变动并不引起商品价格的变动。因此，商品的价格虽然是表现价值的，但是仍然存在着商品价格和商品价值不相一致的情况。

在简单商品经济条件下，商品价格随市场供求关系的变动，直接围绕它的价值上下波动；在资本主义商品经济条件下，由于部门之间的竞争和利润的平均化，商品价值转化为生产价格，商品价格随市场供求关系的变动，围绕生产价格上下波动。因此，价格矛盾同时由供给与需求以及商品本身的价值决定。

|案例分析|

生猪价格上涨，究其原因，主要有以下几点。

（1）总供应和总需求是直接和长期决定猪价的因素。每日生猪价格由当日生猪出栏量和屠宰量决定，当日的生猪出栏量由过去几个月生猪存栏量和过去10个月能繁殖的母猪的存栏量决定。猪肉价格直接影响养殖户、屠宰企业和贸易商的利润，而利润会驱动养殖端和屠宰端的行为。高利润会驱动更多的投资进入养猪业，投资建设完后进行生产，影响存栏量和出栏量，最终由量影响价格。

（2）短时间或者阶段性影响猪肉价格的因素。比如非瘟疫情2018年8月进入国内，到2019年10月，全国经历猪瘟疫情，产能达到低点，因此猪瘟影响了生猪价格，这是阶段性影响。短期影响比如河南和山东以及周边的疫情影响是短期的。两者都会影响猪肉价格，长期来看还是要回到供需关系。

（3）季节性因素。虽然每年猪肉的消费量变化不大，但受天气与节假日的影响，猪肉需求的季节性特点十分明显，猪价也因此有明显的季节性波动特点。由于生猪的养殖受季节性影响很弱，和农产品生长周期不同，生猪养殖具有持续性，所以我们主要关注季节性变化对生猪需求的影响，生猪价格的季节性变化也主要由需求的变化引起。由于中国南方有腌腊肉、北方有做灌肠的习俗，所以每年猪肉需求的高峰开始于12月，早于其他农副产品的备货时间，年后需求又逐渐回落。除了春节备货，猪肉需求的次高峰是在中秋国庆假期的9月、10月，由于夏季的炎热慢慢退去，人们饮食中肉类的比重又开始增加。往年一年之中需求最差的是3月、4月，春节后猪价回落，第二季度达到低点。

因此，面对新的一轮猪价上涨，可以采取以下措施。

一是与合作社密切联系，精准获取生猪行业的信息。加强信息获取引导力度，密切关注生猪生产形势变化，实时掌握生猪市场价格动态，不断提高预警预测能力，及时掌握市场预警信息，合理安排生产，抓住市场机会，提高养殖效益。同时合作社会根据生猪市场的周期性，合理分析猪价上涨的原因，预测猪价之后的走势。养殖户可以结合自身的实际情况，合理安排生猪出栏量和能繁殖的母猪存栏量。

二是加强社员之间的合作交流，以合作社作为交流平台，社员之间相互分享生猪市场的行情变化，在保护生猪质量的同时稳住生猪的存栏量。由于猪价上涨，养殖户也是跟着行情，有心态失衡的，有不知所措的。因此，养殖户对市场长期保持居安思危的心态是最重要的，有涨当然有跌，什么事都做到提前，设定自己的盈利点，及时止损，资金安排始终保持灵活，避免陷入死局。

三是进一步提高疫病防治水平。疫病风险大于市场风险，搞好疫病防控是养殖户的生命线。在做好生猪免疫工作的同时，切实掌握生猪流行病的调查和预警，有效控制生猪流行病的传播和蔓延。

五、关键要点

1.“猪周期”和蛛网理论的理解与掌握。
2. 农业市场营销信息的获取与利用。
3. 价格的影响因素。

六、建议课堂计划

本案例可作为专门的案例讨论课开展，案例教学时间建议为2课时（80—90分钟）。具体的课堂教学计划如表4-1所示，仅供参考。

表4-1　课堂教学计划表

阶段	教学活动	时间	备注
课前计划	在课前通知学员阅读案例及教材，并就其他问题进行思考和资料收集	提前一周	教师在提供案例的同时，向学生提出相关思考问题，并引导学生收集相关资料
课中计划	明确课程时间安排，向学员阐述案例相关要求	2—5分钟	结合专业背景与管理经验进行分组，以使案例研讨更为深入。在小组讨论和展示的过程中，教师应当注意课程时间的把控
	按照班级人数分成若干小组，各小组针对案例内容讨论，形成小组观点	30分钟	
	各组将讨论成果向全班展示	30分钟	
	教师总结各小组发言，结合理论对相关知识进行系统梳理	15—20分钟	
课后计划	利用课后时间通过互联网等多种途径进一步收集案例相关资料，加深对理论知识的体会。在课堂讨论的基础上，整理完成启发思考题	根据学生能力和兴趣而定	可布置农产品营销为主题的课程论文

七、板书设计

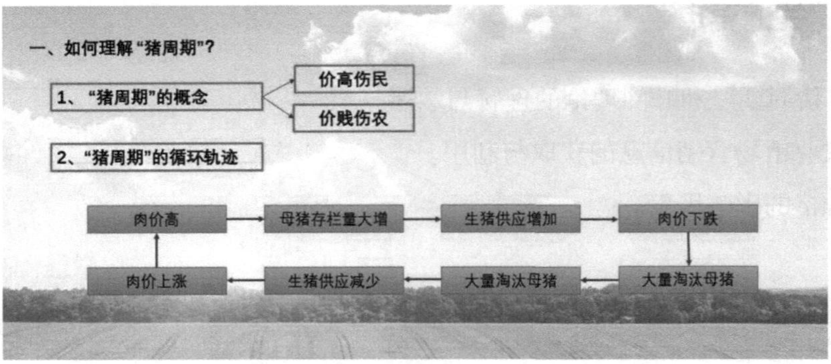

图4-26　板书1

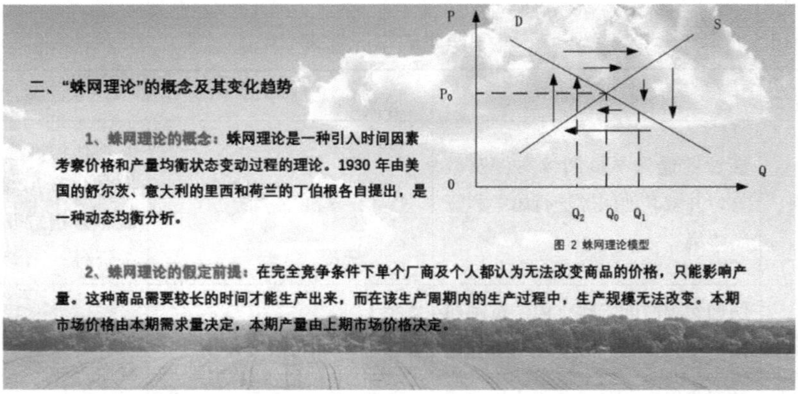

图4-27　板书2

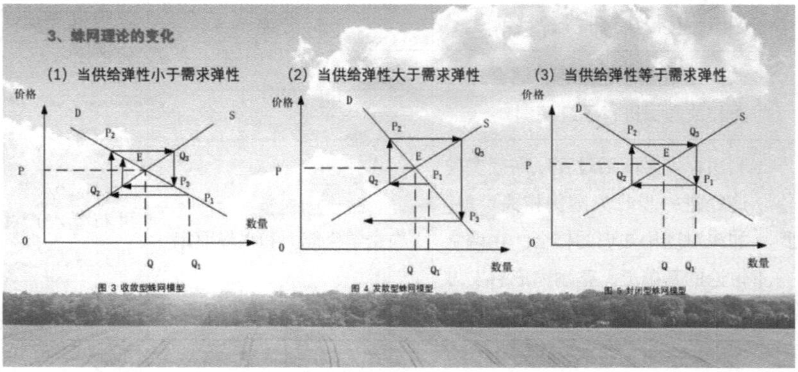

图4-28　板书3

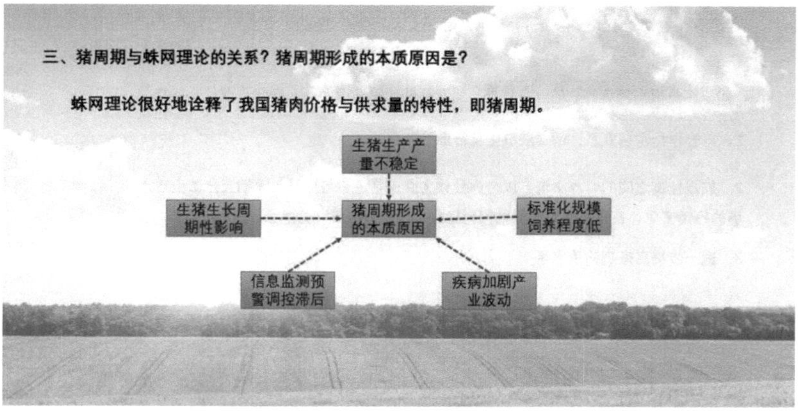

图4-29 板书4

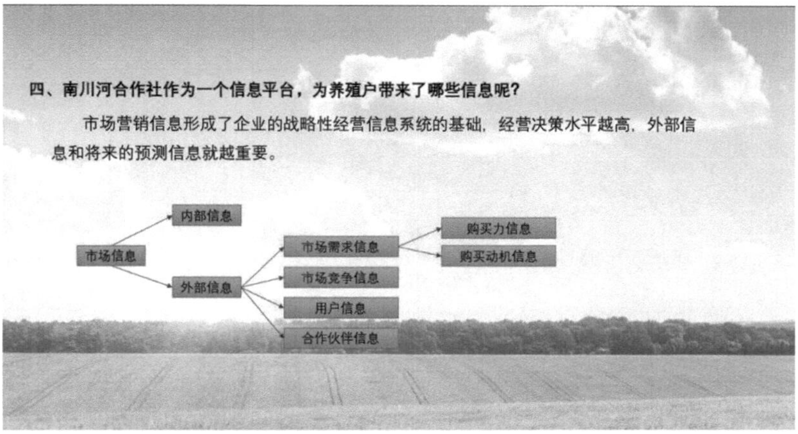

图4-30 板书5

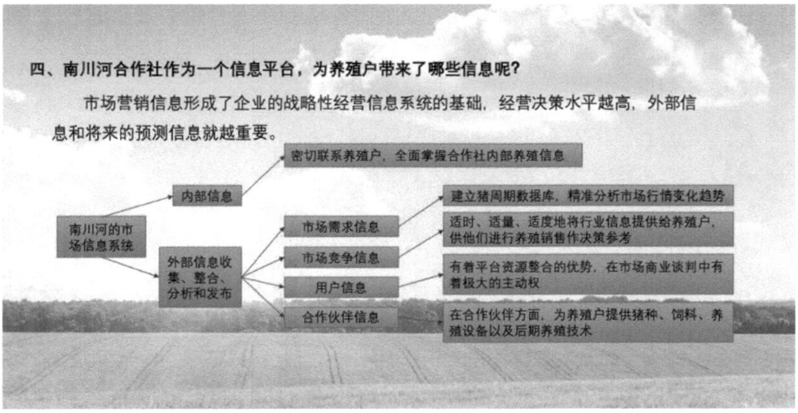

图4-31 板书6

五、如果你是南川河合作社的一名社员，面对新的一轮猪价上涨，你会采取什么措施？
1．与合作社密切联系，精准获取生猪行业的信息
2．加强社员之间的合作交流，以合作社作为交流平台，与社员之间相互分享生猪市场的行情变化，在保护生猪质量的同时稳住生猪的存栏量
3．进一步提高疫病防治水平

图4-32 板书7

案例五

遇见田园：CSA农场的落地实践与智慧农业探索之路

摘要："遇见田园"是湖南农业大学研究生廖智佳与一位朋友于2016年12月14日在长沙西郊租地创办的CSA农场。本案例以廖智佳专注运营共享菜园的十年经验为依据，挖掘遇见田园CSA农场的特色运营模式，提炼农场对于CSA理念的创新与发展，分析有机种植与现代智能物联网技术的结合发展情况，积极探索自动化、生态化农业的发展前景，为新农人的创业之路提供参考。

关键词：CSA；有机；物联网；智慧农业

适用课程及对象：本案例为决策型案例，适用于市场营销、服务营销等有关企业产品营销和品牌策略的教学模块。主要适用于EMBA、MBA学员及企业接受管理培训人员，也可用于工商管理类本科生和学术硕士研究生的案例研讨课。

案例正文

一、引言

位于长沙市西郊望城区的一个农场中，几位穿着时尚的“农民”正在收割着绿油油的蔬菜，他们有说有笑，自得其乐。“我们是附近城区的居民，看了廖总的视频才了解到这边还有一个这样的农场，可以自己买一块地种自己想吃的蔬菜瓜果，现在很多市面上的蔬菜都吃得不放心，自己种的当然就心里有数嘛，而且廖总也会给我们种的蔬菜进行专门打理，品质也很有保障，还能体验自己种菜摘菜的乐趣，身心都很愉悦啊！”一位正在摘菜的“农民”如是说道。此时，一位三十岁出头的年轻人正在不远处开垦着一条新的沟渠，他便是这片农场的主人，也是本篇案例的主人公——CSA 农场模式探索者廖智佳。

十年探索，新农人廖智佳对于CSA模式的本土化运营有什么独到见解？这其中又遇到了哪些意想不到的困难？他又是如何巧妙化解这些困难的呢？随着廖智佳的讲述，一字一句逐渐组成了一幅生动灵活的画卷，漫漫十年的历程好似历历在目……

二、创业初尝试，农场再重组

1. 热爱为桥，沿途摸索

年幼的廖智佳从小跟爷爷奶奶生活在一起，爷爷奶奶是地地道道的农民，他也就跟着从事一些简单的农业生产活动，那个时候廖智佳的心里就播下了一颗爱农的种子，他相信这颗种子迟早会有发芽的一天。2011 年本科毕业后，他发现无论是爷爷奶奶的自家菜还是中国传统经营者所种植的蔬菜，大多都会使用化肥和农药，廖智佳想“我们为什么不选择绿色、无污染的种植模式呢？”机缘巧合之下，他了解到湖南大学工管学院裘丽、傅荣老师在长沙创建了一个大学生团队，正在从事 CSA 农场模式方面的研究。

CSA 农场模式在 20 世纪 70 年代起源于瑞士，是消费者为了寻找安全的食物，与那些希望生产有机食品并建立稳定客源的农民达成供需协议，并直接由农场送货上门的一种新型农业运作模式，后来这种模式在日本得到了最初的发展，目前在欧洲、美洲、澳洲及亚洲都有了一定的发展。2010年以来，国内的CSA农场出现积极的增长，但是中国有机农业的市场和技术都尚未成熟，在这样的一个大环境下，CSA模式的发展面临着许多挑战，投资3000万元的贵州田园牧歌农场和君晖农场在激烈的市场角逐中相继黯然离场。

尽管廖智佳知道从事CSA农场生产风险很大，但是当他从朋友那里听到这个消息，一颗爱农的心就抑制不住地往外跳，他还是迫不及待地申请加入了这个团队。怀揣着对农业的热爱、信念和激情，初入行的农业“小白”开始了在种植技术上摸着石头过河的探索。一个坑都不落地跳，满头是包的实践，不断总结经验教训，在这过程中廖智佳学会了自己设计安装灌溉系统，如何使用旋耕机、开沟机、除草机，不用除草剂如何降低人工除草的劳动强度，如何不用药去应对病虫害等农业新技术。在这个过程中，廖智佳不仅要扮演农民的角色，还要当泥瓦工、水电工、农机维修工，文能提笔写方案，武能下地干农活。所有的辛苦付出，都变成了手上一层层厚厚的老茧，这也让廖智佳获得了技术上的不断积累。每当廖智佳从老师那里拿到最新研究出来的新品种，他都会轻轻地将它种植在土壤里，他知道，现在的小小种子未来会释放出无限生命力。

2. 山重水复，荣获新生

就在廖智佳以为一切都走向正轨时，原创团队的解散给了他当头一棒。2016年原创团队因为未来发展方向问题产生分歧，最终走向解散，这件事情给一腔热血的廖智佳泼了一盆冷水。每当廖智佳想要放弃时，他从事农业的初衷一遍又一遍地在他脑海里滚动，他想，不能因为小小的挫折就放弃自己当初的梦想，最终他选择与另外一位同事在长沙西郊租地，建立了现在的遇见田园CSA农场（见图5-1）。

图5-1　遇见田园农场logo

廖智佳虽然是农业专业出身的大学生，但在实际操作中远远比不上经验丰富的老农人，他心想：难道我们这些受过高等教育的人在农业方面真的不如自己父辈那一代吗？廖智佳陷入迷茫之中。这时，他的朋友吴建宇看着苦恼的廖智佳什么都没有说，默默地留下了一本书《这一生，至少当一次傻瓜》。书中的主人公木村秋用自然农法试种出一颗只萎靡不腐败的苹果，主人公的匠心和对农业、生活的热爱以及对大自然的敬畏深深地打动了廖智佳，为廖智佳后来不断学习、形成绿色经营理念、敢于创新的精神打下了坚实的基础。

廖智佳开始积极探索新农业CSA的发展之路。

三、路漫漫其远，上下而求索

1.绿色防治，美美与共

从事农业种植最容易遇到的就是虫类灾害，而果蝇又是其中最为常见的一种农业害虫，在温度25℃、60%相对湿度条件下，它从初生卵发育至新羽化的成虫，只需要25天左右，成长速度非常快。一旦它进食腐烂发酵的水果，就会在此过程中产数百枚卵，短短数天之内，这些卵就可以孵化成幼虫。许多黄瓜、苦瓜、丝瓜等瓜果蔬菜上经常会出现虫洞虫眼，从外表看并不明显，但是一旦送去客户家中存放几天，瓜果内部就会出现大片的腐烂，甚至生蛆。传统农户在处理这类害虫时只能通过喷洒农药来灭绝这些害虫，而在廖智佳的农场里，人们会发现，在蔬菜田地旁边，插着一排排铁杆，上面连着无数的藤蔓枝条汇成了一道顶帘。顶帘上吊着无数个小塑料瓶子，瓶身涂着一层胶和一些药剂。果蝇入侵农场时有一部分会被粘在上面，类似于家用粘蝇板的原理，以此来降低果蝇的种群密度；同时也能看见一个个尚未成熟的瓜果，被裹在透明的塑料袋中，吸收光照营养的同时，也能防止虫类的叮咬。这就是廖智佳的物理防虫法和生物防治法（见图5-2）。

图5-2　果蝇防治

除了物理隔离害虫，在处理杂草方面，廖智佳也有着不同于传统农业的思维和做法。每当有杂草偷偷地从土地里吸取营养，他并不会像传统农户一样使用除草剂，反而是“坐山观虎斗”，不过多干预蔬菜的自然生长，这是廖智佳根据长期实践经验得出的经验。让杂草与农作物共生反而分担了蔬菜被虫害侵扰的压力。这种采用共生种植方式成熟后的蔬菜，往往更能激发它的生命力，促进吸收土壤和大自然的养分，营养价值更加丰富，在餐桌上也就更加美味。

多年来，传统农业使用化学药剂不仅增强了害虫的抗药性、伤及有益生物，还会危害土壤水源、破坏农场生态平衡。清楚其中危害的廖智佳一直坚持着有机种植，从多方面运用生物相克的知识、保持生物多样性的绿色生产理念，始终遵循和谐共处的自然规律。他曾说“现在的蔬菜瓜果太依赖农药、化肥、除草剂，既不安全口感也不好吃，现实生活中的人大多想回归自然，我们的文化基因里对田园生活充满着向往，但是往往没有时间，我们希望农场用绿色有机的方式种植出来的蔬菜能够让消费者回归自然”。在农场中放眼望去，一片生机勃勃的自然景象。一个个白色透明的塑料袋在阳光下折射着光芒，农场里的蔬菜瓜果像刚出生的婴儿一样被小心翼翼地保护了起来。小小的一片绿叶上有着几种昆虫，蚕食绿叶的蚜虫和时刻守卫蔬菜的瓢虫，每当蚜虫有轻微动作，瓢虫就拿起武器捍卫这一方绿色家园，农场里总是充满着活力的气息（见图5-3）。

图5-3 物理防治

2. 后继无人，转机突现

据报道，2016年末，全国农业生产经营人员中，年龄在35岁及以下的占19.2%，年龄在36—54岁的占47.3%，年龄在55岁及以上的占33.6%。并且农业从业者的受教育程度也不容乐观，初中以下文化程度普遍占90%。而有机农业相较于传统农业，对机械技术和理论研究方面要求更高，廖智佳直言“这个（CSA农场）招不到合适的人，年轻的人吃不了苦不想来，老年人体力下降，不会用新农具，万一伤到自己就得不偿失了”。遇见田园农场目前仅有两名60岁老员工，远达不到农场所需长时间的劳动程度和机械农具、物联网系统的操作高度，以及农场日常生产经营的管理难度，就算花费长时间和精力培养他们学会基本操作，但偏高的年龄使他们很快就会面临退休。并且近年来气候反常，有时长达80天左右的雨季导致农场作物完全泡在水里、根系不发，或者是连续高温干旱使菜叶晒伤枯死，损失惨重。

一连串的不可控因素让廖智佳忙得焦头烂额，刚开始农场甚至只能招临时工来帮忙。后来，在2016—2019年廖智佳先后两次参加山东寿光国际蔬菜博览会，以及中部农业博览会，去有机农业同行的生产基地考察学习，在这期间他接触到了智慧农业的高度自动化生产管理系统，这让他在农场经营的技术层面有了新的认识。

他开始在农场中尝试使用现代化科学技术——物联网。最初，他发现大多同行都是直接购买物联网设备进行运营，没有考虑农场实际情况，很多农场主甚至自己都不懂得设备的运作机制。例如“好宝有机农业”，这种的大资本运作，股东90%都是从事与房地产相关行业的人员，只知道购买设备，但并不清楚具体用途，也没有专门人员进行维护升级，维修成本高，在使用过程中有诸多限制。这让廖智佳百思不得其解“为什么一定要农场去匹配生产设备，根据生产设备来调整农场生产情况？让物联网设备去适应农场不是更加方便吗！”有了想法之后，廖智佳就将别人基地的控制柜与自己的控制装置进行对比分析，通过自学探索物联网，一步步开始了物联网参数实验，不断根据实验参数进行调整，探寻最适宜农作物生长的环境。从灌溉系统的定时开关装置实现草莓的定时浇水，到传感器、控制器远程监测户外温湿度环境数据，再到高压水塔管路中安装电磁阀管理管道系统，最后接触器、电动机的深入研究完善了控制柜，使农场农业物联网应用系统能够达到自动浇水、LED植物灯补光、地热线加温、自动通风等自动化管理的要求，大大减少了农场的人工成本和管理成本，为农场的可持续发展提供了最有力的技术支持（见图5-4、图5-5）。

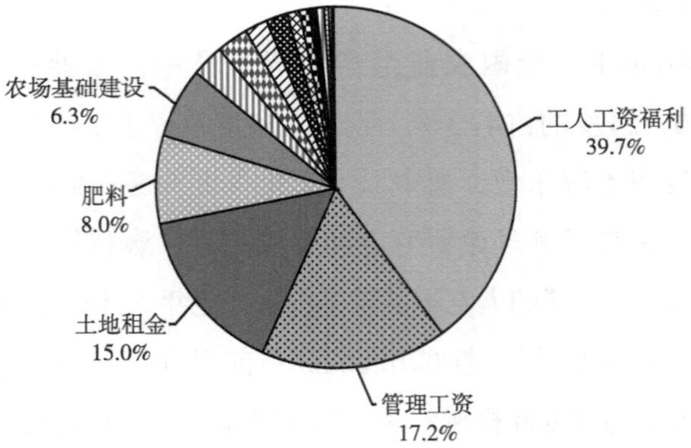

图5-4　农场经营成本结构

图5-5　物联网控制设备

5年多从零开始探索，30多岁的廖智佳看到自己不断完善的4.0版本的控制柜与农场生产融合发展，不禁眼含热泪。

3. 品牌营销，多维并进

解决了生产问题，怎么做好产品营销又成了廖智佳的一大难题。廖智佳刚开始经营遇见田园农场主要是采用口碑营销策略，经过口口相传，有了更多想了解CSA的消费者，积累了一定的客户，但是数据就一直稳定在几十户左右，再也没有了增长。这个数据并没有达到廖智佳的预期。于是，廖智佳将目光投向微信公众号和微博，使用新型的O2O推广模式，在微信公众号间隔3天定期分享自己的农场生活和农业小知识，在微博有关于农业的热点问题下进行评论转发顺便介绍自己的农场，结果还是以无人问津惨淡告终。2019年是近5年食品安全事件最多的年份，事故达到5.17万起，这个数字骇人听闻，却意外地让CSA模式走进大众视野。廖智佳趁着事件的关注度不断增加，用自己的视频号分享农场的有机种植过程和发展历程，引来了部分消费者的关注，增加了些许的粉丝，他起初只会使用简单的模板进行套用，后来看到粉丝的逐渐增长和消费者的支持，开始自学pr教程，学会精美地呈现主题和内容。

只是简单地吸引了新顾客还远远不够，如何增强消费者与农场的黏性，提高自己农场的不可替代性也是现实经营中的困境。经过长时间的运营，他发现亲自来摘菜体验农业生活的消费者往往对农场会有更高的评价，跟遇见农场的工作人员关系更加紧密。经过一番巧妙的构思，廖智佳举办了农场体验活动，邀请消费者报名，限量参加，还准备了一些精美的小奖品。在当今世界，大人工作，没有多余时间陪伴小孩，导致亲子关系趋于紧张，而在遇见田园农场则充满着欢声笑语，孩子们不但能切身感受农活的辛苦，而且丰富了实践活动和有关农业方面的知识。最精彩的是活动中又设置了许多亲子项目，许多消费者借着活动传递爱意，有表达对母亲的感恩，对父亲的爱意，也有父母表达对没有陪伴孩子成长的歉意。这种体验活动轻松地实现了自然生态、生产者、消费者三方共赢（见图5-6）。

图5-6　农场亲子体验活动

四、目力眇无极，更上一层楼

1. 产品组合，推陈出新

对于未来农场的生产经营规划，廖智佳坚持租地种菜为主要产品，通过租地种菜核心服务，为客户种植无农药化肥激素的绿色蔬菜，客户自行来到农场收获，以此聚焦优质客户、建立相互信任关系，这项经营活动保证了农场的基础收入。

扩展以“草莓+葡萄”的休闲农业，提供延展性服务和增益性服务。草莓、葡萄的采摘活动体验感强，产品利润空间大，经济价值相对较高，并且需求量大，消费者受众面广。草莓种植方面，廖智佳打算学习日本种植技术，在促进生产效率提升的同时，结合休闲旅游需求，创新草莓种植景观布置，打造一个草莓乐园，消费者们可以在基地拍摄美丽的照片，也可以利用草莓景观进行科普宣传和研学活动开展（见图5-7）。

图5-7 休闲农业规划

在葡萄种植方面，廖智佳设想打造一个与传统的采摘式葡萄园不同的生态观赏型葡萄园。不仅将葡萄缠在葡萄架上，还要设计一个别致独特的造型，使葡萄的展示具有艺术性，如葡萄长廊和葡萄庭院，既能吸引消费者的眼光，在炎炎夏日里还能为消费者送去一份清凉，大家可以在葡萄架下惬意地休息，口渴时随意地摘下最新鲜的葡萄止渴，现采摘、观赏、享受一体化，促进人与自然和谐相处（见图5-8）。

图5-8　葡萄庄园设计

提到经营方面，廖智佳眼中充满着对于艺术田园的向往，对未来的农场组合模式充满着信心……

2.万物互联，强化核心

廖智佳深知未来的发展趋势一定是更加智能化、现代化、机械化。农场现在安装的是经历过无数次试错的物联网控制柜4.0，整套物联网控制系统实现了大部分的自动化管理。廖智佳花费5年时间，从零开始探索农业物联网的应用，实现了从理论知识分子向职业技术农民的转变，证明了农业物联网的实用性。而在未来，廖智佳认为加强农业物联网是目前农场最有前景的发展道路。在下一年里，廖智佳将会把更多的资金投入购买最新农业生产设备，实现对田间作物信息、土壤信息、环境信息的监测，更加积极地应对农业环境变化，根据对环境数据的分析研判，系统规划种植园区分布，合理选配农产品品种，科学指导生态轮作；增加传感器设施布置，采集农产品生长情况信息，远程监控生产环境，将参数和信息进行数字化转化，实时传输网络平台进行汇总，实现智能化的农业生产过程。

五、尾声

随着社会经济发展，环境变化加剧，极端气候灾害频发，在积累了初步实践经验之上，如何更好地应用物联网技术、总结数据、锁定控制策略、修正参数，使物联网的核心技术转化为农场最硬核的生产力；在5G时代，如何应用VR技术，应对气候变化、不断上升的人工成本和土地租金等问题将是廖智佳和农场的新一轮挑战…

六、启发思考题

1.结合服务营销中服务产品的基本层次，分析遇见田园CSA农场主要提供了哪些类型的服务？

2.结合营销手段理论，分析遇见田园CSA农场使用了哪些营销手段，主要有什么效果？

3.结合消费者体验理论知识，分析遇见田园CSA农场增设体验环节是否更有利于农场发展？

4.农场经营者有哪些理念值得我们提倡和学习？

附录（图5-9至图5-18）

图5-9 遇见田园CSA农场室内大棚

图5-10 遇见田园农场室外种植

图5-11 社区支持农业分享会

图5-12 有机草莓图片

图5-13　有机蔬菜小苗

图5-14　消费者体验蔬菜种植

图5-15　LED灯补光

图5-16　自动浇灌装置

图5-17　廖智佳亲自下田劳作

图5-18　遇见田园官方微博

微博链接：https：//weibo.com/u/1266200537

案例适用说明

一、教学目的与用途

1. 适用课程及对象

本案例为决策型案例，适用于市场营销、服务营销等有关企业产品营销和品牌策略的教学模块。

本案例主要适用于EMBA、MBA学员及企业接受管理培训人员，也可用于工商管理类本科生和学术硕士研究生的案例研讨课。

2. 教学目标

遇见田园CSA农场是湖南农业大学研究生廖智佳与一位朋友于2016年12月14日在长沙西郊租地创办，至今已有5年发展历史。本案例以廖智佳专注运营共享菜园的10年经验为依据，挖掘遇见田园CSA农场的特色运营模式，提炼农场对于CSA理念的创新与发展，分析有机种植与现代智能物联网技术的结合发展情况，积极探索自动化、生态化农业的发展前景，为新农人的创业之路提供参考。

3. 理论知识点

（1）服务营销类型：核心服务、便利性服务、支持性服务。

（2）营销手段：口碑营销、活动营销、情感营销、事件营销、O2O营销。

（3）消费者体验：感官体验、行动体验、思考体验、观联体验、情感体验。

二、启发思考题

1.结合服务营销中服务产品的基本层次，分析遇见田园CSA农场主要提供了哪些类型的服务？

2.结合营销手段理论，分析遇见田园CSA农场使用了哪些营销手段，主要有什么效果？

3.结合消费者体验理论知识，分析遇见田园CSA农场增设体验环节是否更有利于农场发展？

4.农场经营者有哪些理念值得我们提倡和学习？

三、分析思路

分析思路1：结合服务营销中服务产品的基本层次，分析遇见田园CSA农场主要提供了哪些类型的服务？

理论模型：格罗鲁斯提出的服务包模型。

教学目标：梳理服务产品的不同服务类型，并结合案例进行综合分析。

分析思路2：结合营销手段理论，分析遇见田园CSA农场使用了哪些营销手段，主要有什么效果？

理论模型：营销手段的分类。

教学目标：掌握并区分不同营销手段的类型，并运用其分析“CSA农场”的营销策略。

分析思路3：结合消费者体验理论，分析遇见田园CSA农场增设体验环节是否更有利于农场发展？

理论模型：消费者体验理论。

教学目标：掌握消费者体验理论，并运用其分析“CSA农场”的体验活动如何满足消费者的不同需求，以及分析消费者体验对农场经营以及CSA模式的推广有的帮助。

分析思路4：农场经营者有哪些理念值得我们提倡和学习？

理论模型：品牌营销理念、客户中心理念、“互联网+”理念。

教学目标：运用所学知识，综合分析“遇见田园CSA农场”的理念模式，以及产生的相应效果。

四、理论依据及分析

1.结合服务营销中服务产品的基本层次，分析遇见田园CSA农场主要提供了哪些类型的服务？

|理论依据|

格罗鲁斯提出的服务包模型认为，服务作为一种产品，可以被认为是一个包裹，一个由有形产品和无形服务构成的集合。基本的服务包可分为三个层次，即核心服务（Core Service）、便利服务（Facilitating Service）和支持服务（Supporting Service）（见图5-19）。

（1）核心服务：是指企业为了满足顾客最根本的需求所提供的服务。例如，酒店提供住宿，银行吸收存款、提供贷款等。核心服务体现企业所提供服务的基本功能，也是企业进入市场并得以存在的原因。

（2）便利服务：是方便核心服务消费或使用的活动，如果没有这种服务，顾客将不能方便地使用核心服务。如航空公司的订票服务。银行的便利性服务包括银行卡业务、网上银行等。

（3）支持服务：是增加服务的价值，或者是企业同其他竞争者区分开来的一系列活动。例如，酒店提供旅客旅游用的地图、银行的查账业务等。

一些服务在某些场合是便利服务，在有些场合则为支持服务，二者的区别主要是：便利服务是不可或缺的，是必要条件，而支持服务的缺少只会导致服务缺乏竞争力，也就是说便利服务缺少是对服务的影响更大。

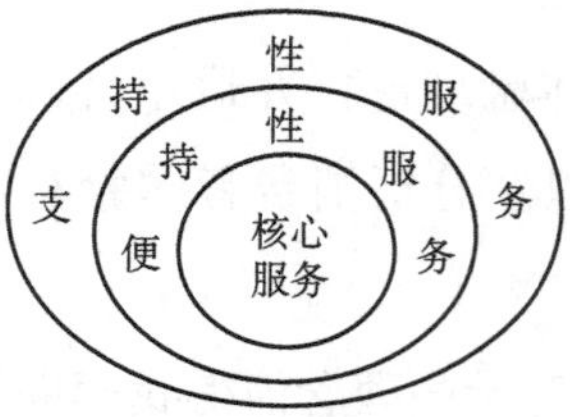

图5-19 服务包层次

|案例分析|

理解服务包的基本层次后，教师可引导学生基于正文“遇见田园：CSA的落地实践与智慧农业探索之路”分析遇见田园CSA主要提供了哪些类型的服务。

（1）核心服务。遇见田园CSA农场的核心服务主要是寻找愿意预订他们农产品的成员，并按照他们的要求进行种植，为客户提供无农药化肥激素的蔬菜，然后直接送至社区成员家中；同时，农场还支持消费者自己到农场种植，亲自采摘蔬菜，而社区成员则需要预付一定的费用。在该模式下，社区成员可以随时吃到按照自己意愿生产出来的粮食和蔬菜，缩短了农产品从生产者至消费者之间的距离。

（2）便利服务。遇见田园CSA农场定期会将采摘好的蔬菜进行包装，并提供配送上门服务。消费者还可以选择自己的菜地以及定制自己菜地里的蔬菜种类，也可以通过线上了解到农场的种植情况。农场还提供蔬菜种植、采摘工具，消费者可亲自进行耕种，体验蔬菜种植。

（3）支持服务：

①农耕体验——亲子乐园。随着城市化进程的不断加快，很多城市长大的孩子已经很难有机会亲身去体验农业生产，这也使他们无法切身感受到优秀的农耕文化，尊重农业从业者。廖智佳敏锐地察觉到了这个市场动向，首先面向农场内部会员家庭开展了遇见田园CSA农场农耕体验，通过学习如何种植蔬菜，野外生火做饭，让孩子们深刻地认识到农耕的不易，在孩子们心中留下知农爱农的种子；同时，通过体验农耕来拉近父母与孩子间的距离，使亲子关系更加和谐。

②休闲农业——采摘园。遇见田园CSA农场还扩展以“草莓+葡萄”为主的休闲农业。草莓种植方面，农场将创新草莓种植景观布置，打造一个草莓乐园，消费者们可以在基地拍摄美丽的照片，也可以利用草莓景观进行科普宣传和研学活动开展。在葡萄种植方面，农场将打造一个与传统的采摘式葡萄园不同的生态观赏性葡萄园，例如葡萄长廊和葡萄庭院，既为消费者提供了一个休息场所，也可以让消费者享受到新鲜的水果，将采摘、观赏、享受集为一体。

2.结合营销手段理论，分析遇见田园CSA农场使用了哪些营销手段，主要有什么效果？

|理论依据|

营销手段是指营销过程中所有可以使用的方法，包括口碑营销、活动营销、情感营销、事件营销、O2O营销等。因此，在经营活动开展的过程中，活动经营者需要了解营销手段的正确使用，在将产品推给消费者时，选择合适的营销手段至关重要，活动经营者可以以五种常见营销手段来推销产品。

（1）口碑营销：由生产者以外的个人通过明示或暗示的方法，不经过第三方处理、加工，传递给某一特定或某一种类的产品、品牌、厂商、销售者，以及能够使人联想到上述对象的任何组织或个人信息，从而导致受众获得信息、改变态度，甚至影响购买行为的一种双向互动传播行为。例如，通过顾客的口口相传来传播产品的特点。

（2）活动营销：是指企业通过介入重大的社会活动或整合有效的资源策划大型活动而迅速提高企业及其品牌知名度、美誉度和影响力，促进产品销售的一种营销手段，简单地说，活动营销是围绕活动而展开的营销，以活动为载体，使企业获得品牌的提升或是销量的增长。例如，通过开展与之相关的活动来介绍产品，比如麻辣王子开展的辣条比赛，胜出者可以获得一箱辣条和奖金。这种有趣的活动营销是推广产品的一种重要手段。

（3）情感营销：从消费者的情感需要出发，唤起和激起消费者的情感需求，诱导消费者心灵上的共鸣，寓情感于营销之中，让有情的营销赢得无情的竞争。在情感消费时代，消费者购买商品所看重的已不是商品数量的多少、质量好坏以及价钱的高低，而是为了一种感情上的满足，一种心理上的认同。例如购买冬奥的纪念品，买的不只是纪念品本身，更是身后的浓重情感。

（4）事件营销：是企业通过策划、组织和利用具有新闻价值、社会影响以及名人效应的人物或事件，吸引媒体、社会团体和消费者的兴趣与关注，以求提高企业或产品的知名度、美誉度，树立良好品牌形象，并最终促成产品或服务销售目的的手段和方式。简单地说，事件营销就是通过把握新闻的规律，制造具有新闻价值的事件，并通过具体的操作，让这一新闻事件得以传播，从而达到广告的效果。事件营销是近年来国内外十分流行的一种公关传播与市场推广手段，集新闻效应、广告效应、公共关系、形象传播、客户关系于一体，并为新产品推介、品牌展示机会和建立品牌识别和品牌定位提供了一种快速提升品牌知名度与美誉度的手段。例如鸿星尔克在2021年的河南汛情驰援河南捐款5000万元，利用此次国民关注度高的事情做到了一次良好的营销。

（5）O2O营销：是指线上营销线上购买带动线下经营和线下消费。O2O通过打折、提供信息、服务预订等方式，把线下商店的消息推送给互联网用户，从而将他们转换为自己的线下客户，这就特别适合必须到店消费的商品和服务，比如通过互联网推销餐饮，带动网友去线下消费。

每个营销传播模式都需要落实到对各个消费者反应阶段进行影响，以实现最终的消费者购买行为。根据Robert J. Lavidge和Gary A. Steiner提出的效果层级模型，消费者反应主要分为六个阶段：知晓、了解、喜欢、偏好、信服、购买。这六个阶段以时间递进为主要逻辑，消费者从“知晓”开始进入价值传播的影响范围，以“购买”为最终行为端的表现形式。不同的营销传播模式对消费者的反应阶段的影响有着不同的倾向与侧重（见图5-20）。

（1）知晓：消费者对于品牌或产品的存在有意识的阶段。

（2）了解：消费者对品牌或产品的属性有一定了解的阶段。

（3）喜欢：消费者对于品牌优劣产生无意识的感觉的阶段。

（4）偏好：消费者对于品牌或产品有意识地思考，并产生了情绪倾向的阶段。

（5）信服：消费者对于品牌或产品产生了强烈的倾向和情绪，并对其特质有信服态度的阶段。

（6）购买：消费者将情绪倾向付诸购买行为的阶段。

图5-20　营销手段

在一个新型产品推进市场时，公司如何吸引新客户并将其留住，增加消费者们的购买行为是商业智慧的体现，本教学案例主要介绍开发顾客忠诚计划的做法。

|案例分析|

引入营销手段和消费者反应层级模型后，教师可引导学生基于正文将“遇见田园：CSA农场的落地实践与智慧农业探索之路”基于产品价值传播的营销举措一一列出，并将其价值传播活动引发的消费者反应进行归纳（见表5-1）。

表5-1　营销手段与消费者反应对照表

“遇见田园”具体举措	传播形式/媒介	营销手段	消费者反应阶段	施加影响环节
老顾客带新顾客	被动/消费者	口碑营销	认知阶段	知晓、了解
开启农场体验活动，介绍农作物的品种和生长过程	主动/产品	活动营销	认知阶段、行为阶段	了解、信服、购买
增设亲子体验社会实践环节，传递爱意	主动/产品	情感营销	情感阶段、行为阶段	喜欢、偏好、购买

续表

“遇见田园”具体举措	传播形式/媒介	营销手段	消费者反应阶段	施加影响环节
企业社会责任，守护食品安全，多次转载农业热点	主动/新闻报道	事件营销	情感阶段	喜欢、偏好
利用微博、微信公众号、视频号、抖音都活跃量高的平台进行宣传	主动/互联网媒体	O2O营销	认知阶段	知晓、了解

“遇见田园”的营销举措覆盖了认知、情绪、行为三个阶段，建立了吸引客户、维系客户的营销渠道，但其经营形式仍然存在很大改良空间、下面从农场的各个方面进行分析。

（1）从媒体维度上来看，“遇见田园”的营销手段较为朴素，主要是依靠企业自己的账号，缺乏流量和知名度，难以走进大众视野和获得潜在消费者。所维系的社群主要是老客户，微信群承载量有限，活跃度低，没有体会到CSA农场的特别之处，可以设计一个微信小程序，实时更新生产计划信息、农作物状态、物流配送信息、退货处理信息，提高消费者的参与度，实现新时代信息共享。

（2）从产品维度上来看，“遇见田园”农场虽然是有机经营，蔬菜瓜果品质高，但是没有经过第三方机构认证，缺乏权威性。而蔬菜瓜果的高品质在短时间内难以被新顾客感知，但又是消费者最重视的环节，也是产品最重要的价值。而且农场规模相对较小，务工人口不足，农产品的多样性竞争力较小，不能满足消费者的个性化需求。如何进行私人定制和多方位测定并且提高农产品价值是农场未来的主要考虑方向。

（3）从市场渠道维度上来看，“遇见田园”主要采取线下销售模式，在电商平台上耕耘力度不足，缺乏线上订单，客户触点有限，主要是老顾客的带动，新顾客增长缓慢。

（4）从物流维度上来看，蔬菜瓜果的保质期较短，消费者享受的主要是其新鲜度。而新鲜果蔬的物流运输，最需要重视地就是新鲜农产品的保鲜问题，“遇见田园”的产品主要由一个人配送，一个星期配送一次，这种物流配送方式相对较落后，不能根据消费者的时间和需求来安排。农场需加强蔬果的冷藏技术和保鲜技术，建立现代物流体系，完善物流流程和程序。

3.结合消费者体验理论，分析遇见田园CSA农场增设体验环节是否更有利于农场发展?

|理论依据|

消费者体验是消费者在接受某种外界刺激后所呈现的事件，这种感觉通常是消费者直接看到或者参与到某件事情中所形成的，不论这件事是否真正存在于现实之中。消费者在接受这种体验后，感觉到的东西一般会通过一系列的语言和行为表现出来。因此消费者体验的表现形式可以根据用户体验基础理论分成以下五个方面（见图5–21）。

（1）感官体验，通过刺激消费者的知觉，让消费者能够感受到愉悦、享受与满足感，从而达到体验与营销的目的。这种体验形式就是通过知觉的感受，让消费者感受到的感觉。一般都是通过听觉、视觉、触觉、嗅觉等方式，再由消费者对这些感觉加工所形成的感受。

（2）情感体验，通过使消费者在消费中感受到如亲情、爱情、友情等各种感情，从而抓住其情绪进行营销，促进发生购买行为。情感因素在很大程度上能够对消费者的态度具有决定作用，根据认知情感相符理论，这种情感形式能带给消费者全新的体验。

（3）行动体验，通过让消费者亲自行动，增加身体体验，根据这种体验感受自己的生活方式，从而能够让消费者自发地去改变行动方式。生活与行为方式一般都是各种因素交织作用成的，体现出消费者的态度、兴趣等，如果某些产品的观念符合他们的兴趣认知时，消费者就有可能购买。

（4）思考体验，通过引导消费者对某些事物进行想象思考，从而引发其对产品的关注，思考产品的功能，内涵等是否对其具有意义，是否满足其需求等，进行体验。

（5）关联体验，通过让消费者和产品中所体现出的文化价值、社会观念等相关联，给消费者了一种源于最根本的文化的体验。这种通过文化和社会环境等影响消费者的行为，使消费者的消费需求有了更高层次的满足。

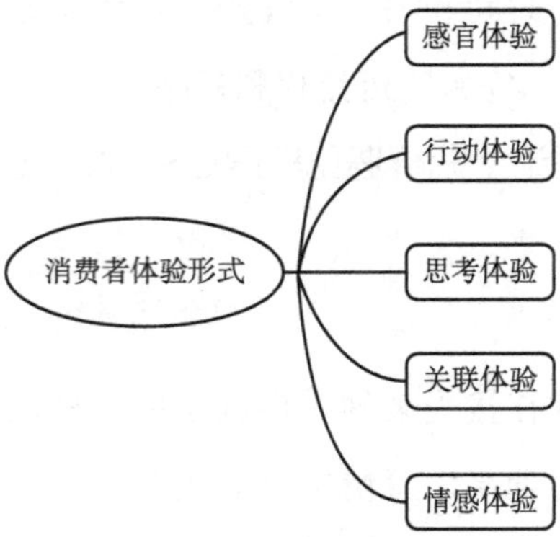

图5-21 消费者体验形势

|案例分析|

了解消费者体验理论后，教师可引导学生基于案例征文《遇见田园：CSA农场的落地实践与智慧农业探索之路》，找出农场日常的支持性服务活动，根据消费者体验的五种形式进行归类划分（见表5-2）。

表5-2 消费者体验的五种形式

遇见田园CSA农场体验活动归纳表		
消费者体验新式	农场体验活动具体展示	消费者体验具体表现
感官体验	照片、音频、实物	视、听、嗅、触、味
情感体验	农产品蕴含的情绪价值	农场作物让消费者回忆起愉快
行动体验	举办实地耕作活动	亲自劳作、体验农耕
思考体验	农场是安全健康的代名词	有机农产品符合消费者高层次需求
关联体验	草莓、普通景观园	农产品的艺术观赏性与文化附加值

遇见田园CSA农场以客户需求为导向，积极提高顾客满意度，涉及的消费者体验形式有感官、行动、思考、观联、情感这五种，以下是关于农场消费者五种体验形式的具体分析。

（1）感官体验：农场与消费者之间的联系有直接和间接两类；例如直接联系即消费者到农场亲自劳作、亲身体验，感受泥土中蔬菜瓜果的色香味，或是消费者烹饪农场配送至家中的蔬菜瓜果，身心愉悦，获得满足感；间接联系即以农场拍摄的照片视频音像为传播媒介，向消费者展示农场实地种植情况，让消费者通过视觉作用以及想象力对农场充满向往和享受，放大感官效用，加深消费者对农场的正面印象。

（2）情感体验：与市场上售卖的蔬菜瓜果相比较，其根本区别在于农场作物是原汁原味，不含任何有害添加，而这种原生态的产品更能让消费者在强烈对比之下，吃出放心，感到安心。跳脱出食物的本质，农场的产品是能让消费者感到宽心的一份保障，它承载的是抚慰消费者情绪的意义。其次，农场多次举办亲子乐园活动，为会员家庭提供场地，让消费者与家人一起种植农作物、野炊游玩，拉近家庭成员彼此的亲密关系，使消费者感受到农产品传递的情绪价值，从而提高购买欲。

（3）行动体验：农场开展的农耕体验活动与休闲采摘活动鼓励消费者积极参与农场一线劳作。例如，消费者自行耕作、施肥、采摘，利用空余时间全身心投入自然，将农场劳动视作为一项放松休闲的娱乐活动，并且嵌入自身的日常生活，获得不一样的劳动感受，提升了消费者体验的幸福指数，将普通的购买体验转化为兴趣培养，有效地紧密了农场与消费者关系的黏合性。

（4）思考体验：在消费者对于食品安全问题心有余悸时，农场适时推出的CSA模式与绿色有机种植理念引起了消费者的思考，许多人对于如何健康饮食有了更深的考虑。而农场的有机食品吸引目标顾客的重要一点在于，它提高了消费者的饮食标准，仅仅只是美味已经远远不够，食品安全健康才是消费者权衡之下的最优选择。而一旦农场的产品包含了这些内涵，具有了这些功能，使消费者思虑后的诉求得到满足，那么农场与消费者之间就建立了基于精神层次之上的牢固联系。

（5）观联体验：除了种植基本的蔬菜水果，农场还致力于打造一个草莓与葡萄的生态景观园，使农场在满足基础食用之外，还具有更高层次的艺术观赏性，让只存在于展厅殿堂的阳春白雪也融入农场的田间园地，挖掘农产品的文化价值，塑造文化差异下的和谐融汇，带给消费者耳目一新的奇妙感受，使消费者想象到农产品的附加值，体验到农产品的额外功能，满足消费者高层次的需求。

4. 农场经营者有哪些理念值得我们提倡和学习?

（1）以客户为中心的营销理念。以客户为中心的营销理念也就是要求农场主有着一定的经济头脑和市场意识，而不是进行盲目的生产。遇见田园农场从整个农产品供产销及消费价值链的各个环节，创建起“以用户为中心”的农业企业文化，在互联网和大数据时代，你的用户是相对具体和清晰的，廖智佳利用微信和抖音等社交平台进行农场推广，极大地增加了农场和用户之间的黏合度。

（2）卓越的质量意识和品牌意识。产品品质好才是产品价格高的基础，是大树的根，根深才能叶茂，这样才能结出丰硕的果实。遇见田园农场对农场里的每一株蔬菜都细心照料，并采用生物技术进行灭虫极大地保障了农场产品的质量。同时通过塑造极具特色的品牌形象，并建立起从田间到餐桌的质量可追溯系统，树立农场的信誉；同时，逐渐养成经营者树立品牌意识高于短期利润的意识。

（3）以互联网思维来管理农场。

①互联网的极致思维在农场经营中的体现。互联网的极致思维可以用逾越用户预期来形容。第一，农场会为社会提供优质农产品；第二，通过对农场周边环境的建设，使之成为休闲娱乐的场所；第三，借助互联网，农产品生产经营全产业链经营，农场主对农产品的种植和销售等全程掌握。

②互联网的大数据思维在农场经营管理中的应用。互联网时代，面对的是每个相对具体的用户，要利用移动终端手机、笔记本电脑、iPad等获得大批量精准的用户信息，O2O线上线下结合，善于挖掘出用户信息，进行精准营销。

③互联网的平台思维在农场生产经营管理中的应用。第一，家庭农场在建设中要与互联网相结合，要拥有互联网的工具及设备，并会熟练使用。第二，要认识到农场是农场成员生活消费和工作的平台，把农场建设成为现代化的美丽庄园，也是农场成员实现理想和人生价值的平台。第三，随着城市化的进程不断加快，农业就业人口结构出现老年化趋势，越来越多的年轻人选择进城务工，导致农场员工年龄偏大且就业时间不稳定，所以要形成良好朴实的农耕习俗和农村社区文化。第四，互联网进入移动终端时代，农场主得坚持全产业链开发共赢的理念，才能长久稳定向前发展。

（4）把建设“美好家园”、休闲观光、旅游理念融入农场经营管理中。着力建设“山清水秀、天蓝地绿景美民富、和谐宜居”的美丽家园是我国农业、农村发展的目标。农场经营者积极响应政府号召，建设美丽家园：家庭农场建设要与休闲观光农业项目、乡村旅游建设相结合。针对城市儿童对农村生活的好奇打造特色亲子关系改善乐园，让孩子们和家长在了解农业生产的过程中逐渐养成热爱农业，热爱农村的新思维。

五、关键要点

1. 消费者价值需求层级模型。

2. 价值链理论。

3. 品牌核心价值维度。

4. 品牌营销传播模式。

六、建议课堂计划

1. 课堂教学计划

本案例可作为专门的案例讨论课开展，案例教学时间建议为2课时（约90分钟）。具体的课堂计划如表5-3所示，仅供参考。

表5-3 教学计划安排

阶段	内容	时间	备注
课前计划	在课前通知学员阅读案例及教材，并就启他问题进行思考和资料收集	提前1周	教师在提供案例的同时，向学生提出相关思考问题，并引导学生收集相关资料
课中计划	明确课程时间安排，向学员阐述案例讨论相关要求	3—5分钟	结合专业背景与管理经验进行分组，以使案例研讨更为深入。在小组讨论和展示的过程中，教师应注意课程时间的把控
	按照班级人数分成若干小组，各小组针对案例内容讨论，形成小组观点	30分钟	
	各组将讨论成果向全班展示	40分钟	
	教师总结各小组发言，结合理论对相关知识进行系统梳理	10—15分钟	
课后计划	利用课后时间通过互联网等多种途径进一步收集案例相关资料，加深对理论知识的体会。在课堂讨论的基础上，整理完成启发思考题	/	可布置以农产品品牌价值创新为主题的课程论文或相关企业的分析报告

2. 课堂提问逻辑

（1）遇见田园CSA农场主要提供了哪些类型的服务？

（2）这些服务具体表现是什么？

（3）遇见田园CSA农场主要使用了哪些营销手段？效果如何？

（4）遇见田园CSA农场在经营过程中遇到了哪些困难？

（5）农场主廖智佳是如何解决这些困难的？

（6）消费者体验对农场经营以及CSA模式的推广有何帮助？

（7）遇见田园CSA农场的经营理念有哪些？

（8）未来遇见田园CSA农场运作模式的发展方向有哪些？

七、板书设计

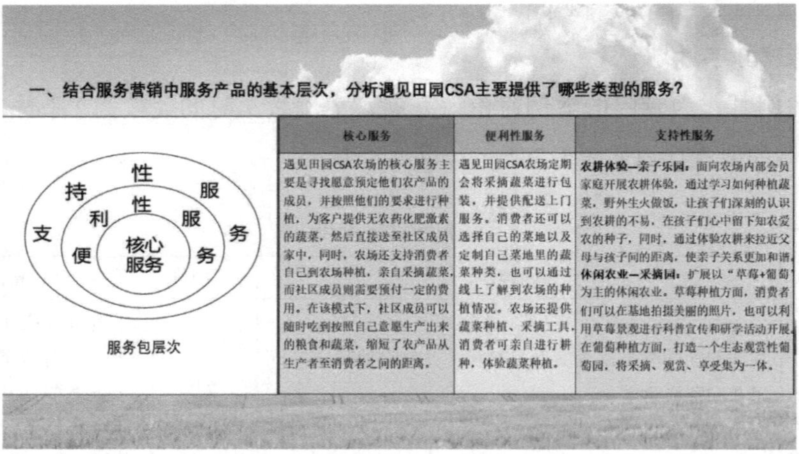

图5-22　板书1

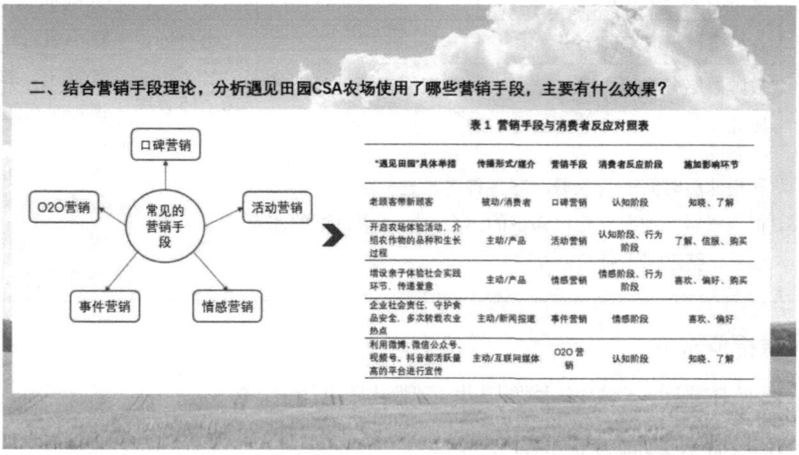

图5-23　板书2

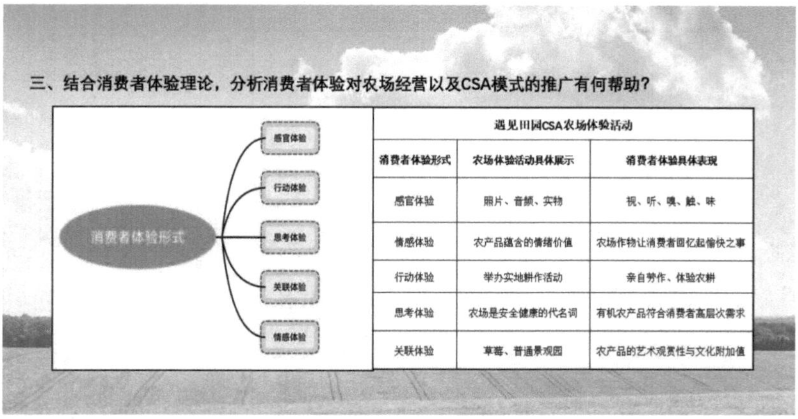

遇见田园CSA农场体验活动		
消费者体验形式	农场体验活动具体展示	消费者体验具体表现
感官体验	照片、音频、实物	视、听、嗅、触、味
情感体验	农产品蕴含的情绪价值	农场作物让消费者回忆起愉快之事
行动体验	举办实地耕作活动	亲自劳作、体验农耕
思考体验	农场是安全健康的代名词	有机农产品符合消费者高层次需求
关联体验	草莓、普通景观园	农产品的艺术观赏性与文化附加值

图5-24 板书3

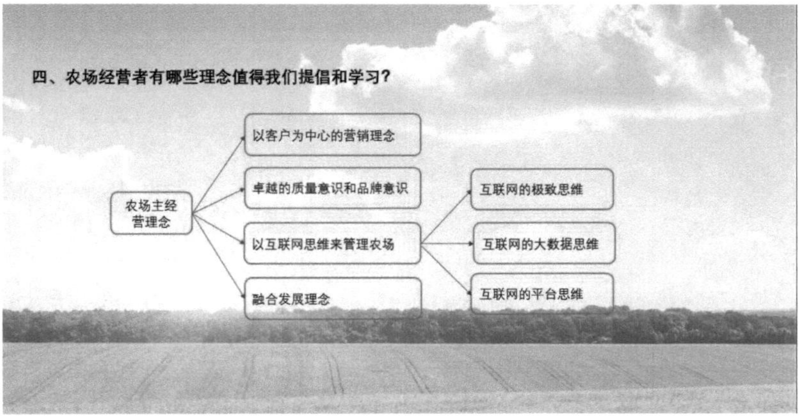

图5-25 板书4

图5-26 板书5

案例六

虎林市森蜜的发展之路：酿造最甜蜜的事业

摘要：本案例追溯森蜜蜂业的创业历程，从初期创建蜂业协会到创立黑龙江神顶峰黑蜂产品有限公司，随之2008年在协会的基础上站立新成立了虎林市森蜜蜂业农民专业合作社，通过“公司+合作社+农户”的模式成功把农民组织起来。而这一切的成功，与一个成熟的管理体系息息相关，我们通过分析战立新及其团队在管理方面所做的努力，以期给其他合作社在经营管理策略上提供经验和借鉴。

关键词：虎林市森蜜；农业合作社；神顶峰；管理体系

适用课程及对象：本案例适用于企业经营管理课程中涉及企业社会责任、创新市场战略相关的教学模块。适用于EMBA、MBA学生以及工商管理专业的本科学生。

案例正文

一、引言

在中国的东北边陲，有一座巍峨的山峰静静地矗立，它就是中国最早迎来日出的地方之一——完达山的主峰神顶峰。半个世纪前，王震将军正是因为这一轮“早起”的火红骄阳，将这片神奇的土地革命名为东方红。在这样一个远离喧嚣的世外桃源中，生活着一群渺小但勤劳的“精灵”——东北黑蜂。新农人战立新就是和这样一群“精灵”一起在神顶峰上，坚守着一份“甜蜜”的事业。“做世界的好蜂蜜！”这是战立新和他的团队将生态和健康带给世界并为之不懈奋斗的诚信宣言。为了实现这个愿望，战立新发展合作社、建基地、创品牌……如今在他的带领下，神顶峰蜂蜜已经走向了世界。

二、梦启程：大山深处的“东方红”

1.工作受阻，探索发展新道路

20世纪八九十年代以来，随着我国经济不断发展，相关产业对森林资源的开发也日趋严重。面对如此情形，国家加大了对生态资源保护意识和管控力度，林区经济的发展日趋萧条，出现了大量面临生计问题的下岗职工。2001年，时任东方红林业局多种经营局局长的战立新凭借多年经验意识到：“虎林市地处偏远，山区内‘等靠要’的落后思维根深蒂固，自己作为一名党员干部，身上肩负着振兴当地经济、造福百姓的责任。”

再对森林木材大动干戈实在不可取，那要怎样才能帮助这些工人农户呢？战立新自小生长在这片土地，清楚地知道虎林市有着极其丰富的林业资源，在种植业、畜牧业等产业上都具有得天独厚的优势。在对现有资源种类和市场行业的深入梳理和调研后，通过走访摸排，战立新发现许多村庄都有散户以养殖森林蜜蜂谋生，但因假冒伪劣的水蜜横行于市，优质好蜜也卖不上价钱，一来二去，黑心蜜商户走薄利多销的路子挣得竟然比诚信养殖户多上好几番，这种“劣币驱逐良币”的现象让老实的养殖户叫苦不迭。回程途中，他沉思良久，在网上了解到假蜂蜜贩卖现象竟然猖獗到“蜂蜜迎风臭十里”，国外进出口也受到了极大的管制。战立新一向痛恨制假贩假的行为，现在臭名甚至远扬到了国外，战立新义愤填膺，立志要整顿蜂蜜市场上的不良风气，要维护那些诚信养殖户的尊严，要赢得国际上的尊重。

2.组成协会，聚拢松散养蜂人

确定未来的发展之路后，战立新先后提出了“抓协会、建基地、创品牌、闯市场”的发展战略。首先就是要将松散的农户组织起来，在农村由于农户文化程度低，往往按照经验生产，缺乏先进的技术，因此难以实现规模化、标准化和产业化，战立新想要创造一个平台解决散户生产技术、产品标准不同的问题，也从根本上改变农户只顾眼前蝇头小利的落后的观念，以人为本，更加注重产品质量。

他带领团队从零开始谋篇布局，从农户手中高价收购优质蜂蜜，不收掺水劣质蜜，无形之中告诉农户好蜜才有好价钱，收购了好蜜之后，战立新团队便整体打包好送到专业检测中心进行质量评定，借此不断向林区的人员和下岗工人宣传，引导他们加入他们的养蜂队伍中；还借助全国蜂业大会的契机，加入各式各样相关的协会；同时，与中国养蜂学会专家进行深入的交流，聘请相关专家指导农户进行生产……终于在2002年战立新排除万难组成了养蜂协会。在养蜂协会中，战立新成功搭建起一个学习交流的平台，把松散的蜂农和林区下

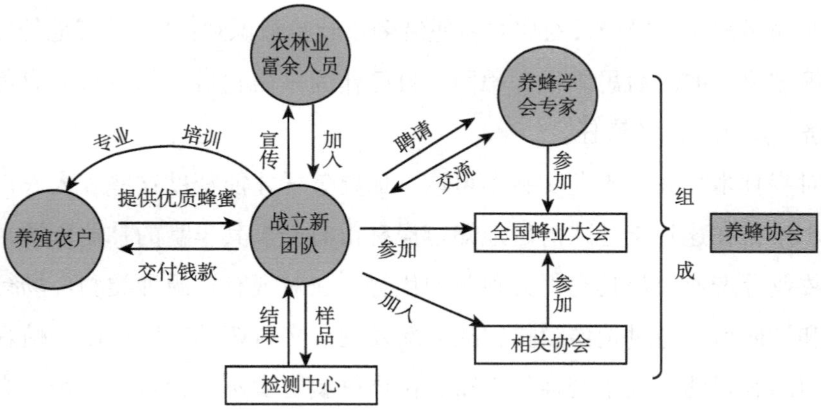

图6-1　协会建立过程

岗工人组织在一起进行培训，并且把一些大学和科研院所的老师、蜂业专家引进来，按照专业的技术标准培训、引导养殖户成员生产好的蜂蜜（见图6-1和图6-2）。

图6-2　养蜂户专业培训

三、新发展：养蜂事业的“弄潮儿”

1. 出口危机，甜蜜事业有苦涩

发展养蜂事业见效快，投入少，技术也好学，当年见效，是非常适合林区下岗职工发展的好项目。然而，随着养蜂协会的不断壮大，战立新却遇到了新的考验，面临着国内外双重危机。国内假货横行于市，“山寨”蜂蜜盛行，使真蜂蜜卖不动，一度流传一句话“卖假蜂蜜的开宝马，卖真蜜的卖房子”，如此农户成了最大的受害者，实际上卖不动的原因是真蜂蜜的价格往往比假蜂蜜高。与此同时，2003年的国际壁垒，给刚刚起步的养蜂业当头一棒，那一年蜂蜜丰收了，天然蜂蜜质量好、产量高，但残酷的现实让人苦不堪言。由于行业造假、掺假及抗生素的问题，导致2004年欧盟对中国蜂蜜实行禁运，形成多米诺骨牌效应，全世界都不要中国蜂蜜，蜂蜜没有销路，价格一落千丈，国际贸易壁垒使国内蜂蜜无法出口，价格也随之一落千丈。在双重压力下，蜂蜜事业受到打击，蜂农没有收入，生活都成了问题，战立新和他的同事为了帮助当地蜂农度过难关，就把蜂农的蜂蜜先收过来，自己再想办法找客户帮助销售，结果蜂农一下子送来了上千桶蜂蜜，积压的库存已超过上百吨，竟一点也卖不动，战立新还把自己的钱借给最困难的蜂农，可想而知，当时战立新面对的是怎样的压力和困境。但滞销的局面谁也改变不了，战立新不得不借高利贷、卖掉房子还债，再加上二弟去世，感觉几乎到了家破人亡的边缘。

由于大量的库存积压和资金问题，战立新被压得喘不过气，但是他认为不能怨天尤人，不能指望他人，要从自己做起。为了寻找新的商机，2005年5月，战立新只身背着20多斤蜂蜜，从山里出发，到了哈尔滨、天津、北京、长沙、武汉、杭州，继续一路南下，走到了福州、广州、深圳，每一站都留下了他“求卖”的足迹，历经一个多月的时间，走了一万多公里路，往返十几座城市，拜访了100多家企业的几十位企业老板和专家，却没有卖出一滴蜂蜜。战立新手捧着“甜蜜”，心中却满是苦涩。站在岳麓山上，战立新想明白了什么东西值得真正地留下来——经得起历史的考验，经过千锤百炼的东西。站在深圳罗湖口岸，战立新立下誓言：“做自己的品牌，总有一天，把我们的蜂蜜卖到全世界！”

2. 重振旗鼓，下定决心创公司

面对无情的市场打击和各种指责与非议，战立新认真反思自己的选择到底是对还是错。当然，也要充分考虑当时的营销环境。菲利普·科特勒指出，营销环境是影响企业在建立和保持同目标顾客之间关系的营销管理能力的外部参与者和影响力，并指出企业不仅要观察和适应营销环境的变化，还要积极主动地改变营销环境，给自身创造更好的发展空间。并且，对照当时邓小平“三个有利于”的标准，战立新发现发展黑蜂产业至少是“六个有利于”：有利于生态保护、有利于林业转型、有利于林业职工转岗就业、有利于农业增产增收、有利于国民健康、有利于社会良性发展。想到这些，战立新认定自己的选择没有错，他决定要发展黑蜂产业，做真正的好蜂蜜。“不要原材料我们就做企业，要赢得社会的尊重和尊严”，战立新成功“逼迫”自己转换思维，开始着手创造属于自己的蜂蜜品牌。“蜂蜜原蜜没人要，那我就创造自己的品牌，卖包装好的蜂蜜。”基于这样的想法，2005年战立新创办了黑龙江神顶峰黑蜂产品有限公司，注册了“神顶峰”品牌，从此神顶峰雪蜜产品正式走向市场（见图6–3）。

图6-3　神顶峰养殖场

面对国内蜂蜜市场鱼龙混杂、劣质低价恶性循环的局面，战立新认为办好企业与山寨蜂蜜竞争，需要坚持，需要克服各种困难，俗话说“酒香也怕巷子深”，假的它真不了，假的永远是假的。因而他提出了新的发展理念“质量从源头抓起，优质优价，让农民先挣钱”，从农产品生产环节、思想环节、农民的利益环节去考虑，让农户有保障，农产品才有保障，这样才能解决农产品基本的质量保障。在当年，战立新提出的这个思想具有很长远的眼光和现实价值。

在管理方面，战立新说，天然安全的蜂产品有很好的营养价值，让蜂蜜市场能多一点真的、好的产品，是一件非常有意义的事，这是山里人致富之路，也是当初创办合作社的初衷。什么是好产品？质量好的产品就是好产品。那么，怎样才能保证质量？战立新认为，质量是生产出来的，不是检测出来的。现在不少人更多地把产品的质量控制放在后端的检测。其实，检测只是生产产品的一个小小的环节，要想生产出高质量的产品，更多的应该把关注点放在前端，解决地头的问题。

四、遇契机：管理体系的新追求

1. 不断突破，三足鼎立新模式

2001年，战立新提出的发展思路：“抓协会，建基地，创品牌，抢市场。”这十二个字，坚持了十几年。从购买大量杂志书籍免费向养蜂户发放，到签订承诺书，创建饲养管理规范；从认证，到创立品牌……一路跌宕坎坷过来，他从没有忘记帮助当地农户致富的初心，只是公司的本质是追求利润最大化，现在农户们还是分散经营，综合素质也没有提高，更没有多少话语权，治标不治本，怎么样才能真正地帮助到他们呢？

适逢国家出台了农村的新发展政策，减免税收，大力扶持成立农民专业合作社的，这不禁让战立新喜出望外，自己怎么就没有想到建合作社呢？要知道合作社不仅能够将分散的农户聚集在一起，降低交易成本，还能降低对农户进行培训的难度，让他们更快地实现自主经营，自力更生，从而达到组织化、专业化生产的目标。同时，合作社还是一个民主制的组织，这也就意味着，在生产、培训的同时，每个入社的成员对于合作社的发展建设都有平等的表决权。这不是一举三得吗？战立新心潮澎湃、干劲十足，终于在2008年成立了虎林市森蜜蜂业农民专业合作社。新的合作社组织形式促使蜂农以新农人、新关系、新主体参与打造龙头企业和品牌建设，最终分享中端市场的经营成果，实现原材料供应和技术标准在生产、加工、销售上的一体化。合作社由公司创办，也由公司现有人员管理，合作社里的产品由公司收购核定质量和价格后进行分红返利（见图6-4）。

图6-4 获批试点单位，全国示范社

"公司+合作社+农户"的合作新模式成功把农民组织起来，通过组织化、标准化和产业化发展，实现对基地规模和质量的控制。合作社集绿色成熟蜜养殖、蜂业新品种新技术示范推广、产业辐射带动、蜂产品加工销售于一体，建立了以黑蜂养殖大户为主体、以示范户带动集体的发展机制（见图6-5）。

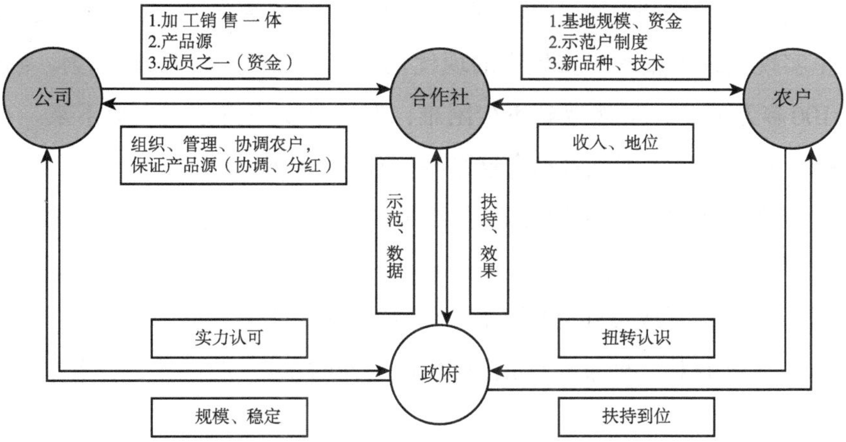

图6-5　“公司+合作社+农户”模式

合作社虽然成功建立，但面对农户，如何进行高效协调管理，精确把握蜂蜜品质，显然是一个无法避免的难题。战立新说，只要有诚信就会有质量。所以对于成员来说，诚信也是一个非常重要的品质。那么，如何解决诚信问题？战立新说，归根结底，还是离不开组织化。众人拾柴火焰高，通过组织化、标准化生产，实现优质优价。那么，战立新是如何去实践落实的呢？

在战立新的眼里，合作社在激烈的市场竞争中凭质量打拼出一席之地，主要是把握住了生产的前端：环境、产地、管理、认证和品牌五大环节。

在生产环节，合作社对成员的管理实行“蜂王”管理制度。农户本身的素质是参差不齐的，水平高低难以判别。但由于合作社成员组织形式的特殊性，合作社的成员都是本地人，本人的品行性格村民都略知一二。因此，合作社会选择口碑好、生产蜂蜜质量高的农户作为成员。谁生产的蜂蜜质量好，威望就高，合作社就会让他们担任管理者，即“蜂王”。成为“蜂王”后，不仅让生产蜂蜜质量高的农户得到了激励，而且会带动其他农户向其靠齐，形成良性循环运转。

同时，生产实现精细化管理。2005年，合作社注册了“神顶峰”商标，杜绝生产假冒伪劣产品等行为；2008年，“雪蜜”创新产品完成商标注册保护，并完成了第一个有机食品认证。战立新坦言，“雪蜜”一词背后蕴意深远，将当地独特的自然环境融入蜂蜜品牌之中，就是给了消费者一个质量承诺。与此同时，在战立新的引领下，合作社与黑龙江森林工程与环境研究所联合开发了黑龙江黑蜂产业质量信息管理溯源系统，对蜜蜂养殖和蜂蜜生产过程进行数字化和精细化管理。

合作社还引入智能卡和二维条码等新型管理方式，将繁杂的人工作业模式进行改良，真正实现蜜蜂养殖和蜂蜜生产的现代化管理。“这个工程耗时耗力，到现在已经投入100多万元了，虽然遇到不少困难，但还是要坚持把它攻克下来。有了它，今后的蜂蜜将会实施精细化管理，这是我们独有的优势”。

随着合作社生产的蜂蜜渐渐有了名气，一个新的问题也开始困扰着战立新。有一些人到当地用高价收购蜂蜜，与合作社抢订单。为了解决这个问题，合作社开始探索如何与骨干成员建立深入的生产共同体。于是，除了养蜂，合作社尝试着让成员在林场养鸡，种植一些山野菜等，合作社统一收购产品后销售，提高成员的综合收入。

战立新说，在合作社探索新的合作模式的同时，成员自身也开始觉醒。刚开始觉着有人高价收购很好，但他们渐渐发现，外来人只是急功近利者，并不在乎这里的产业是否健康发展，而合作社是服务的提供者，带领大家一起发展这个产业，创造品牌和信用，才有了今天的价格。如果没有了品牌和信用，这里的品牌和机会就全都没有了。战立新相信，随着时间的推移，成员会进一步觉醒，合作社也一定会生产出越来越好的蜂蜜。

当然，合作社也有检测，但是与其他人的做法不同，战立新另辟蹊径，将检测重点放在前端，因为他始终坚信：“产品不是检测出来的，而是生产出来的！”合作社将检测放在生产的过程中，包括严格建立质量档案、质量卡、封口标签、签订质量承诺合同书，产品全部取样记录，现场巡视抽检、质量检测等一环不漏，做到全程跟踪监测。到了产品入库前，合作社还要批批抽查，对于质量合格的产品，合作社按照高于市场价格收购，到了年终合作社还会按照质量进行分红。

2. 不忘初心，把关质量求突破

养蜂本身就是极具挑战性的尝试，它需要有蜜蜂这样的小昆虫，需要有专业人员去饲养管理；同时，又需要保障蜜源，总体投入成本较高，在专业技术方面也有一定门槛。所以并非人人都可以成为“养蜂人”，并非任何地区都能生产出好蜂蜜。虎林市林区仿佛“天选之子”，拥有着原始森林、野生椴树、东北黑蜂自然保护区，东北黑蜂等得天独厚的优势。

但是要把这个产业做好，就必须在质量上下功夫，必须有为质量标准服务的群体，有专业组织，即一个好的合作社。为什么有好的合作社，才会有好的蜂蜜？

在成立合作社以前，他们成立的是协会，但前期的协会毕竟是一个松散型组织，约束力和规范性较差，难以达到规模化、标准化、体系化的利益连接，并且约束机制较为匮乏。而合作社可以把大家组织起来，实现组织化，用组织化推动它的标准化，然后再实现它的规模化。走出一条有品质、有品牌的集体发展路径。

万事开头难，通过合作社把农民组织起来的这一跨步是非常难的，中间经历了太多的艰辛和坎坷。市场瞬息万变，天气、自然灾害等都是不可预测的。真遇到了挫折，是无法要求养蜂户自愿承担损失的，尽管签订了合同，只要有一点点差价，他们就会直接违约。十几年来合作社的运营一直在波折中走过。为此付出的代价，包括花出去的金钱和时间，以赠送蜂蜜的形式让用户体验，制定标准、开展免费培训、制定生产管理规范，合作社的运营宣传推广等，站立新说应该有小几百万元的投入。

可是他们坚定地相信一点：如果没有组织化，蜂蜜的质量不从蜂农去抓，不从田间地头去抓，不从农业生产的一线去抓，是无法实现质量提升的。离开了蜂农，离开了农民，就想把农产品的质量做好，这是不可能的。所以说把好第一关，管好源头，解决农户生产经营的核心问题，才是解决农产品质量的根本之道。

战立新说："农民合作社不管难做也好，遇到困难也好，遇到波折也好，我们都坚定不移地去做。组织农民是个很难的事情，但是必须去组织，因为我们自己不可能去生产蜂蜜，也不可能一个人去把这些事全做到，它必须要去动员，就像当年毛主席动员广大农民翻身求解放，你总得去带动，总得去牺牲，总得去引导。"

他们坚持做，坚持质量，坚持口碑，坚持宣传，坚持带动一些养蜂户去闯市场。"长风破浪会有时，直挂云帆济沧海"。最终带动基地人实现了脱贫致富。2016年，合作社获得了全国示范社的称号，成为国家级示范社（全国有农民合作社224万家，全国示范社只有8000多家）。并作为质量提升的代表，登上了《中国农民合作社》2021年第一期的封面。这无疑是对合作社抓质量、抓组织化的肯定。

3.走向国际，合作共赢谋发展

农产品国际市场具有如下特征：竞争激烈，供大于求，波动性大，技术壁垒高，而"雪蜜"通过以下措施，将中国蜂蜜走出国门，拓展了品牌的国际市场。

一是品牌国际化宣传。中国品牌蜂蜜要走出国门，敲响世界市场大门。2009年，战立新有幸结识了两位85岁高龄的中国蜂业界老前辈——中国养蜂学会理事长龚一飞和中国养蜂学会顾问徐万林，他们对蜜蜂的热爱与关注，对蜂业科技的敬业精神和奉献精神，无处不显示着他们无私高尚的精神境界，这深深地打动着战立新，并激励着他去探索和追寻自己的梦想。

上海百酿蜂业有限公司总经理徐连宝，让战立新提前实现了跨出国门的心愿。他帮助战立新联系上了国际蜂联，并代他办理了报名、注册等前期手续。经历了签证、转机等一系列烦琐的过程，战立新终于带着“神顶峰雪蜜”第一次走出国门，参加了第41届国际养蜂大会。在那次大会上他们意外地拿到了一个蜂蜜奖，虽是银奖，但那也是中国人在国际养蜂大会上的第一枚蜂蜜奖项，意味着我们中国的蜜终于得到了世界的承认，而不是他们自己所说的“好蜜”（见图6–6）。而这个奖项也包含了太多太多，是战立新与他的团队付出了多少个日夜换来的。

图6–6　颁奖现场合影

2009年拿到的第一个奖，仅仅是个开端，战立新的目标是让中国的蜜享誉世界。这不仅需要注重自身品牌蜂蜜的质量，而且在网络信息社会化普及的当今世界，品牌宣传也至关重要（见图6–7）。

图6–7　获国际蜂联金奖

二是加大电商人才的引进和培训力度。人才是蜂蜜电商发展智力来源，是蜂蜜电商健康持续发展的保障。各基层单位首先应该加强对本土现有电商从业人员的培训力度，拓宽电商销售渠道、增加销售方式，提高销售成效；其次应该加大对专业电商人才的引进力度，通过各种优惠政策、扶持政策引进知名电商企业落地发展；再次应该通过高层次人才引进等渠道直接吸纳优秀电商人才在当地发展；最后应该加强对“电商+农业”复合型人才的培养力度，保证蜂蜜电商从业者及时了解市场行情变化，加快蜂蜜上架节奏，保证蜂蜜品质，塑造良好商家形象。

五、三融合：蜂业的未来在何方?

农村电子商务本地化、走出去和农旅结合真的有那么大的影响力吗？农村电子商务与旅游产业的结合正在使农村地区的青山绿水变为金山银山，旅游业发展带动了电商向本地化发展，从游客的“吃住行游购娱”六大体验出发，借助电商平台在更大范围内整合配置资源，打造符合当地特色的精品旅游产品，旅游和电商之间相互促进，协同发展，将为农村发展带来更多火花。未来以农产品为好的推手，以旅游作为增收方向的农旅结合趋势将进一步加强。

林区养蜂、山区旅游、森林养生、山间民宿，“养蜂+旅游+养生+民宿”是林区未来产业振兴的新模式。该如何打造“蜂+旅”融合发展呢？据了解神顶峰蜂情园正是森蜜合作社向文旅产业融合的有益探索。未来5年，合作社计划创建神顶峰黑蜂雪蜜产业园区，规划方案已初步完成，项目包括雪蜜故事、蜜蜂体验旅游、蜜源植物园、国际金奖品牌展示等，以蜂业带动旅游观光、休闲娱乐、民宿康养等产业发展，探索以黑蜂产业发展为核心的休闲农业健康发展新路径，打造“世界风情小镇”。

真蜂蜜和假蜂蜜的区别真的有那么重要吗？2021年，战立新继续在合作社内部发起成熟蜜生产标准化的基地建设，他们要制定企业的雪蜜标准，让注册的雪蜜品牌实现标准化，让仿冒的产品无孔可入。

他们坚信，好蜂蜜未来一定会有更广阔的前景和市场。他们动员养蜂户酿好蜜，要养蜂户坚守底线，坚持品质，提高质量，再提高产量，实现规模化养蜂，在互联网技术不断发展的今天，“互联网+农产品营销”真的能通过线上线下相结合的方式在花样百出的时代洪流中脱颖而出，争取下一席之地吗？

六、启发思考题

1. 你如何看待市场上假蜂蜜盛行的现象？

2. 战立新在创业途中遇到了哪些困难？他又是如何解决的？

3. 如果你是战立新，将如何应对此次假冒“雪蜜”品牌的危机？

4. “神顶峰”如果还想进一步发展下去，未来的路该如何走？

案例适用说明

一、教学目的与用途

1. 适用课程

本案例适用于企业经营管理课程中涉及企业社会责任、创新市场战略相关的教学模块。

2. 适用对象

本案例适用于为EMBA、MBA学生以及工商管理专业的本科学生。

3. 教学目标

通过对虎林市森蜜创业历程案例的分析和讨论，让学员理解和思考如下内容：

（1）理解公司与合作社创业的内涵，掌握公司创业与合作社创业的区别和联系，探讨企业与合作社推进地方产业发展的驱动因素。

（2）探讨企业与合作社如何开发创业机会，启动经济振兴。

（3）掌握资源拼凑理论知识点，探讨企业如何利用资源拼凑突破公司创业资源约束，推进创新型品牌发展。

（4）思考中国品牌“走出去”的可持续性问题。

（5）使学生掌握企业创新发展和地区产业振兴方面的理论知识，培养学生用商业方法解决社会问题的能力。

二、启发思考题

1. 你如何看待市场上假蜂蜜盛行的现象？

2. 战立新在创业途中遇到了哪些困难？他又是如何解决的？

3. 如果你是战立新，将如何应对此次假冒“雪蜜”品牌的危机？

4. “神顶峰”如果还想进一步发展下去，未来的路该如何走？

三、案例分析思路

教师可以根据自己的教学目标来灵活使用本案例。这里提出的案例分析思路和逻辑路径，如图6-8所示，仅供参考。

首先，跟随案例情节了解战立新团队的蜂蜜事业初期的发展背景，让学生知晓假蜂蜜盛行的现象并剖析原因，引导学生探讨社会各界提升蜂蜜质量的具体举措。其次，引导学生找到蜂蜜事业的重要转折点和管理上的变化，剖析该团队在创业途中遇到的问题和产生原因，并分析他们解决问题的过程寻找可取之处。再次，结合所学的课程理论分析假冒“雪蜜”再度活跃于市场之上该如何破局，作为企业应该如何应对。最后，引导学生从战立新团队的创业历程延伸思考，一个企业该如何实现可持续发展，在市场中立于不败之地，如何应对目前面临的挑战。

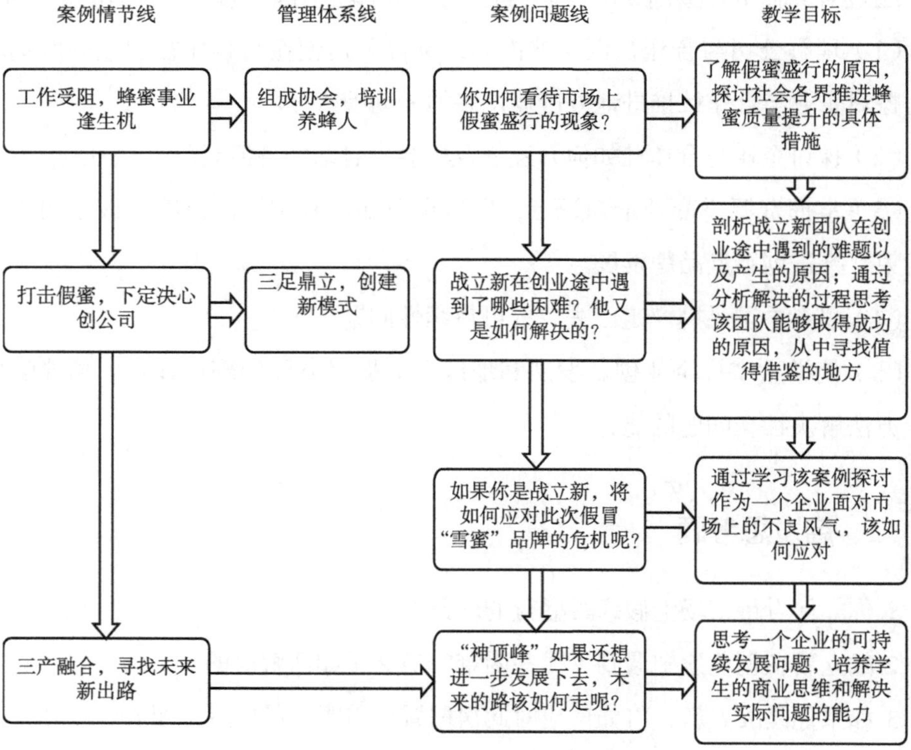

图6-8 案例分析思路

四、理论依据与分析

1. 你如何看待市场上假蜂蜜盛行的现象?

|理论依据|

（1）假货分类学。一般语境下，被称为假货的，其实有假货与劣货的区别。劣货只是质量上的差异，主要的原料或生产过程没有区别。而假货，是内在成分不同于其所宣称的产品。

如某公司生产甘草片，即把甘草这个植物的根茎采收起来，洗净，晒干，切片后分包装售卖出去。如果这个公司把一部分甘草片放在水里煮，提取其中甘草酸（甘草的主要成分）另外售卖。这部分被提取过甘草酸的甘草片被晒干，掺杂在正常的甘草片里一起售卖，这就是制作劣货。

又如恩格斯《英国工人阶级状况》一书中提到的，面粉商人，往面粉里掺杂石膏粉来售卖。石膏粉跟面粉颜色一样，都是白色，但在胃中不会被消化。这就是制作真正的假货。石膏面粉含有面粉之外的东西。一般来说，劣货较假货，更容易得到消费者的谅解。

除了上述的假与劣之分，还有山寨的说法。山寨作假，背后必定有一个品牌。一般农产品没有品牌之说，只是有产地的标记。如烟台苹果、赣南橙子、东北大米等，这叫作道地产品。由于农产品没有技术门槛，真假判断需要很高的技术，使产品作假极为容易。不是东北的，也叫东北大米；或者把东北大米和其他大米掺和一起卖。这些只是假与劣的区分，并不是山寨。山寨与品牌的区别主要在两个维度，一是材料或制作工艺，二是产品设计。一般来说，被鄙视的山寨产品，是指材料质量低劣，而产品设计模仿甚至抄袭品牌。如美国的时尚服装，靠着“美国制造+法国设计”的模式，创造出质量低、价格便宜、更新换代快的市场环境。质量低，却挂着高质量的牌子是山寨的最大问题。但一些山寨产品，会有些许创新，难以区分这是抄袭还是借鉴。这也是打击山寨的难点。

（2）品牌溢价。品牌溢价即品牌的附加值。品牌产品能比竞争品牌产品卖出更高价格，称为品牌的溢价能力。

大卫·艾格的品牌资产理论认为：品牌资产包括品牌知名度、品质认可度、品牌联想、品牌忠诚度及品牌的法律资产。但品牌溢价能力并未包括在内。品牌之所以能成为资产（有些企业把品牌资产列入资产负债表）无非是因为品牌能支持企业的盈利，品牌溢价能力是企业获得更高售价、更高利润率、更好盈利的有力武器，所以品牌溢价能力应包括在品牌资产中。品牌资产中的知名度、品质认可度、品牌联想等指标最终通过提升忠诚度与溢价能力来使品牌具有营利能力。

一件普通的衬衣也许只要40元，如果将这件衬衣贴上Prada、杰尼亚、登喜路等服饰品牌，价格将会是400元以上（这还是保守的估计）。这种从"丑小鸭"到"白天鹅"的巨大转变正是品牌溢价的鬼斧神工。中国被称为世界制造工厂，凭借自己廉价而且熟练的劳动力，制造出许多价廉的产品，一时间标有"Made in China"的产品遍布世界各地。从某一个角度讲，我们应该为自己的强大制造实力而自豪，可是外国人对中国产品的印象只是"便宜"，贴有中国自己牌子的产品在国外的商店只能摆在毫不起眼的角落，"Made in China"在外国人眼里成了低价位、低档次的代名词。中国企业经过这么多年的发展，其产品质量实际上有了长足的进步，甚至一些产品达到了国际水平，中国缺少的是自己的国际品牌。让我们来看看现实：通用电气采购中国的格兰仕微波炉，然后贴上自己的牌子，价格马上就比原来高了好几个挡位；耐克从中国制鞋厂花120元买走的运动鞋因为打上了耐克品牌，所以售价就窜到700多元；索尼彩电在中国一年50万台的销量所获得的利润，超过了中国所有国产彩电品牌的利润之和。中国企业以前那种以价格取胜的思维应该转变了，采取品牌经营，以提高品牌溢价来获取更多利润的方式才是中国企业能够长期发展的战略。因此，研究品牌溢价能力，探索提高品牌溢价能力的有效策略，对提高国内企业的营利能力、降低企业风险、保持可持续发展具有重要的意义。

品牌是个好东西，这是市场营销学的一条公理。但为什么是好东西？却难说清楚。例如，苹果手机的售价和利润都要高于三星、华为等其他手机品牌。这种差异，除了归因于品牌的差异，找不出其他的原因。可以知道的是，有了好品牌，生产商就有产品的定价权，而且消费者乐意去接受不合理的高价。

这种高利润，诱惑着山寨品去制假来分一杯羹。品牌应对假货，也并非毫无还手之力。品牌本身就是专利，受法律保护。产品的生产工艺，本身也可以有配套的专利权。如一个品牌的商标，娃哈哈，它注册商标时，把娃娃哈、哈哈哈、哈娃哈等都注册成商标，就可有效地打击山寨产品。如果没有如此，相关的商标被别人注册了，那就没办法了，只能看公司的市场营销团队的运作了。

|案例分析|

你如何看待市场上假蜂蜜盛行的现象？

这个问题旨在让学生了解农业品牌创业的成长历程，在创业过程中应当如何处理资源和市场的协调问题。并且，在企业管理上，去拓展学生的管理思维，学习一种“公司+合作社”相结合的全新创业模式。并且结合相关的知识点，让学生自主分析讨论如何进入市场，破解市场“假货横行”的难题。可以从假货和劣货的本质区别、品牌溢价、企业创新、合作社管理等方面进行分析。

经过养蜂界人士的各种努力，我国蜂产品的市场越来越大。特别是国内蜂产品消费市场经过近几年广大养蜂人、蜂业企业家和科技人员对蜂产品知识的大力宣传与普及，新老蜂产品消费者对蜂产品越来越喜爱。因此，我国蜂产品的价格，正如有关专家预测的那样，已出现了可喜的上扬趋势。蜂王浆、蜂蜜、蜂胶、蜂蜡以及蜂花粉的价格都有所上升。这对于多年处于经济疲软状态的养蜂业来说，是一个非常好的兆头。但是，当人们庆贺蜂产品价格回升的爆竹还没点燃之时，我们又不得不向大家敲响必须防范假蜂蜜的警钟。

在这种情况下，一些地方的制贩假蜂蜜者趁货源紧张、蜜价上扬之机又开始了猖獗的活动。少数地方其规模之大，数量之多，制假方法之巧妙，不是亲眼所见是难以想象的。特别是一些优质蜂蜜主产区，“人造蜂蜜”鱼目混珠，以假乱真，让人难以分辨什么是真蜂蜜，什么是假蜂蜜。这严重地冲击和威胁着天然蜂蜜的产、供、销。历史的经验和教训告诫我们，制假贩假是养蜂业的大敌！假蜂蜜曾让我国蜂蜜在国际市场上赔款，曾使不少蜂业企业倒闭。假蜂蜜曾害得许许多多养蜂人的蜂蜜卖不出去。如今，当货源偏紧，蜜价上涨时，不得不警惕制假贩假者会受高额利润的驱使，不惜代价地干起那种自欺欺人的勾当。制贩假蜂蜜者可能收买收购人员，也可能利用地方保护主义为其作保护伞。还可能过五关斩六将后堂而皇之地进入国家、集体的仓库或外贸的进出口口岸。但可以肯定，一批批假蜂蜜最后还是逃不出质量检查人员锐利的眼睛，会被无情地暴露在光天化日之下。

面对一批又一批的假蜂蜜，人们不禁要问：究竟是什么人在制造假蜂蜜，为什么不顺藤摸瓜将其一网打尽？我认为有几个方面的问题，须提请有关部门和专家特别关注。

蜂蜜产品市场的管理方面有让制假售假者可钻的空子。大家知道，所谓糖蜜，实质上叫酸化糖或转化糖，就是用致害人体健康的硫酸等物质制造的。如果让这样的产品披上一件“糖蜜”的外衣让消费者食用，后果是可想而知的。我们决不能因为制假蜂蜜者有合法的名誉，就可不顾人民的身体健康而进行认可。应该认识到，糖蜜不是蜂蜜！它是用硫酸等致害人体健康的物质转化的，即使其理化指标能达到蜂蜜的标准，在营养价值上却是代替不了天然有机蜂蜜的。但从制作假蜂蜜的动机来看，其目的就是想冒充蜂蜜，这可从多次查获假蜂蜜案中加以验证。所以，让假蜂蜜进入市场，受伤害的不仅仅是广大消费者，而是整个蜂业。

由于这种转化糖的理化指标几乎与蜂蜜一样，如果缺乏经验，用一般的检测手段很难对其进行鉴别。由此可见造假蜂蜜对蜂蜜市场的危害是严重的。为了揭露假蜂蜜坑害消费者的真实面孔，有效地保护消费者利益，保护蜂产品市场的健康发展，案例提到“蜂界人士对此决不能等闲视之，大家应联合起来，与制售假蜂蜜的不法分子作坚决的斗争。并希望各地的公安机关、工商行政管理部门和技术质量监督局，要以保护消费者身心健康为根本的标准，克服目前技术上的困难，抓售假分子，查制假源头，狠狠打击制售假蜂蜜的不法分子”。由于假蜂蜜理化指标与蜂蜜的理化指标相同，目前的检测技术亟待改进，因此建议有关专家和科研部门尽快研制一种能快速判别这类假蜂蜜的方法和仪器，以达到使假蜂蜜无处藏身的目的。

2. 战立新在创业途中遇到了哪些困难？他又是如何解决的？

|理论依据|

（1）农村合作社。农村合作社是农村的一种组织，对提高农民的生产效率、提高农村的收入有着积极的作用，国家也非常重视农村合作社的建设，不断出台一些优惠的政策。

国家将把农民专业合作社全部纳入农村信用评定范围；加大信贷支持力度，重点支持产业基础牢、经营规模大、品牌效应高、服务能力强、带动农户多、规范管理好、信用记录良好的农民专业合作社；支持和鼓励农村合作金融机构创新金融产品，改进服务方式；鼓励有条件的农民专业合作社发展信用合作。

从2003年到2010年，中央财政累计安排专项资金超过18亿元，主要用于扶持农民专业合作社增强服务功能和自我发展能力。农机购置补贴财政专项资金对农民专业合作社仍会优先予以安排。

另外国家还鼓励农民合作社等新型农业经营主体，通过贷款、融资担保等方式获取资金开展高标准农田建设，发展生产技术先进、经营规模适度、市场竞争力强、生态环境可持续的现代农业。对用于高标准农田建设的贷款，中央财政予以贴息。拓宽融资渠道，除政策性银行外，把商业银行、农村信用社等金融机构贷款也纳入贴息范围。允许采取银行贷款、财政补助、自筹资金“三位一体”、贷补结合方式，吸引金融资金投入高标准农田建设，进一步加快建设进度。

（2）“公司+农户+合作社”模式。“公司+农户+合作社”新型合作主体一般是由农业企业牵头、在起初农民自发的专业合作社基础上改造升级而形成的。这种模式中，农民是核心、合作社是主体、企业是“龙头”。因为兼顾了三者利益，实践中表现出较强的生命力和吸引力。

在此模式下，公司与合作社之间的合作更加利于公司的发展，并且农户始终处于市场谈判和竞争的弱势地位，原先的“公司+农户”形式，很难将公司的后期收益分配给农户，国家的政策资金也是只有公司在享受。一旦有了合作社，农户不但地位有了上升，还在本质上实现了增收。同时国家每年都在加大力度投入“三农”，真正单个农户拿到资金的可能性却非常少，政策资金的支持一般倾向于农业龙头企业、专业合作社，合作社可以通过成员账户和财务数据等多方面材料来反映政策项目的实施情况。针对资金有剩余的情况，还要平均量化到成员个人。因此，此模式有利于农户更好地获得政府的关注与支持。借用公司的实力与合作社合作，是为发展添砖加瓦，一方面可以借用合作社的基础实力和人脉资源，迅速启动合作社，另一方面可以让政府信任企业的持续发展。

|案例分析|

战立新在创业途中遇到了哪些困难？他又是如何解决的？启发思考题2中这两个问题主要是为了帮助同学们串起整篇案例，找到关键事件节点一一对应，以帮助同学们更好地理解战立新团队创业的历程；同时，引导同学们结合课程理论知识点来分析战立新团队解决创业难题的方法，找到立足点。这个问题旨在启发同学们思考战立新团队是如何解决问题的，并将遇到的困难和解决方法联系起来。

首先，当时国家加大了对生态资源的保护力度，战立新事业受阻，大量林业工人下岗，战立新也面临着失业困境。几经转折，他发现了蜂蜜商机，但他又无法将这些蜂农们聚集起来，恰逢当年国家出台农村新政策，大力支持农民合作社等新型农业经营主体，通过贷款、融资担保等方式获取资金开展高标准农田建设。战立新发现了机会，合作社不仅能够将分散的农户聚集在一起，降低交易成本，还能降低对农户进行培训的难度，让他们更快地实现自主经营，自力更生，从而达到组织化、专业化生产的目标。而且合作社还是一个民主制的组织，这也就意味着，在生产、培训的同时，每个入社的成员对于合作社的发展建设都有平等的表决权。他走访鼓励农户加入他的团队，成立农村合作社，从中分红，这大大激起了农户们的工作积极性。将农户聚集起来之后又面临着技术难题，他打入蜂蜜协会，诚挚邀请专家教授养蜂技术，按照专业的技术标准培训、引导养殖户成员生产优质蜂蜜，成立养蜂协会并建立养蜂基地，养蜂事业见效快，养蜂协会也不断壮大，养蜂事业渐渐有了起色。

其次，中国市场上假蜂蜜盛行，并且由于造假、掺假等问题，2004年欧盟禁止进口中国蜂蜜，产生多米诺骨牌效应，导致全世界都不要中国蜂蜜了。蜂蜜没有了销路，价格便一落千丈。战立新从源头断绝假蜂蜜，起初在向农户收蜜时，就经过精心筛选，严格把控蜂蜜质量，拒绝劣质掺水假蜂蜜，而后发现收集到的散装蜂蜜滞销时，他下定决心创立公司，开始着手创造属于自己的蜂蜜品牌，严格把控公司产品的质量，打造良好的口碑，在假冒伪劣的市场上开拓一片天地。之后也一直把握住生产的检测前端，实行“蜂王”管理制度和精细化生产管理。而后因缘际会参加了第41届养蜂大会，成功获得中国人在国际养蜂大会上的第一个蜂蜜奖项，受到了世界的认可；同时，在国内也获得了全国示范社的称号，给国内的蜂蜜行业起到了带头作用，群起效之，一定程度上规范了国内的蜂蜜市场，假蜂蜜现象得到改善。

最后，神顶峰公司刚刚成立，制度上还不够健全完善，无法与其他成熟公司进行竞争。而一个公司的发展与壮大离不开成熟先进的管理制度，战立新立足农户，采用了当时较为先进的“公司+农户+合作社”的合作新模式，农民是核心、合作社是主体、企业是“龙头”，兼顾了三方利益。“公司+合作社+农户”的合作新模式成功把农民组织起来，通过组织化、标准化和产业化发展，实现对基地规模和质量的控制。

3. 如果你是战立新，将如何应对此次假冒“雪蜜”品牌的危机?

|理论依据|

（1）假货：在《假货研究》中，假货是指以下商品：①和客观事实明显不符。②与得到世界上2/3以上政府承认的国际组织颁布的标准，以及2006年人均收入在1500美元以上国家政府颁布的标准不符，前者以承认该标准的地域为准，后者以所在国为准。③如果二者都不存在，则以销售地相当于我国省级以上法院得到半数法官认可的司法判决标准为准。这一定义从客观和主观两个方面明确了假货的内涵，外延囊括了全部假冒伪劣产品，得到学术界、管理界和社会的普遍认可。

（2）天然蜜：如今投机取巧的人很多，能坚持用心做好蜜的人太少。而这类人大多性子直、脾气倔，最大的缺点是不会奉承迎合消费者。他们将大部分的精力放在蜂蜜品质上，而且对自己的蜂蜜过于自信，总觉得是靠品质征服消费者，不屑于说好话或讨价还价。

（3）工业蜜：所谓工业蜜并不是特指厂家蜜，而是销量很大的蜂蜜。因为他们“克服”了蜂业小、散、乱的天然特性，实现规模体系运作。任何蜜种一旦规模化，首要任务便是急需扩大销量。将更多精力放在产品包装、广告投放上，为卖货而制定的迎合话术简直比蜂蜜还甜。

|案例分析|

中国市场上假蜂蜜盛行，并且由于造假、掺假等问题，2004年欧盟禁止进口中国蜂蜜，产生多米诺骨牌效应，导致全世界都不要中国蜂蜜。

战立新始终坚持全产业链模式确保雪蜜产品的高质量。要生产出纯正的雪蜜产品，就需要从源头到终端的层层管控，首先和当地政府、蜂业协会和蜂农密切合作，逐步形成“基地+蜂农”这一优良的模式来加强对源头的把控能力，而源头恰恰是雪蜜生产最关键的一环，建立一支庞大的由老蜂农组成的专业采购团队。在花期时节，采购团队及时下赴各个蜜种蜜源地进行专业化采购。采集上来的雪蜜原料尚需经过三重复杂的检验，方可采用。对生产流程实施严格控制，精耕细作工艺，将蜂产品的工艺流程、检测体系提升到全新的高度。还可以在蜂蜜行业内开创雪蜜连锁专卖店，将高品质雪蜜经专业团队送至各个连锁专门店。

还可以远程售卖。互联网与淘宝的存在为我们提供了机会，咱们可以通过网络直播，直播采蜜的整个过程，实地直播宣传，并且在网上售卖来拓宽我们的销路，还可以现场吃播，如蜂巢蜜、蜂浆等，都进行实体宣传，你就是自己的代言人。

假蜂蜜事件曝光造成的蜂蜜信任危机向整个蜂蜜市场吹了一阵强劲的冷风，迫使各个蜂蜜生产企业认真反思并寻找对策。归根结底，质量才是最根本的保障。质量过硬，就不惧任何危机。

4.“神顶峰”如果还想进一步发展下去，未来的路该如何走？

|理论依据|　　纵向一体化战略理论

纵向一体化也称垂直一体化，是指生产或经营过程相互衔接、紧密联系的企业实现一体化，是一种在产、供销的两种不同方向上扩大企业生产经营规模的增长方式，是将公司的经营活动向后扩展到原材料供应或向前扩展到销售终端的一种战略体系。

纵向一体化可细分为前向一体化和后向一体化。前向一体化是企业自行对本公司产品做进一步深加工，或者资源进行综合利用，或公司建立自己的销售组织来销售本公司的产品或服务。后向一体化是企业自己供应生产现有产品或服务所需要的全部或部分原材料或半成品，如钢铁公司自己拥有矿山和炼焦设施；纺织厂自己纺纱、洗纱等。

|案例分析|

农村电子商务本地化、走出去和农旅结合具有超前价值。农村电子商务与旅游产业的结合正在使农村地区的青山绿水变为金山银山，旅游业发展带动电商向本地化发展，从游客的“吃住行游购娱”六大体验出发，借助电商平台在更大范围内整合配置资源，打造符合当地特色的精品旅游产品，旅游和电商之间相互促进，协同发展，将为农村发展带来更多火花。未来以农产品为好的推手，以旅游作为增收方向的农旅结合趋势将进一步加强。

林区养蜂、山区旅游、森林养生、山间民宿，养蜂+旅游+养生+民宿是林区未来产业振兴的新模式。未来5年，合作社计划创建神顶峰黑蜂雪蜜产业园区，规划方案已初步完成，项目包括雪蜜故事、蜜蜂体验旅游、蜜源植物园、国际金奖品牌展示等，以蜂业带动旅游观光、休闲娱乐、民宿康养等产业发展，探索以黑蜂产业发展为核心的休闲农业健康发展新路径，打造“世界风情小镇”。实施纵向一体化战略，大力发展企业上下游一系列产业链。

“神顶峰”专业合作社的纵向一体化战略可从两方面总结分析。其一，合作社确立了与农户合作的战略决策，采取“公司+合作社+农户”模式，通过加工企业、种植基地来吸收农户加入，并从技术层面给予农户们提供种植技术支持和管理服务，农户借助企业技术提高蜂蜜生产效率，企业再通过加工基地从农户收购蜂蜜制品，加工完成之后推向市场，解决了蜜蜂养殖，蜂蜜生产的规模化、产业化、标准化和品牌化。其二，合作社组建研发团队开发初级产品蜂蜜的粗加工、深加工和再加工，并延伸发展出了乡村旅游、销售等产业链。

企业实施纵向一体化战略的优势在于：一是实现范围经济，降低固定成本，提高规模效率，减少成本风险，提升经济性；二是有助于开拓养殖技术，在合作社的聚集下，纵向一体化的种植模式给企业提供了进一步熟悉上游市场需求和了解下游种植经验的机会；三是确保供给和需求，纵向一体化模式可以减少成品蜂蜜供给和蜂蜜原材料采购交易的不确定性；四是企业自己的种植基地以及合作双方签订蜂蜜果定向收购协议，削弱了双方的价格谈判能力，避免了随行就市蜂蜜收购价起伏不定的风险；五是形成区域内部种植垄断，降低了同类竞争对手抢入市场的风险。

从经济学的角度来看，“神顶峰”专业合作社吸纳农户积极参与到合作社中，带动农户共同种植发展，通过收购保护价获得了蜂蜜的生产者剩余，最大限度地降低了边际成本。并且在供需双方的长期合作中，取得了长期均衡。公司后期将主要精力放在新产品研发和新市场探索上，随着生产规模的日益扩大，产生的规模效益也在日趋增加，这些效益的扩大未来也将反哺到农户的利益，从而形成良性循环和长期合作的模式。

五、背景信息

虎林市森蜜合作社有以下几个特点。

第一，三足鼎立新模式，“公司+合作社+农户”的合作新模式成功把农民组织起来，通过组织化、标准化和产业化发展，实现对基地规模和质量的控制。虎林市森蜜合作社以蜂蜜种植为主营业务；同时，附加开发养蜂+旅游+养生+民宿，已经形成一个综合性农业开发体系，具备相对完整的生产、加工、研发以及产品营销产业链，且各个环节相互配合，运营效率较高。

第二，虎林市森蜜合作社群众基础良好，种植基地带动了周边村镇的发展，农户在家创业就业有了基础，合作社还与农户形成长期合作的战略决策，并在合作过程中将种养技术无偿传授给农户，在当地树立了形象品牌。

第三，农村三产融合指的是以第一产业——农业为依托，以农民及相关生产经营组织为主体，通过高新技术对农业产业的渗透、三次产业间的联动与延伸、体制机制的创新等多种方式，将资金、技术、人力及其他资源进行跨产业集约化配置，将农业生产、加工、销售、休闲农业及其他服务业有机整合，形成较为完整的产业链条，带来农业生产方式和组织方式的深刻变革，实现农村三次产业协同发展。农村三产融合立足于农业资源，目的是通过第一产业各子产业间联合及第一产业向第二、三产业延伸，实现农业产业内部及与第二、三产业之间的融合渗透，推动农业产业链条的延伸和农业多功能性不断延展，促进农民增收，激发农村发展的新活力。

农民及相关生产经营组织是三产融合发展主体。农村三产融合是以农民及其相关生产经营组织为主体，具体包括农民专业合作社、专业大户、家庭农场、农业产业化龙头企业等。

六、关键要点

1. 理解公司创业与合作社创业的内涵及其联系。
2. 掌握公司社会创业机会开发过程。
3. 利用资源拼凑理论分析如何突破公司社会创业资源约束。

七、建议课堂计划

根据本案例在农产品营销等课程中实际使用的情况，提供两节课（90分钟）的课堂计划建议，仅供参考。

1.时间计划（见表6-1）

表6-1　时间计划

阶段	课程内容	时间
课前计划	请学生提前阅读案例材料，4—5人结为一组，针对不同的启发思考题进行小组讨论准备	课前
课中计划	课程导入：观看虎林市森蜜相关视频，引起同学们对雪蜜的思考	5分钟
	案例信息回顾：介绍虎林市森蜜的发展历程，梳理“公司+合作社+农户”模式建立的过程，并且分析一个成熟的管理体系	5分钟
	分组讨论：告知小组讨论思考题、讨论形式和发言要求。要求头脑风暴式讨论问题，让小组成员教师可以观察学生讨论，也可以参与某小组讨论	30分钟
	小组发言与课堂互动：逐一提问4个启发思考题，引导学生进行小组讨论和回答。进行互动式提问，让小组成员和班级里其他同学共同辩论和讨论案例问题	30分钟
	案例讨论关键点总结：由教师对案例讨论要点和学习启发进行总结，对小组讨论进行点评和归纳	20分钟
课后计划	学生形成小组书面报告，进行课堂学习总结分析。教师进行课堂授课优点和不足之处总结分析	课后

2.课堂提问逻辑

逐一提问启发思考题，引导学生进行小组讨论和回答。

（1）你如何看待市场上假蜂蜜盛行的现象？通过提问学生日常是否会常购买蜂蜜，是否能分辨出来真假蜂蜜，引起学生的兴趣。让学生分享现实中自己购买蜂蜜的途径方式，通过实际新闻引起学生对假蜂蜜盛行的重视和共鸣。

（2）战立新在创业途中遇到了哪些困难？他又是如何解决的？通过提问，引导学生了解黑龙江神顶峰黑蜂产品有限公司创业过程中会遇到的挑战，这一部分可以和学生讨论假设自己是战立新遇到会如何解决，从而引出战立新是如何解决的。

（3）如果你是战立新，将如何应对此次假冒“雪蜜”品牌危机？通过提问引导学生了解战立新正在经历的挑战——假蜂蜜危机。这部分可以和学生讨论，战立新应该采用什么样的方式在当下这个阶段度过危机。

（4）“神顶峰”如果还想进一步发展下去，未来的路该如何走？通过提问让学生理解资源拼配理论知识点，分析“公司+合作社+农户”模式，引导学生思考“神顶峰”雪蜜接下来的发展之路，思考企业的可持续性问题，分析它的意义和价值所在。

3. 课堂板书设计

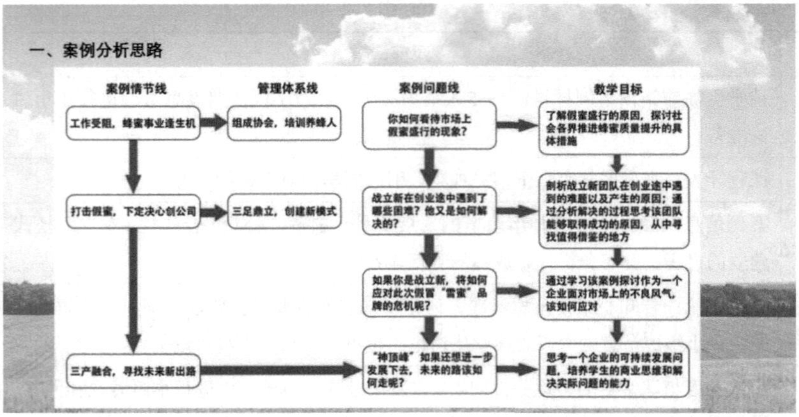

图6-9 板书1

图6-10 板书2

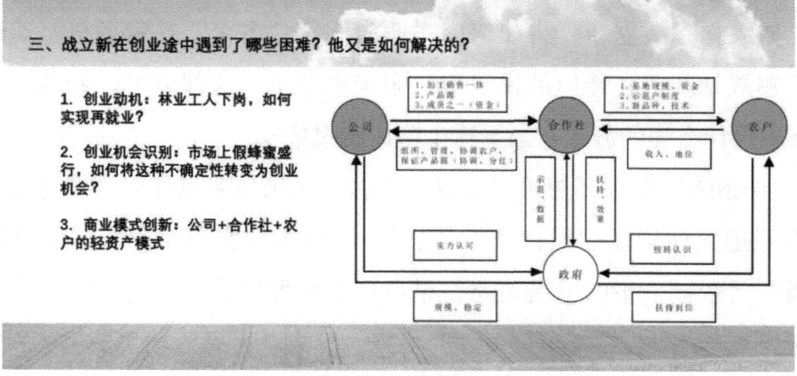

图6-11 板书3

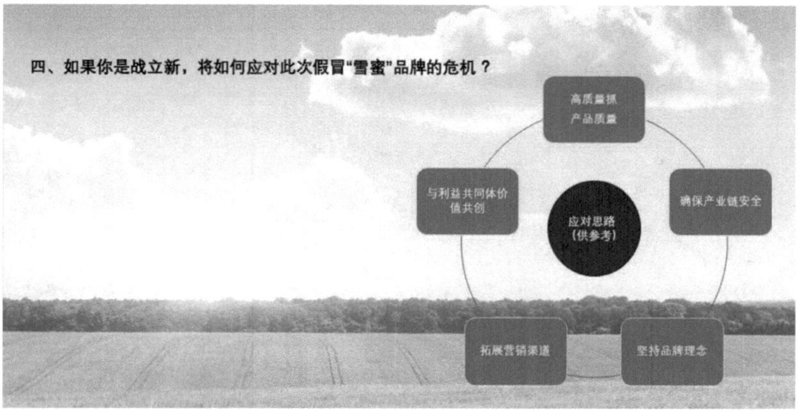

图6-12　板书4

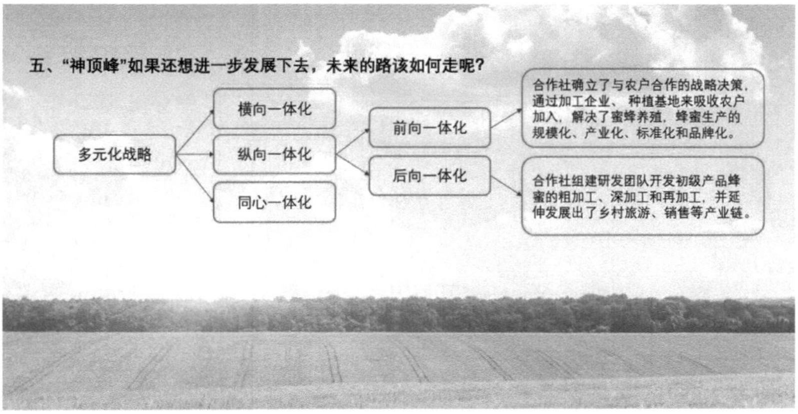

图6-13　板书5

图6-14　板书6

案例七

王家岭蛋鸡合作社：携手村民焕笑颜

摘要：带领全村人民摘下贫困帽？这在十多年前没有下过田、种过地的王铁刚是万万不敢想象的。而正是不算“农民”的农民王铁刚敢闯敢试，在发现市场对鸡蛋的需求量很大时果断进入鸡蛋市场。2009年王家岭蛋鸡合作社成立，通过不断摸索形成“吸纳社员+资金互助+就业带动+资本参股+资产承租”5种精准到户的扶贫模式，不仅成功解决了全村近96%贫困人口的脱贫任务，还在2018年让王家岭村甩掉了“贫困村”的帽子，2021年6月王家岭合作社被评为沅陵县国家农民合作社示范社。案例可以为产业扶贫提供借鉴。

关键词：贫困；蛋鸡；扶贫模式；精准扶贫

适用课程及对象：本案例适用于战略管理课程，主要用于分析在战略选择和战略实施的过程中，合作社承担的社会责任以及如何响应国家政策等问题。本案例适用于经济管理类研究生、本科生以及企业管理培训人员的相关课程。

案例正文

一、引言

2008年，刚担任王家岭村委会主任的王铁刚就遇到了第一个难题："我虽然是农村人，但没有下过田、没种过地，我能当好这个村委会主任吗？我该如何带领大家脱贫致富？"面对村民的期待，王铁刚勇敢尝试，在得知市场上对鸡蛋的需求很大时，他敏锐地嗅到了商机，带领全村人通过再寻常不过的鸡蛋，让一穷二白的王家岭生出了致富的"金蛋"（见图7-1）。

为了带领村民脱贫致富，王铁刚发起成立了王家岭蛋鸡养殖专业合作社，全村有20个村民小组2533人，贫困户90户283人，通过不断地实践，帮助贫困社员82户，贫困人口271人成功脱贫，完成了全村近96%贫困人口的脱贫任务。如今，村民人均年纯收入从2014年的不到3000元提高到了1.2万元。看着越来越多的村民在合作社的帮助下摘掉贫困帽，王铁刚的嘴角不自觉地上扬，回想起探索扶贫道路的那些时光……

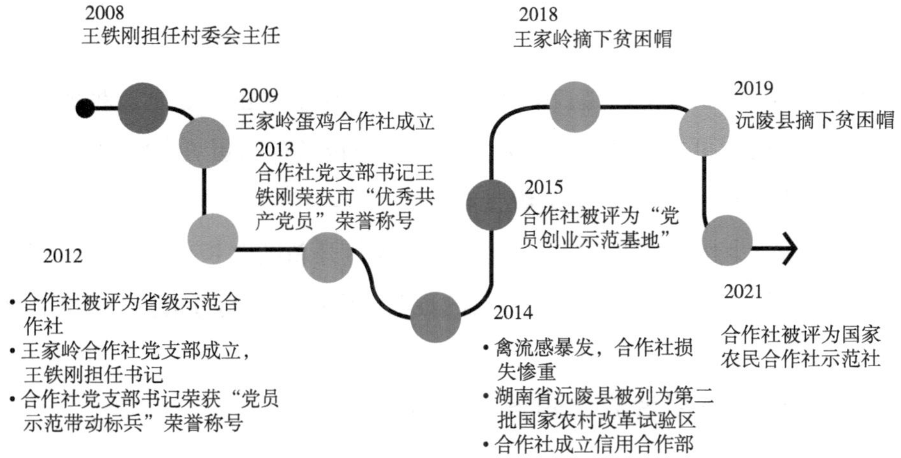

图7-1　王铁刚及合作社重大事件时间节点

二、创业初期多谨慎，奈何事事难风顺

1. 初新涌现：如何扎根?

位于湖南省怀化市沅陵县凉水井镇的王家岭村是全镇的贫困村之一，属于纯农业山区型的国家级贫困村。在20世纪70年代岩屋潭电站库区移民中，安置在王家岭村的就有5个移民小组400余名村民，导致该村人多田少，因无法对现有山地高效利用，导致村民脱贫致富举步维艰。如何脱贫，通过怎样的道路脱贫致富是王家岭村面临的第一个困难。

2009年一次偶然的机会，时任王家岭村村委会主任的王铁刚从网络报刊上得知养殖蛋鸡有广阔的市场前景，怀着带领全村脱贫致富梦想的王铁刚开始“不安分”起来，先后多次带着村民到常德、桃源两地现代化大型蛋鸡养殖基地实地考察调研。随后王铁刚结合王家岭村现有的地理资源优势，邀请18户村民，筹资287万元，创办起全县首家蛋鸡养殖专业合作社——王家岭蛋鸡养殖专业合作社，自此开始了艰辛的创业历程，也开启了王家岭村脱贫攻坚的一扇大门。随着越来越多的村民加入合作社，养殖的规模迅速扩大。但如此庞大的养殖规模却没有能与之相匹配的设备技术以及优秀的种源，危机悄然埋下。

2. 危如累卵：如何坚守?

2014年，禽流感暴发，合作社大量鸡蛋滞销，亏损达700万元。这给刚刚发展起来的合作社致命一击，王铁刚开始担心：“还有人敢跟我养鸡吗？村民们还有脱贫信心吗？”

为度过难关，王铁刚贷款200万元，以维持养殖场正常运行。种源、设备技术不够好？王铁刚更换优质种源，利用当时最新设备提高蛋鸡存活率与蛋鸡质量。村民怕养不会养？王铁刚带头组织蛋鸡养殖户集中学习，与同行前辈进行交流。剩余鸡蛋没有市场？王铁刚亲自前往沿海地区打开新的销售市场，将滞销鸡蛋销往上海、广州等地，解决村民心头最大的难题，帮助村民们重拾信心，走出困境。

三、有志不立易者成，遇事不避难者进

俗谚说，有志事易，无志事难。知难不畏，绝壁可攀。在禽流感暴发后，王铁刚痛定思痛，不断总结经验，加速谋质量，合作社在众人的苦心经营下，逐步

发展壮大，效益逐年攀升，村民收入逐渐增加。为进一步响应国家脱贫攻坚战略，王家岭合作社通过不断探索，最终带领村民走自己的路共同致富奔小康。

1. 走自己的路：科学种养“一体化”

王家岭蛋鸡合作社始终扎根于蛋鸡养殖、蛋鸡育雏和鸡蛋销售这一产业链，建立专业合作社平台与正大集团开展养殖合作，掌握蛋鸡育雏、养殖等管理理念和技术，发展现代化的设施农业，确保蛋鸡、鸡蛋产品质量。对内实行统一的标准化管理，采取“合作社+基地+农户”的运作模式，对分散养殖户实行合作社统一育雏、统一供料、统一防疫、统一包装、统一销售五个“统一”的经营管理模式，对产业的产前、产中、产后包括农资的发放与使用、技术、管理、品牌、销售等均实行统一的标准化管理，致力于解决小生产与大市场之间的矛盾（见图7–2）。

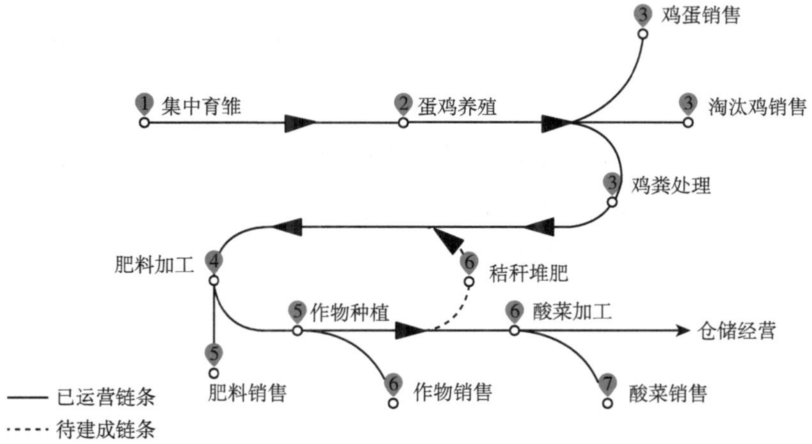

图7–2　产业循环图

“把农业做好”始终是合作社坚持的一个共同目标，合作社在坚持自身原有的蛋鸡生产、蛋鸡育雏、鸡蛋销售等产业的同时加强鸡粪有机肥加工、大棚蔬菜种植等延伸产业建设。

在蛋鸡饲养的过程中每天都会产生数十吨鸡粪无法处理且污染环境，为解决该问题合作社组织社员入股投资87万元建立鸡粪处理厂，通过技术加工将鸡粪变废为宝，成为能够供应周边乡镇茶厂、果园、大棚蔬菜基地的特色有机肥；同时，利用自产有机肥优势发展大棚蔬菜种植以及水稻种植生产特色米粉，在解决环境问题的同时延伸产业链（见图7–3）。

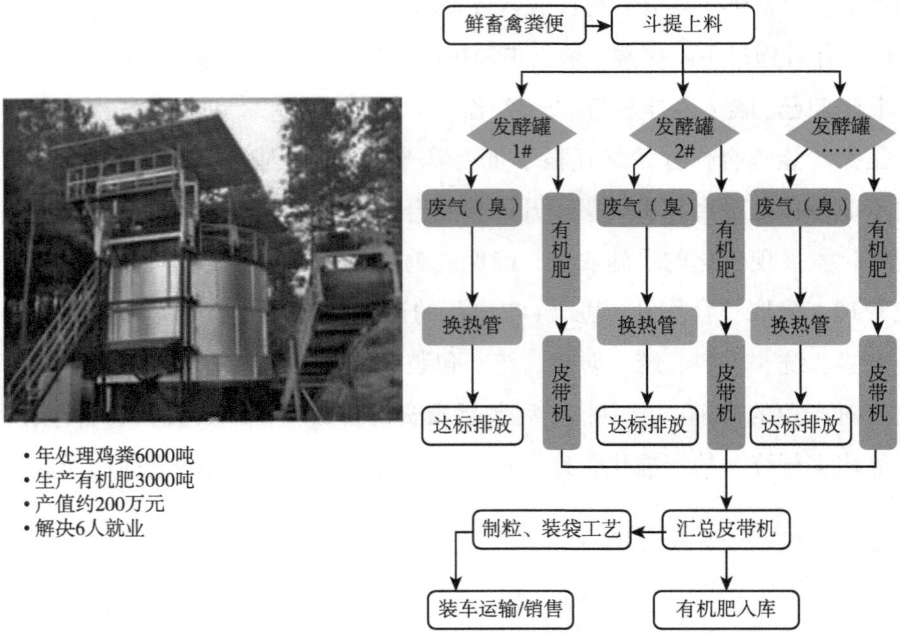

图7-3　有机肥加工

大棚蔬菜种植不只局限于新鲜蔬菜销售，还与康师傅展开产业合作，将新鲜蔬菜进行粗加工成酸笋、酸菜交由康师傅进行精细化加工，作为康师傅调料包进入市场。日常生产的米粉将销往县城学校、政府事业单位等增加合作社收入（见图7-4至图7-7）。

图7-4　大棚蔬菜种植基地

图7-5 新鲜蔬菜

- 厂房面积产量
- 年产量300吨
- 年产值30万元
- 解决7人就业

加工生产线　　　　商品酸菜

图7-6 酸菜与酸笋

图7-7 米粉

截至目前，王家岭合作社年纯收入达到5000万元，年利润600万元，户均产值30多万元。除此之外，该合作社吸纳300多户，875人的贫困人口加入合作社，每年贫困人口人均增收200元。在养殖场工作的建档立卡贫困村民张七香，在合作社的帮扶下，头两年还清了扶贫贷款，摘掉了贫困帽，后两年每年收入超过4万元，开始迈向致富道路。谈起如今的日子，张七香脸上露出了笑容："上班离家近，日子过得比以前强多了。"

2. 走自己的路：精准扶贫多模式

（1）吸纳社员帮扶。合作社将本村有劳动能力和一定经济基础、又有参与合作社发展意愿的村民吸纳为社员，由合作社提供鸡苗、饲料等，并按市场价负责回收，安排专业技术人员"一对一"进行技术、防疫指导，实现养殖的低风险、高回报。合作社不断发展壮大蛋鸡养殖产业，让它成为当地贫困户持续增收、脱贫致富的有效载体。截至目前，已将全村90户贫困户全部吸纳为合作社社员，参与蛋鸡养殖或其他产业发展，年户均收入达5万元以上。

（2）资金互助帮扶。合作社为本村有能力和意愿但资金实力不足的村民提供互助金。社员养鸡可按标准申请互助金，其年利率低于当地农村信用社贷款利率。互助金申请程序简易，手续便捷，期限按照蛋鸡养殖期限确定。通过"资金+产业"帮扶方式实现脱贫致富（见图7-8）。

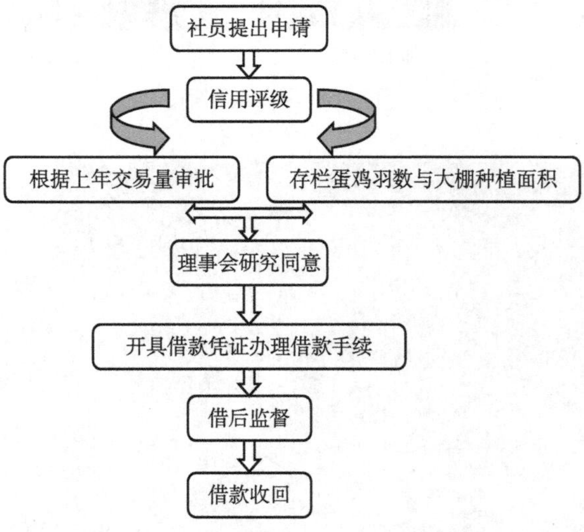

图7-8　资金互助部放款基本流程

（3）资本参股帮扶。对劳动力少、缺乏资金和管理能力的村民，合作社采取资金参股和土地参股两种方式，让村民获得参股分红的收益。资金可通过小额贴息贷款获取。

一是资金参股方式。根据当地政府的扶贫政策，贫困户社员根据信用等级状况，可以从银行获得小额信用贴息贷款。合作社允许贫困户将这类小额贴息贷款入社作为参股资金，享受分红收益；这类小额贴息贷款由合作社向银行担保，并负责偿还本息。

二是土地参股方式。合作社从贫困户手中流转承包地，按照每亩600—800元的标准支付土地流转费，通过资本参股帮扶的方式帮助既无劳动能力又没有经济实力的贫困户实现了脱贫致富。

目前，合作社已吸收120户356名贫困村民入股，其中资金入股75户，入股资金375万元，2019年发放分红资金45万元；土地入股45户200余亩，2019年发放分红资金12.7万元。

（4）就业带动帮扶。针对综合素质相对较差但有劳动力的村民，合作社优先安排其在社内的养鸡场、仓储中心、有机肥场和蔬菜基地等合适岗位就业。合作社通过就业创收基本实现脱贫致富。目前，合作社共帮助127名农户在不同岗位就业，其中贫困户42名，人均年收入在1.2万元以上，实现了贫困户不出远门也能就业。

（5）资产承租帮扶。为了让扶贫专项资金发挥更大功效，王家岭蛋鸡养殖专业合作社主动与周边贫困乡镇联手，整合市、县扶贫专项资金、村集体经济资金、村民自筹资金新建一栋5万羽自动化蛋鸡养殖场，且签订长期租赁协议来保障贫困户的利益，鸡场建成后租给王家岭蛋鸡养殖专业合作社，合同期限为16年，总计分红500万元。其中包括2017年分红20万元，2018年分红50万元，2019年分红40万元，每年按照贫困户占65%，村集体占35%的比例进行分红，2020—2032年每年分红30万元全部转入村集体经济收入，既扩大了合作社的规模，又壮大了村集体经济，实现了全村90户283人稳定脱贫，有效巩固脱贫成效。

合作社坚持产业发展与脱贫攻坚相结合，同贫困农户建立起规范而紧密的利益联结机制，激发了贫困农户脱贫致富的内生动力，形成“吸纳社员+资金互助+就业带动+资本参股+资产承租”五种精准到户产业扶贫体系。

3. 走自己的路：金融改革解难题

2014年12月，王家岭合作社成立信用合作社，资金规模400万元，采取“资金互助+担保互助+保险兜底”的方式，为社员发展养鸡产业提供所需资金。

合作社按照社员制、封闭性、民主管理原则，坚守“吸股不吸储、对内不对外”的红线，在126户社员中吸收股金400万元，其中合作社占股60%，社员占股40%，依托合作社统一育雏、统一供料、统一防疫、统一包装、统一销售的经营管理模式，推行“以产定贷”信用互助方式，将分散的养殖户与市场消费统一联系起来，解决了小生产与大市场之间的矛盾。

“什么是信用互助，就是在社员建鸡棚、蔬菜大棚以及购买鸡苗、饲料、肥料等生产资料时，我们按蛋鸡养殖户社员10元每只鸡、蔬菜种植户社员5000元每亩的标准提供资金互助，”王铁钢说：“而后，在合作社统一销售社员生产的鸡蛋、肉鸡、蔬菜时，再从销货款中收回互助金。”

借款期限与蛋鸡养殖、蔬菜种植的生产周期相吻合，申请程序简易，手续便捷，两个工作日就能到位。截至目前，王家岭蛋鸡专业合作社已累计投放互助金1100万元，没有出现一笔不良信用互助借款。

这种产业依托、社员合作、资金互助、结构稳定“四位一体”的新型农村合作金融组织模式，得到了国务院高度肯定，其改革试验成果写进了2017年中央一号文件。

四、一心皆以人为本，但愿家家换笑颜

“穷人变富人、富人帮穷人，先富带后富、人人奔小康”。王家岭蛋鸡专业合作社在自身产业发展壮大的同时带动了全村90户283人稳定脱贫致富；同时，也带动了村集体经济跨越式发展。

除此之外，为更好地服务“三农”，王家岭蛋鸡专业合作社积极投身新农村建设，为“美丽乡村、幸福家园”建设出谋划策，出资出力。

一是搭建垃圾转运站、配置智能垃圾转运车，主动组织社员承担凉水井镇本部片区环卫保洁工作，参与环卫保洁，既美化了人居环境，也解决了居民就业。

二是在当地政府的帮助下以党员为核心，在合作社的各个部门抽调了6名觉悟

高、素质硬的社员成立了凉水井义务消防队，作为凉水井镇义务消防队参与辖区火情防控，第一时间赶赴火场，年出警10次以上，作为优秀消防队抽调参与沅陵县消防（见图7-9）。

图7-9　凉水井义务消防队

三是参加社会救助活动，积极组织党员及社员赴敬老院看望慰问老人、看望独居在家老人，向敬老院捐赠大量农产品、日用品（见图7-10）。

图7-10　敬老院爱心活动

四是积极组织农技培训、农技服务、农资服务、资金互助等活动，愿意并且主动给前来学习的其他合作社提供经验，共同推进乡村振兴（见图7-11）。

图7-11　组织培训会

五、初心坚守终成路，乡村振兴定可期

截至目前，王家岭蛋鸡合作社建成产业基地18个，修建恒温鸡舍96栋，已发展126个蛋鸡养殖户，年产值5000万元，还建成多种大棚共种植辣椒、黄瓜、茄子等农产品2000余亩，创造大量岗位。吸纳300多户、875人的贫困人口加入合作社，每年贫困人口人均增收200元。

“但这仍然存在问题”王铁刚说道：“虽然已经建成了有机肥加工厂，但由于农户分散以及有机肥加工厂人员有限，还是无法及时将所有农户蛋鸡养殖过程中产生的鸡粪完全解决。原有的3.5米通村公路已经不适应现有产业发展，无论是外来产品输入还是原有产品外销，大型货车都无法直接进入，需要进行二次转运，大大增加了运输成本，制约产业发展。”

看着社员们忙碌的身影，却又时刻绽放着笑颜，王铁刚的思绪飘向了远方……

六、启发思考题

1.运用战略管理的知识，分析王家岭蛋鸡合作社成立初期发展战略选择所出现的问题。

2.结合案例分析王家岭蛋鸡合作社承担社会责任的原因，以及如何履行社会责任。

3.分析王家岭蛋鸡合作社产业扶贫模式的独特性，以及合作社在扶贫过程中的角色变化。

附件：相关图片

图7-12　合作社创始人王铁刚

图7-13　村委会智能化蛋鸡养殖场

图7-14　集约化蛋鸡养殖场

图7-15　有机肥加工

图7-16　米粉加工厂

案例适用说明：

一、教学的目的与用途

1. 适用课程

本案例适用于战略管理课程，主要用于分析合作社在战略选择和战略实施的过程中，合作社承担的社会责任以及如何响应国家政策等问题。

2. 适用对象

本案例适用于经济管理类研究生、本科生以及企业管理培训人员的相关课程。

3. 教学目标

合作社的成功发展需要审时度势、因地制宜地选择合适的战略，并且正确地实施战略。通过对王家岭蛋鸡合作社案例的分析和讨论，得出以下教学目标：

（1）合作社的发展战略选择以及实施。

（2）合作社的发展战略与承担社会责任之间的平衡策略、二者之间是如何达到合作社目标和社会目标的统一。

（3）合作社如何在经历失败之后，总结经验，进行战略变革。

（4）归纳总结合作社的产业扶贫模式，以及合作社对产业扶贫模式的探索历程。

二、启发思考题

1. 运用战略管理的知识，分析王家岭蛋鸡合作社成立初期发展战略选择所出现的问题。

2. 结合案例分析王家岭蛋鸡合作社承担社会责任的原因，以及如何履行社会责任。

3. 分析王家岭蛋鸡合作社产业扶贫模式的独特性，以及合作社在扶贫过程中的角色变化。

三、分析思路

本案例主要讲述了王家岭蛋鸡合作社在发展过程中所面临的战略困境，创始人王铁刚是如何进行战略改革来解决初期的困境，以及如何带领村民探索出适合自己的产业扶贫模式，并且一步步进行完善来达到现如今的成就。本案例重点探究了王家岭蛋鸡合作社的产业扶贫五模式，并且指出了合作社是如何达到合作社目标与社会目标的统一，带领村民成功脱贫致富。

教师可以指导学员仔细阅读案例正文，并根据所授课程的具体教学目标来灵活运用本案例。图7-17展现的是作者对于案例的分析思路，仅供参考。

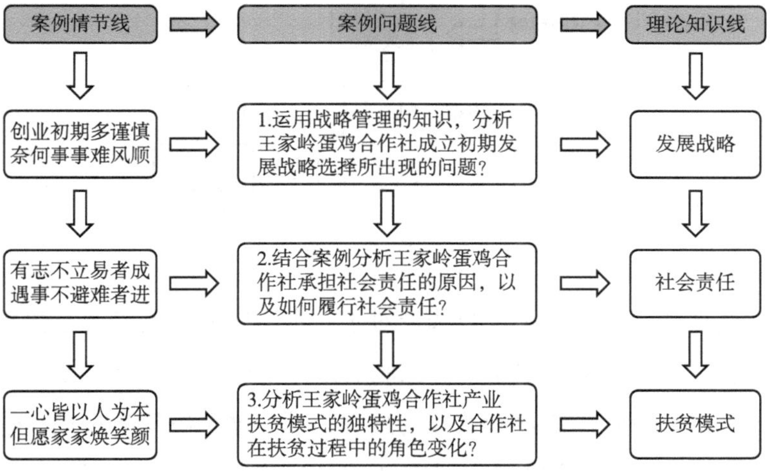

图7-17 案例分析思路

四、理论分析依据

1. 运用战略管理的知识，分析王家岭蛋鸡合作社成立初期发展战略选择所出现的问题。

|理论依据|

（1）战略的内涵。“战略”一词最初是在军事学中提出的，其本意是指古希腊作战的将军，后世将它表示为指挥的艺术。1965年安索夫提出，制定战略、实施战略、评价战略就是战略管理的体现，战略管理是指管理者在经营中为了超越竞争者和取得卓越盈利能力所采用的一系列行动。一个成熟的战略目标不仅要在于短暂的竞争中获得成绩和利益，还要在长期的竞争中获得成功。要做到长期地支持合作社发展并确保合作社良好的未来发展前景，这就要求管理层在采取行动时是一致且思虑周全（Deliberate Strategy）的。

改革开放后，我国的经济体制发生转变，由原来的计划经济转变为社会主义市场经济，在这样一个大环境下，我国的战略管理开始萌芽和发展，管理层要作出的决策包括怎样进行市场定位、怎样引起客户注意以及怎样与竞争对手展开竞争等（见图7-18）。

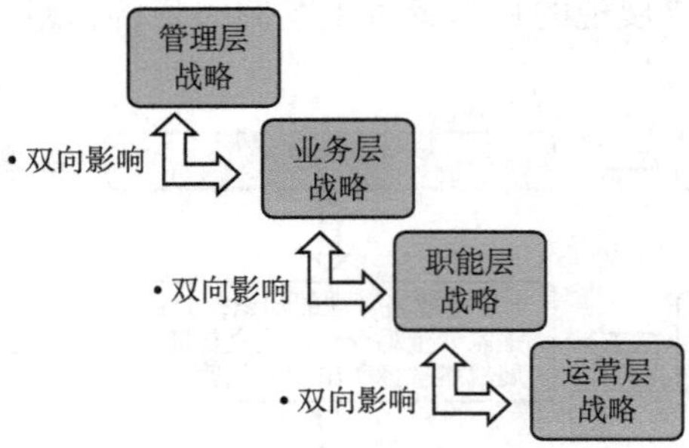

图7-18　战略类型

（2）战略选择。战略的制定与选择对于一个团队的发展来说至关重要，进行决策时，经营环境复杂且发展迅速，面临着多个战略选项，这时便需要管理者作出深思熟虑的战略管理。制定和选择的过程，其实就是决策的过程，管理者要准确把握市场正在变化的主体方向，选择正确的战略并及时应对环境的变化作出调整（见图7-19）。

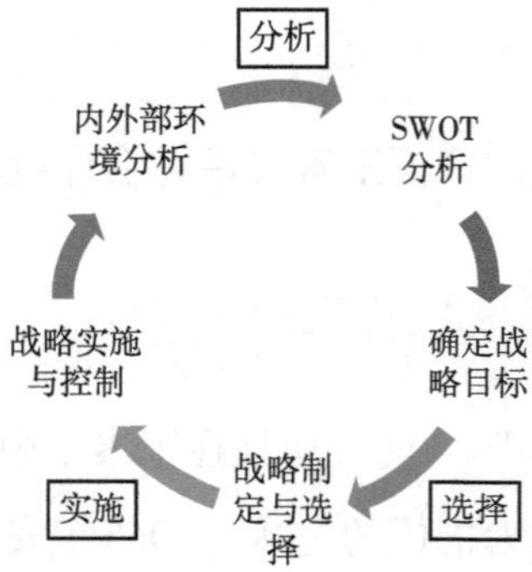

图7-19　战略制定和选择

战略计划（Strategic Plan）通常包含了该计划完成的期限以及在完成过程中相对应的资源承诺。Strategic Management 中实施难度最大，要耗费诸多人力物力财力的是管理战略活动中的执行战略。

我国的企业或团队目前在战略选择上存在较多问题。首先，管理者在团队中的能力和素质较低，缺乏长远的战略分析，忽略了环境变化的影响，将主要精力放在自身日常的经营当中，在制定战略时往往凭借自己的经验，制定出的战略缺乏随机应变的能力，遇到阻力和变化往往难以执行。战略管理变成了纸上谈兵，严重阻碍了企业的发展。

其次，团队在制定战略或进行战略选择时缺少变化、过于机械。自2001年开始，我国战略管理所面临的市场将不再是单一的国内市场，而是要对全球的市场环境作出反应。当时我国的战略管理知识体系不够完善，再加上国内的管理者缺乏战略管理的经验，所以管理者们往往站在自己的角度思考问题，缺少大局观念，作出的大部分管理战略只为达成自己的目标，他们很少会分析全球的市场环境变化，更没有制定出应对全球市场变化的管理战略。这不仅仅是我国在战略管理发展道路之初所存在的问题，也是全球战略管理发展不完善时面临的共同的问题（见图7-20）。

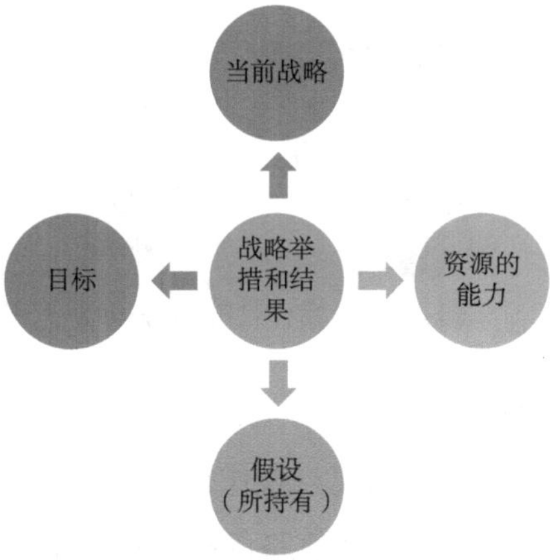

图7-20 战略举措与结果

最后，团队和企业在战略管理中忽视全局性。在战略管理中要讨论的全局包括制定者的全局，以及被制定的战略在时间上和空间上的全局。一方面，要协调和整合团队的能力，加强各个部门之间的合作，要有集体意识，提高团队战略的制定和执行能力。另一方面，在战略的制定方面，要以发展的眼光对企业作出战略管理，局部的战略管理以及短期计划的战略管理仅仅只是战略制定中的某一个环节，并不是主要部分。

|案例分析|

在本题案例启发题中，我们希望本科生及MBA学生在课堂上除了对战略管理的概念进行背诵、课后对案例的分析之外，更重要的是通过战略管理的课堂教学，形成学生独有的战略思维模式，为以后的战略决策奠定基础。

（1）初期发展战略的选择。王家岭蛋鸡合作社（以下简称王家岭合作社），位于湖南省怀化市沅陵县凉水井镇，王家岭村是凉水井镇最贫困的村之一。2008年，年轻的王铁刚担任王家岭村委会主任，看着眼前贫困的村庄和质朴的村民，王铁刚作出了重大决定：成立王家岭合作社并带领全村人脱贫致富。

王铁刚怀揣着一个脱贫致富的梦想，决定走一条有广阔市场前景的道路：养殖蛋鸡。他先后去了常德和桃源这两地的现代化大型蛋鸡养殖基地进行实地考察与研究，查阅相关文献资料，对蛋鸡养殖进行深入的学习，开展了合作社艰辛的发展道路（见图7-21）。

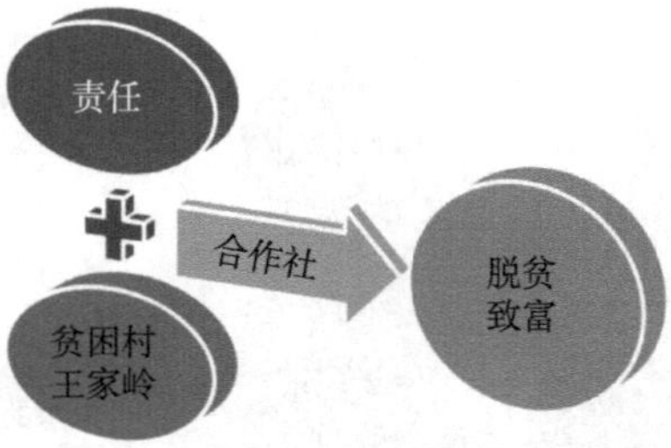

图7-21　合作社的创办初心

（2）初期战略存在问题。合作社建立之初，伴随着脱贫攻坚的第一束光，越来越多的村民加入合作社，养殖规模与合作社成员不断增加，一切向好的方向发展，然而他们不知道的是，脱贫攻坚前路危机四伏。2014年的禽流感作为导火索，点燃了这颗深藏的炸弹。让我们一起来分析王家岭初期战略所存在的问题。

首先，合作社的管理者缺乏专业知识。王家岭合作社在初期发展时，不论是对蛋鸡养殖以及身后的产业链，这样的本体性知识，还是对团队管理以及战略决策的制定与实施这样的条件性知识都相对欠缺，这也是初期走向坎坷道路的重要因素。

其次，王家岭合作社在初期战略管理中缺少应对变化的能力。一个合格的企业不仅要看到眼前的发展，更重要的是预测未来发展方向，还有将会面临的问题。禽流感的暴发也应该是王家岭合作社在初期着重考虑的问题。

最后，王家岭合作社在初期发展缺乏相应的技术、优质的种源、高质量的劳动力以及广阔的市场。解决问题的第一步是发现问题。这场禽流感看似将他们逼进死胡同，实则是王家岭合作社一次重大的"重获新生"转折点。王铁刚和村民们意识到了问题所在，对欠缺的地方作出改进，合作社终于走向正轨。

2. 结合案例分析王家岭蛋鸡合作社承担社会责任的原因，以及如何履行社会责任。

|理论依据|

社会责任是指一个组织对社会应负的责任。一个组织应以一种有利于社会的方式进行经营和管理。社会责任通常是指组织承担的高于组织自己目标的社会义务。它超越了法律和经济对组织所要求的义务，社会责任是组织管理道德的要求，完全是组织出于义务的自愿行为（见图7–22）。

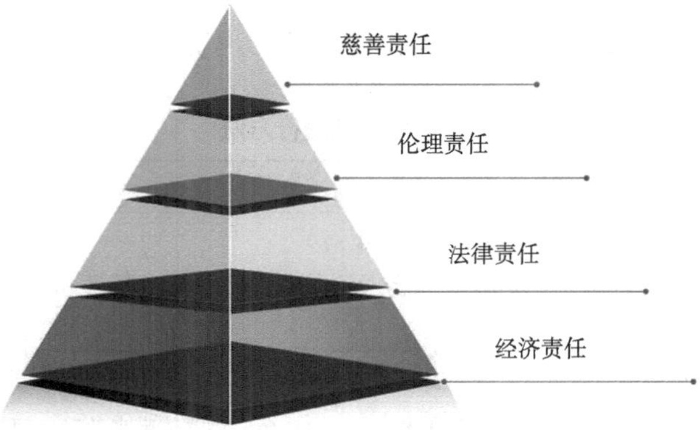

图7–22　社会责任

企业社会责任在《管理的哲学》中首次提出，指出企业经营者在企业发展中应关注相应的道德责任。企业社会责任应该是由企业的本质和性质决定的，社会只不过是影响了企业担当社会责任的力度和宽度。企业最本质的问题是企业是什么的问题，企业是单纯利润最大化的经济实体，企业存在的目的只是追求利益的最大化，企业经营与道德建设没有关联；企业同时也是伦理实体，其存在的目的不仅仅是实现利润的最大化，也要为人类的健康和幸福、和谐和发展作出贡献，这直接决定了企业是否有社会责任存在。

|问题分析|

位于湖南省怀化市沅陵县凉水井镇的王家岭村是全镇最贫困的村之一，属于纯农业山区型的国家级贫困村。在20世纪70年代岩屋潭电站库区移民中，安置在王家岭村的就有5个移民小组400余村民，导致该村人多田少，因为无法对现有山地高效利用，导致村民脱贫致富举步维艰。所以身为当时的村委会主任的王铁刚毅然决定想法子带领村民致富。

王家岭蛋鸡合作社成立之初的目标就是带领全村村民脱贫致富，为了实现这个目标，创始人王铁刚结合王家岭村现有的地理资源优势，邀请18户村民，筹资287万元，创办起全县首家蛋鸡养殖专业合作社——王家岭蛋鸡养殖专业合作社，自此开始了艰辛的创业历程，也开启了王家岭村脱贫攻坚的一扇大门。

王家岭蛋鸡合作社在经历了重重困境，最终发展壮大了起来，王家岭蛋鸡专业合作社在自身产业发展壮大的同时带动了全村90户283人稳定脱贫致富；同时，也带动了村集体经济跨越式发展。

除此之外，为更好地服务“三农”，王家岭蛋鸡专业合作社积极投身新农村建设，为“美丽乡村、幸福家园”建设出谋划策，出资出力（见表7–1）。

表7–1　社会责任履行方法

社会责任履行方法	作用
1.搭建垃圾转运站、配置智能垃圾转运车，主动组织社员承担凉水井镇本部片区环卫保洁工作，参与环卫保洁	美化了人居环境，解决了居民就业
2.成立了凉水井义务消防队	保障了村民的生产生活安全
3.参加社会救助活动（看望慰问敬老院和独居老人）	为社会弱势群体带来关爱，呵护温暖老人的心
4.积极组织农技培训、农技服务、农资服务、资金互助等活动	主动给前来学习的其他合作社提供经验，共同推进乡村振兴

3.分析王家岭蛋鸡合作社产业扶贫模式的独特性，以及合作社在扶贫过程中的角色变化。

|理论依据|

自中华人民共和国成立至今，如何消除贫困、如何解决底层人民的温饱问题、如何保障贫困人民的合法权益，一直是党和国家放在心尖上的事。早在2013年11月，习近平总书记到湖南省湘西土家族苗族自治州考察时就提出了“实事求是、因地制宜、分类指导、精准扶贫”的重要指示。2014年初，“精准扶贫”的思想正式落地。

2017年，党的十九大正式将精准扶贫、精准脱贫纳入抓好决胜全面建成小康社会必须打好的“防范化解重大风险、精准脱贫、污染防治”三大攻坚战之一。实施精准扶贫从来不是一件简单且轻松的工程，这涉及千家万户，且经过过去几十年的扶贫工作，遗留下来的问题是阻碍脱贫工作的“难骨头、硬骨头”。为了确保精准扶贫工作的高效实施，党和国家针对不同地区的贫困情况提出了工作思路与具体措施，以应对不同贫困村、不同贫困户的复杂情况。目前，我国主要有以下几种精准扶贫模式，如表7–2所示。

表7–2　扶贫模式

扶贫模式	具体的扶贫模式以及措施
科技扶贫	利用科学技术改善当地封闭的小农经济环境，通过学习先进科技文化提高农民的科学文化素养、从而提高劳动生产率以及资源利用率 主要内容有利用科学管理系统实现实时监控、引进先进适用技术包括渗水地膜技术、粉垄技术等，转化科技成果加强产业链建设
教育扶贫	通过加强农村普及教育，增强村民思想道德文化素养与知识文化素养，提高村民对于人与自然和谐共生意识实现科学改造和保护自然界的意识 主要内容有优化原有的教学条件，通过政策扶持等吸引优秀教师加入教师队伍建设提升基础教育水平，持续完善学前教育扶贫政策、义务教育扶贫政策、高中教育扶贫政策、中职教育扶贫政策、高等教育扶贫政策等
产业扶贫	通过产业发展，激发贫困地区内生活力，增加贫困人民收入 主要内容有大力发展第一产业，促进“三产融合”。培育优势主导产业，形成核心竞争力等
电商扶贫	利用互联网大数据平台鼓励贫困人民创业就业。通过新媒体打开优质特色农产品销售新渠道，在销售产品的同时分析市场动态，改善农村电子商务发展环境 主要内容有加强农村电商基础设施建设，积极培育贫困地区电商人才
旅游扶贫	利用贫困地区丰富的旅游资源大力加强乡村旅游、森林旅游、休闲农业等产业建设 主要内容有农家乐、文创镇、文艺节活动等
金融扶贫	利用国内有关的金融机构，为扶贫项目提供资金支持 主要内容有通过信用评级提供扶贫贷款，完善金融扶贫体系

续表

扶贫模式	具体的扶贫模式以及措施
资产收益扶贫	部分特殊的贫困人口通过投入项目建设开发取得经济收益 主要内容有水库移民工程项目、高速建设工程项目、特色基地项目建设等。与经营主体共享发展红利
就业扶贫	通过就业技能培训、产业就业帮扶、创业就业等带动村民脱贫 主要内容有引入初级加工厂帮助贫困人口实现“不出远门就能就业”的愿望等

|问题分析|

本题主要是希望同学们能仔细阅读案例正文，找到王家岭蛋鸡合作社在参与脱贫攻坚的过程中，是如何总结出属于自己的扶贫模式，它与其他扶贫模式相比较有何特点？在整个发展过程中，王家岭蛋鸡合作社承担了一个怎样的角色？是如何变化的？主要可以设定以下两个问题展开讨论：

其一，王家岭蛋鸡合作社有哪些扶贫模式？它与其他扶贫模式相比较有何特点？

人多田少这一重要因素使创始人王铁刚将目光放到了丰富的山地资源上。通过不断地实践研究，终走出了一条致富的“金”路。

与此同时，农业发展也讲究天时地利人和。在发展的过程中，越来越多的村民加入进来，其中不乏有各色各样的贫困人口。村民的加入也给合作社注入了活力，共同聚焦脱贫攻坚、探索“分类+精准”扶贫模式。王家岭蛋鸡合作社主要有以下五种扶贫模式。

（1）吸纳社员帮扶。合作社将本村有劳动能力和一定经济基础、又有参与合作社发展意愿的村民吸纳为社员，由合作社提供鸡苗、饲料等，并按市场价负责回收，安排专业技术人员“一对一”进行技术、防疫指导，实现养殖的低风险、高回报。合作社不断发展壮大蛋鸡养殖产业，让它成为当地贫困户持续增收、脱贫致富的有效载体。采取的是吸纳贫困户为社员的帮扶方式。截至目前，已将全村90户贫困户全部吸纳为合作社社员，参与蛋鸡养殖或其他产业发展，年户均收入达5万元以上。

（2）资金互助帮扶。合作社为本村有能力和意愿但资金实力不足的村民提供互助金。社员养鸡可按标准申请互助金，其年利率低于当地农村信用社贷款利率。互助金申请程序简易，手续便捷，期限按照蛋鸡养殖期限确定。通过“资金+产业”帮扶方式实现脱贫致富（见图7–23）。

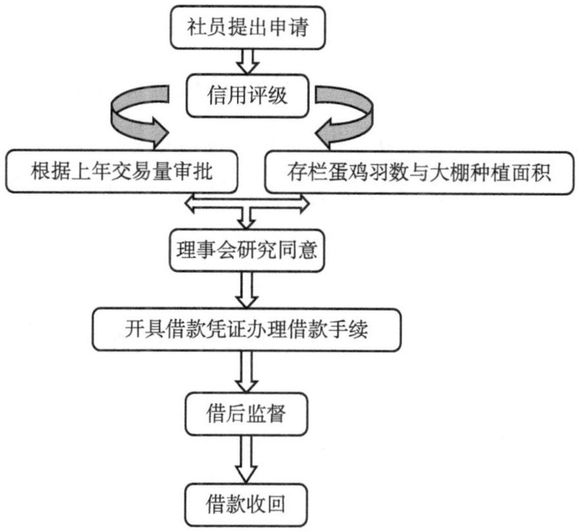

图7–23 资金互助部放款基本流程

（3）资本参股帮扶。对劳动力少、缺乏资金和管理能力的村民，合作社采取资金参股和土地参股两种方式，让村民获得参股分红的收益。资金可通过小额贴息贷款获取。

一是资金参股方式。根据当地政府的扶贫政策，贫困户社员根据信用等级状况，可以从银行获得小额信用贴息贷款。合作社允许贫困户将这类小额贴息贷款入社作为参股资金，享受分红收益；这类小额贴息贷款由合作社向银行担保，并负责偿还本息。

二是土地参股方式。合作社从贫困户手中流转承包地，按照每亩600—800元的标准支付土地流转费，通过资本参股帮扶的方式帮助既无劳动能力又没有经济实力的贫困户实现了脱贫致富。

目前，合作社已吸收120户356名贫困村民入股，其中资金入股75户，入股资金375万元，2019年发放分红资金45万元；土地入股45户200余亩，2019年发放分红资金12.7万元。

（4）就业带动帮扶。针对综合素质相对较差但有劳动力的村民，合作社优先安排在社内的养鸡场、仓储中心、有机肥场和蔬菜基地等合适的岗位就业。合作社通过就业创收基本实现脱贫致富。目前，合作社共帮助127名农户在不同岗位就业，其中贫困户42名，人均年收入在1.2万元以上，实现了贫困户不出远门也能就业。

（5）资产承租帮扶。为了让扶贫专项资金发挥更大功效，王家岭蛋鸡养殖专业合作社主动与周边贫困乡镇联手，整合市县扶贫专项资金、村集体经济资金、村民自筹资金新建一栋5万羽自动化蛋鸡养殖场，且签订长期租赁协议来保障贫困户的利益，鸡场建成后租给王家岭蛋鸡养殖专业合作社，合同期限为16年，总计分红500万元。其中包括2017年分红20万元，2018年分红50万元，2019年分红40万元，每年按照贫困户占65%，村集体占35%进行分红，2020—2032年每年分红30万元全部转入村集体经济收入。既扩大了合作社的规模，又壮大了村集体经济，实现了全村90户283人稳定脱贫，有效巩固脱贫成效。

合作社坚持产业发展与脱贫攻坚相结合，同贫困农户建立起规范而紧密的利益联结机制，激发了贫困农户脱贫致富的内生动力，形成“吸纳社员+资金互助+就业带动+资本参股+资产承租”五种精准到户产业扶贫体系。

其二，在整个发展过程中，王家岭蛋鸡合作社承担了一个怎样的角色？是如何变化的？

最初，创始人王铁刚秉承着带领村民脱贫的目标开始了创业。最初的业务也只是单纯的鸡蛋销售，能够加入合作社成为合作伙伴的只是部分有经济实力的村民，并没有在真正意义上带领贫困村民脱贫致富。通过战略改革，成功地吸引大多数贫困村民参与进来。不仅成功解决了96%贫困人口的脱贫任务，还最大化地合理利用资源，实现经济利益的最高效。

给村民提供公鸡苗、饲料并按市场价负责回收，王家岭蛋鸡合作社是扶贫项目的参与者；土地参股、就业扶贫、安排专业技术人员“一对一”进行技术、防疫指导，王家岭蛋鸡合作社是农村扶贫项目的开发者与培训者；资本参股帮扶、资产承租帮扶是为了让扶贫专项资金发挥更大功效，王家岭蛋鸡合作社是精准脱贫的推动者。

王家岭蛋鸡合作社角色的不断变化始终响应着合作社成立的初心：“把农业做好，带领村民脱贫致富。”这一理念加强了与村民的紧密联系、加强了与脱贫攻坚的紧密联系，增强了村民的脱贫信心，提升了合作社在村民心中的地位。也正是这种理念才能够“携手村民焕笑颜”。

五、背景信息

1. 合作社背景

王家岭蛋鸡合作社成立于2009年，以蛋鸡养殖、蛋鸡育雏和鸡蛋销售为主要产业链，集有机肥加工、大棚蔬菜种植、酸菜加工、米粉加工于一体的现代化“种+养”一体化产业园。采取“合作社+基地+农户”的运作模式，在凉水井镇张家坪村、莲花坪村和六都坪村等10个村“以一拖十”建立产业基地和农产品回收点，共建立产业基地18个，修建恒温鸡舍96栋，蛋鸡养殖110万羽，建成5亩高标准温控育苗大棚、5亩综合服务区、15亩果蔬观光基地、200亩连体钢结构塑料大棚、300亩简易单体大棚，种植辣椒、黄瓜、茄子等农产品2000余亩。

2. 精准扶贫

精准扶贫相对于粗放扶贫而言，指的是针对不同的地区、不同的贫困情况量体裁衣地提出科学有效的扶贫方法，尽可能做到精确识别、精确帮扶、精确管理。精准扶贫意味着不放弃任何一名贫困人口，不放弃任何一个脱贫机会，争取做到人人脱贫不再返贫。直至2021年11月23日，贵州省宣布所有贫困县脱贫摘帽，至此全国823个国家级贫困县全部脱贫，脱贫攻坚战圆满完成。如何巩固脱贫成果，实现乡村振兴将是下一个难题。

3. 产业扶贫

产业扶贫是指以市场经济为导向，通过产业发展，激发贫困地区内生活力，增加贫困人民收入，促进贫困地区长远发展。主要内容有发展特色种养扶贫模式、乡村休闲旅游扶贫模式、光伏产业扶贫模式、生态农业扶贫模式等。重点培养主导产业、增加资本吸纳能力。

4. 乡村振兴

乡村振兴战略是党的十九大提出的战略，将关系到全面建成小康社会、全面建设社会主义现代化国家、实现第二个百年奋斗目标的农业农村农民问题作为全党工作的重中之重。实施乡村振兴，要坚持农业农村优先发展、坚持农民的主体地位、坚持城乡融合发展。乡村兴则国家兴，乡村衰则国家衰。现如今我国的主要矛盾已经转为人民日益增长的美好生活需要和不平衡不充分的发展之间的矛盾，这一主要矛盾重点体现在乡村，体现在“三农”问题上。最艰巨最繁重的任务在农村，最广泛最深厚的基础在农村，最大的潜力和后劲也在农村。

六、关键要点

案例分析的关键要点：合作社成立初期的战略抉择、初期战略失败后的战略变革、合作社的总体发展战略、合作社如何承担社会责任、合作社的产业扶贫模式。

关键知识点：战略抉择、发展战略、社会责任、产业扶贫。

应重点探索和研究以下几点：

（1）合作社成立之初，是如何审时度势、因地制宜地选择了适合本合作社的发展战略。

（2）合作社在遭受打击时，是如何迅速查找出自己的问题所在，并通过战略变革，来解决问题。

（3）合作社在逐步健康发展时，是如何承担起社会责任，并且达到现在的成就。

（4）合作社探索出来的产业扶贫五模式应该如何解读，以及合作社未来的发展方向和战略。

七、建议课堂计划

1.时间计划

本案例主要讲述王家岭蛋鸡合作社对社会责任的履行，可以作为专门的案例讨论课进行，如表7-3所示，课堂总时长为90分钟，教师可以根据实际情况课堂总时长以及课堂进度进行调整。如下是按照时间进度提供的课堂计划建议，仅供参考。

表7-3 课堂教学计划

阶段	教学活动		时间安排
课前计划	给每位同学发放案例正文，请同学们认真阅读案例并对启发思考题进行思考		课前一天
课中计划	课程导入	观看感动中国2019人物黄文秀，引发对社会责任的思考	10分钟
	教师引导	通过黄文秀的事迹引出案例内容，简单梳理案例，引发学生思考	10分钟

续表

阶段	教学活动		时间安排
课中计划	小组讨论	面向案例，要求学生对启发思考题进行讨论，老师可以适当将问题延伸	20分钟
	小组汇报	组织学生进行案例展示，针对小组发言进行指导	30分钟
	总结答疑	老师对各组的发言进行总结以及评价，引导学生对案例深入分析，最后进行答疑	20分钟
课后计划	要求学生课后对案例进行梳理分析，并撰写案例分析报告，进一步加深学生对案例知识点的了解		课后一周

2. 课堂提问逻辑

（1）开场白示例。同学们好，相信大家对于昨天发放的案例《王家岭蛋鸡合作社——携手村民焕笑颜》有了初步的了解。在本堂课中我们将通过对案例的深入讨论，对战略管理方向的社会责任深入了解，下面给大家观看一个视频。

表7-4　　课堂提问问题及逻辑

题序	问题	逻辑
1	通过观看以上视频，同学们有什么感想？	引出案例
2	在本节课所讨论的案例中，王家岭合作社经历了哪些关键的时间节点？	梳理案例
3★	同学们，我们试着运用战略管理的知识，分析王家岭蛋鸡合作社成立初期发展战略选择出现了哪些问题？	启发思考题
4★	请同学们结合案例，分析王家岭蛋鸡合作社承担社会责任的原因，以及如何履行社会责任？	
5★	分析王家岭蛋鸡合作社产业扶贫模式的独特性，以及合作社在扶贫过程中的角色变化？	
6	同学们对王家岭合作社履行的社会责任有何感想？	归纳总结
7	如果你是王家岭蛋鸡合作社的一员，你对未来道路上有什么发展的建议呢？	

3. 课堂板书设计

本部分的课堂板书设计示例分为四大板块，主要是启发学生对案例思考题的深入研究，教师可以根据学生以往适应的教学模式，对课堂板书设计作出相应的调整，可以增加扶贫的图片以及乡村振兴的事迹给学生进行讲解。以下是课堂板书设计参考。

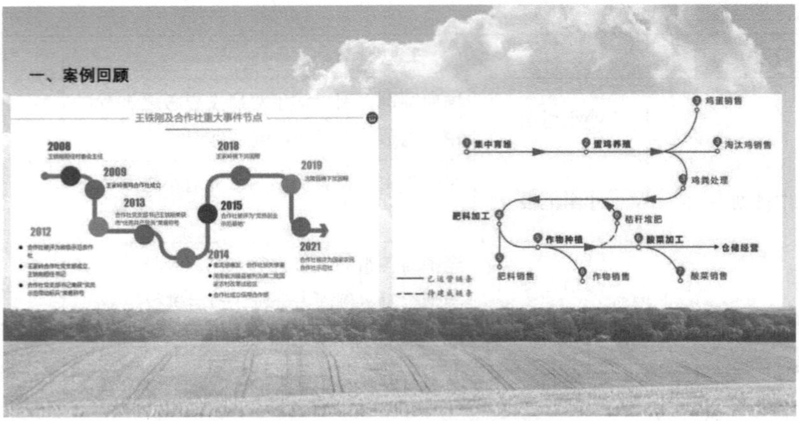

图7-24　板书1

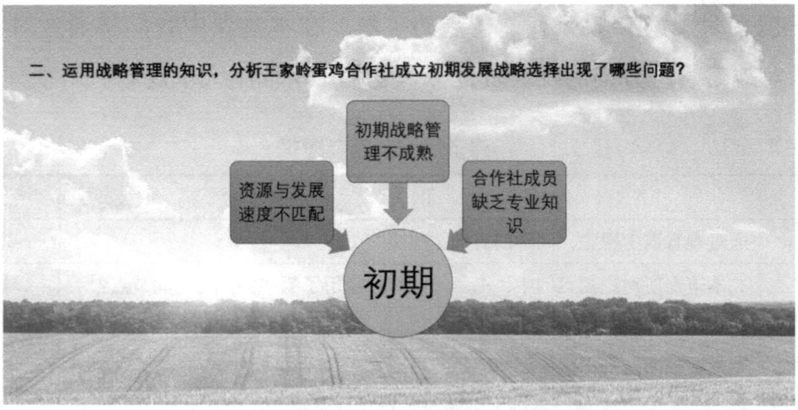

图7-25　板书2

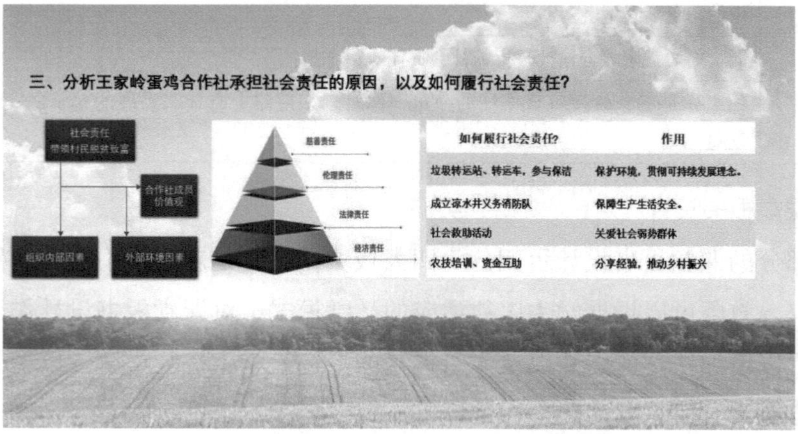

图7-26　板书3

图7-27　板书4

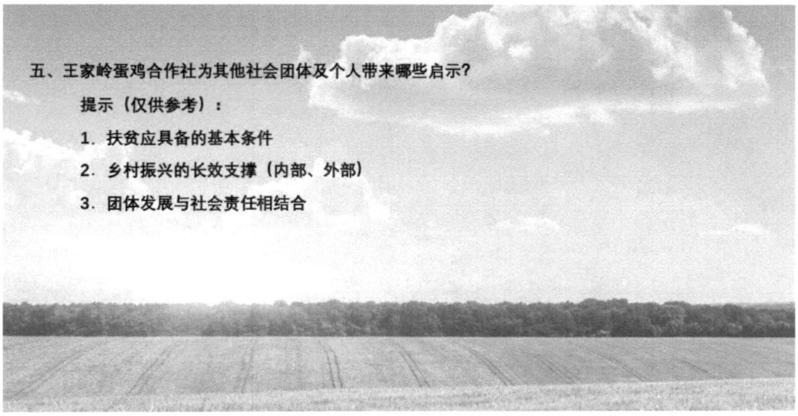

图7-28　板书5

图7-29　板书6

八、相关附件

本案例包含如下附件：

课程引入视频：我们希望通过观看感动中国2019人物黄文秀的视频，引发同学们对社会责任的思考，引起同学们的兴趣。下载地址：https：//pan.baidu.com/s/1D82AOaXm2DmzZDRMA4Xdpw？ pwd=dh1c。

提取码：dh1c

案例八

海安紫菜——地区产业致富的先行者

摘要：由海安县转变为海安市，是什么推动着海安发生如此巨大转变？本案例主要分析地区性产业——海安紫菜是如何通过不断革新，成为地区产业致富的先行者，从不断亏损逐渐成为地方的支撑性产业，甚至是该地的地理名片的主线。采用直叙的方法将海安紫菜产业的现状、海安紫菜的发展历程和紫菜革新采取的措施，一一展示，借此引发读者对地区性产业的可持续发展的思考。

关键词：海安紫菜；地区产业；产业革新；致富先行者

适用课程及对象：本案例可用于农产品市场营销、农业企业经营管理等课程，主要用于营销专业的学生学习；同时，也适用于国际经济与贸易，电子商务等经济管理专业参考学习。

案例正文

一、引言

20世纪90年代早期，当地渔民以海洋捕捞业以及鳗鱼等特种水产养殖业为主要致富途径，对紫菜生产涉及不多。1992年，海安主要从事小规模的养殖和简单加工，当时紫菜企业还只有海康水产品公司和海兴公司，两家甚至都不是以紫菜产业为主业。再加上其他各种因素，紫菜产业的产出低、消耗高，甚至出现严重亏损，紫菜在当时一度不被看好。

然而后来的剧情发展却越来越出乎人们的意料，2014—2015年，年产干紫菜达8.8万箱，出口创汇1000万美元，海安的紫菜养殖总量已占全国同行业的1/6，加工量占全国的1/5，经济效益占全国同行业的1/4。而现在紫菜已经成为海安名副其实的地理名片，甚至享誉国际。而值得深思的是：在这29年的时间里，是什么将这个被人喝倒彩的产业带向成功，并引领地区致富呢？

二、大有可为，锦绣前程

海安在近年来的紫菜养殖发展中取得了很大的成就。海安是全国闻名遐迩的“中国紫菜之乡”，老坝港镇是国家农业部首批命名的“全一村一品示范镇”，老坝港的条斑紫菜经过近30年的发展，拥有15万亩海上养殖基地和亚洲最大的现代化紫菜育苗基地，江苏省省级紫菜良种场，是农业部、财政部首批农业科技跨越计划——紫菜产业链项目实施单位。老坝港紫菜集中加工区被命名为江苏省省级农产品集中加工区。

紫菜集中加工区总规划面积1200亩，现已投入5.02亿元，入驻紫菜研究所1家，紫菜加工企业14家，其中省级农业龙头企业1家，市级农业龙头企业8家，已建成亚洲最大的现代化紫菜育苗基地、国家级紫菜良种场、国家级紫菜加工集中创业基地、江苏省农产品出口质量示范区。目前已形成种质保存、制备、良种培育、海区栽培、产品加工、市场营销和机械制造等配套完整的产业体系（见图8-1、图8-2）。

图8-1　海安紫菜交易市场

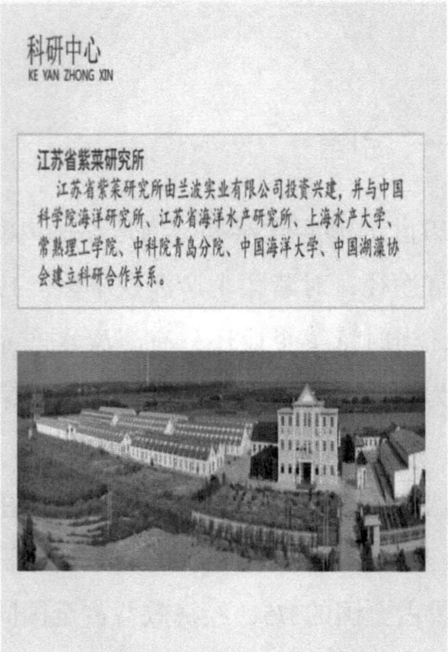

图8-2　紫菜研究所

三、一步一走，金石为开

海安地区紫菜产业的发展并不是一帆风顺，它主要经历了三个阶段。

1. 探索萌芽阶段（1992—1996年）

海安开始主要从事的是小规模的紫菜养殖和最简单的加工，当地也没有主要以紫菜产业为主业的公司，加上科技投入不足、自然灾害的侵袭，使紫菜出现严重亏损的情况。

2. 乘势而上阶段（1996—1999年）

第一次出现契机是实行公司改制，且紫菜的生产首战告捷，后来陆续给其他公司做了榜样，随着养殖电鳗行情下跌，大家陆续转向养殖紫菜，发展紫菜行业，逐步建立起紫菜培育、养殖、一次加工的生产体系，逐步扩大紫菜基地的养殖规模。这一阶段，海安初步建立起紫菜育苗、养殖和一次加工的生产体系，紫菜企业发展为4家，养殖面积扩大到200多公顷，育苗面积扩大到2000平方米，一次紫菜加工设备增加到7台套，紫菜年产量达2.5万箱。

3.扶摇而上阶段（2000年至今）

以海安紫菜商会的诞生为标志，紫菜产业的发展进程明显加快。5年多时间，形成比较完善紫的菜育苗、养殖、一次加工、二次加工的生产体系。“十二五”期间在政府的帮助下，许多公司带头组织项目实施，逐渐形成一条统一育苗、统一加工、统一包装、统一检验、统一销售的集约化管理之路，也逐渐走向国际，并受到高度评价，成为亚洲最大的紫菜育苗基地，被誉为“紫菜之乡”。

四、登“山”涉“水”，蒸蒸日上

1.坚持己见，坚定不移

从发展之初，海安紫菜产业就避免重蹈其他地区个体农户经营发展模式的覆辙，实行以公司化经营为特征的规模经济发展模式。从1992年的首家紫菜企业康海公司到目前的14家紫菜企业，无一不是紫菜养殖、加工、销售一条龙经营的公司实体。

（1）严格遵循高投入、高产出、高效益的规律进行投入。1992—2007年，海安紫菜产业累计投人2.8亿元，其中厂房和设备等固定资产投入达16000万元，流动资产投入12000万元。若按一次加工生产线400万—600万元/条和二次生产线700万元/条的投资标准计算，14家企业实际总投入在2亿元以上，其中仅兰波实业公司总投入就达8600万元。

（2）遵循行业投资匹配标准进行投入。所有紫菜企业参照1条二次加工生产线需要4条一次加工生产线、1条一次加工生产线需要40—53公顷养殖面积的行业投资匹配标准进行设计和投入，目前6条二次加工生产线匹配了42条一次加工生产线，42条一次加工生产线匹配了2400公顷养殖面积，二次加工生产线的匹配比例为1∶7，一次加工生产线的匹配比例为1∶800。由于投资充分考虑了行业匹配标准，确保上游企业为下游企业提供充足的原料，并留有一定的保险系数，从而提高了生产线运转效率，降低了单位生产成本。

紫菜企业的大投入，一方面提升了企业层次，增强了企业抵御风险的能力；另一方面促进了企业实施规模生产，实现规模经济效益。海安紫菜企业养殖规模最大的达480公顷，最小的53公顷，加工规模最大的企业一次和二次生产线分别为8条和4条。2004年，尽管受自然灾害影响，养殖遭受减产30%的损失，但2005年紫菜加工生产线开工率仍达到80%，分别比如东和启东高30个百分点和40个百分点。海安紫菜企业平均养殖规模达167公顷，是全省平均水平的3.16倍；平均单季紫菜产量达2600万箱，是全省平均产量的3倍；平均每企业盈利333万元，是全省平均盈利能力的4倍左右。

正是因为海安高投入、高产出的规模经营模式与现代市场经济的农业产业化发展要求相适应，才实现了规模经济效益跨越式的超常发展。

2. 科技创新，与时俱进

海安紫菜产业在萌芽阶段就开始意识到科技对紫菜养殖的重要性，进入起步发展阶段，龙头企业兰波实业公司率先走上产研联合的发展道路。南通市水产研究所高级工程师吉传礼一直被聘请为海安紫菜产业的技术指导，长期坐镇指挥；1996年，兰波公司与中国藻类研究权威机构——江苏水产研究所藻类室等科研单位挂钩，建立了由兰波公司提供定额科研经费、由研究所提供新品种和新技术的产研合作关系，将中国紫菜藻类第二代研究人员集中在海安；2007年建成江苏省紫菜良种场，使海安成为江苏省紫菜科研基地，为紫菜产业的发展提供了强有力的技术支撑。长期有效的产研合作，促进了海安紫菜产业产品结构和技术水平的全面提升。

（1）养殖品种升级。优先采用国家紫菜种植库的优质品种，实现养殖品种从果孢子向自由丝状体果孢子的更新换代。

（2）育苗技术升级。优先应用先进的育苗技术，实现了育苗技术从小池培育向大池培育的过渡，尤其是紫菜冷冻网技术的应用，成功地解决了紫菜杂含绿藻问题，有效地提高了海安紫菜的品质。育苗技术的变革，一方面大幅度提升了海安紫菜产业育苗能力与育苗水平，4家企业育苗面积达4万平方米，供苗能力超过3000公顷，而全省300多家育苗企业的育苗能力总共仅为1万公顷，海安紫菜产业育苗能力是全省平均水平的30倍以上；另一方面大幅度降低了紫菜育苗成本，目前海安紫菜苗种成本已从26元/公顷降至13元/公顷，降低幅度达50%。

（3）养殖方式升级。优先采用先进的养殖方式，实现了海上养殖从插管式向固定式的过渡。尤其是20世纪90年代中期超前意识到外沙滩涂养殖的开发价值，率先取得蒋家沙滩涂的开发使用权，之后又进一步解放思想，借外力发展，大面积租赁了大丰、东台的东沙、竹根沙等滩涂使用，并迅速将33条捕捞渔轮等渔业资源转移到紫菜养殖上，实现了从浅海养殖向外沙养殖的转化，目前海安全部紫菜均为外沙养殖。由于外沙养殖具有受海水污染和海洋气候变化影响小的优势，当其他地区严重受灾之际，海安却得以幸免。例如，2001年启东绿四大面积养殖失败，海安紫菜养殖却“风景这边独好”；2004年全省紫菜养殖遭受损失达68%，但海安紫菜养殖仅损失不到30%，减产幅度低于全省38个百分点，实现了紫菜产业的可持续发展。

（4）加工技术升级。加大对先进加工设备的投入力度，不断加大紫菜加工深度，扩大紫菜产品附加值。2000年以来，多家紫菜企业先后投入6000多万元从日本引进全自动的一次加工设备24台和二次加工设备3台，其中兰波公司、时代公司全部采用日本生产的先进加工设备，仅时代公司在2001年就一次性购进日本八帘加工机3台套。先进加工技术的应用不仅扩展了紫菜加工能力，而且提高了紫菜产品质量，兰波公司凭借“海波”牌紫菜成为中国两家取得美国有机产品认证的紫菜企业之一，海安紫菜产品以上佳的品质打入欧美、韩国和东南亚市场。

（5）加强制菜新产品研发。加强紫菜营养食品的研究开发，紫菜多糖的提取应用，从紫菜中提取藻红素用于医药用品生产的研究。

养殖品种、育苗技术、养殖方式和加工技术的升级全面提升了海安紫菜产业的发展能力，并极大拓展了海安紫菜产业的生存空间，也是海安紫菜产业减产不减收的秘诀所在。2005年，在紫菜原材料严重供不应求、紫菜加工企业普遍开工不足的情况下，海安紫菜产业仍实现利润4000万元以上。正是因为以科技为先导的技术发展模式与现代市场经济农业产业化发展的要求相一致，海安紫菜产业才能始终充满科技生命力，实现持续跨越式发展。实现了紫菜产业可持续发展，促进了海安地区的经济发展（见图8-3、图8-4）。

3.万众一心，欣欣向荣

海安紫菜产业步入快速发展阶段后，随着紫菜企业数量的增多，为避免行业内部的恶性竞争和紫菜中间商的欺诈盘剥，促进行业迅速做大做强，2000年12月6日，在地方党委和政府的关心支持下，紫菜企业自愿成立了紫菜产业商会。商会主要根据市场经济和紫菜产业的特点，充分发挥参谋指导、协调服务和监督制约作用，将会员企业整合为产权松散但关系密切的联合体。

图8-3　基地建设概况

图8-4　科研概况

（1）发挥参谋指导作用，引导会员企业扩大产业规模。商会根据国际紫菜市场行情和紫菜产业发展态势，引导企业加大技术改革力度，帮助企业开展项目论证，协助企业选择进口设备，对新会员企业从设备选购、苗种培育、养殖技术、生产管理和产品销售等方面进行全方位的指导和支持，促使海安紫菜产业养殖和加工规模迅速扩张，形成规模经济效益。

（2）发挥协调服务作用，支持企业降低营运成本。商会充分利用信息和人才资源优势，代表企业与加工设备和主要物料的供应商及滩涂所有者统一进行谈判，最大限度地降低设备购置成本、主要物料进价和滩涂租金，仅2004年企业进口5台八帘一次加工设备就节约固定资产投资近300万元；对银行借贷不能提供有效抵押保证的企业，商会协调安排其他企业提供贷款保证，支持企业取得银行贷款；针对少数企业临时性资金周转困难，商会协调企业间相互融资，仅兰波公司就对会员企业提供过550万元的无息融资。

同时，商会协调3家育苗技术过关的企业培育种苗，使会员企业享受种苗价格低于周边市县30%—40%的优惠，既避免了企业种苗培育的小而全重复建设，又增强了海安紫菜育苗能力；当某个企业遭遇特殊困难时，商会协调全体会员企业共同伸出援助之手。例如，2005年5月12日，时代公司紫菜运输船遭遇海难事故，由商会牵头各家会员企业出钱、出人、出船，既帮助处理遇难者善后事宜，又帮助组织海上生产器材的回收运输，使遇难企业度过难关。

（3）发挥监督制约作用，促进企业规范竞争行为。为加强行业内部团结协作和禁止行业内部无序竞争，商会立足于整章建制加强对规章制度执行的监督检查，维护行业市场竞争秩序。商会对行业内各类专业技术人员实行统一管理和统一调配，制定了技术人员指导性工资标准，杜绝企业之间的高薪挖人才现象；在紫菜产品销售方面，商会以行业为整体，统一品牌，统一标准，统一价格，避免企业之间采取相互杀价的不良销售行为。2003年商会投资建立了南黄海紫菜交易市场，采取投标会和洽谈会的形式定期进行紫菜交易；2004年进行紫菜交易4次，紫菜交易额达1800万元；2005年紫菜市场进一步提高定位，重新选址征地，投入1000余万元进行交易大厅、仓库、检测中心和产品后整理车间的工程项目建设，目前已投入使用；新建立的紫菜市场在省、市商检部门的关心和指导下，将海安所有紫菜一次加工企业的初级产品集中统一标准、统一包装、统一销售，并即将获准在市场统一商检；2006年上半年，市场已成功进行5次紫菜交易会，接待海内外采购商600余人次，交易额超过1亿元。

海安紫菜产业十余年的发展走过了一条渐进式壮大的创业之路，走过了一条科学发展、跨越发展、和谐发展的成功之路。今天的成功，除了以上所述的三条经验启示以外，不可或缺的甚至是作为前提条件的因素还有党和政府多年来给予的政策、舆论、环境和劳动力资源的支持，金融部门给予的资金支持，商检和工商、税务等部门给予的市场准入和业务指导、监督、服务等方方面面的支持（见图8-5）。

图8-5　海安紫菜产业的社会声誉

五、紫菜之花，开辟贸易，走向国际

紫菜产业的成功开发，积极地带动了海安的经济迅猛发展。海安条斑紫菜企业以全省1/6的养殖规模，创造出了全省1/5的产量和1/4的经济效益。紫菜产业的迅猛发展，在很大程度上帮助海安政府部门解决了5000多人的就业问题。值得一提的是，当我国“入世”后面临日本紫菜贸易壁垒之时，海安紫菜产业商会带头大声疾呼，积极配合江苏省紫菜协会和商务部调查取证，打赢了紫菜产业第一场国际官司，使中国紫菜产业扬眉吐气，产品首次直接进入日本市场。近年来，日本商界纷纷组团来海安参观考察，对海安紫菜产业的崛起予以极大的关注和高度的评价。海安紫菜产业商会的成功运作实践得到了国家、省、市、县工商联和其他有关部门领导的充分肯定。

六、步入尾声

经过不断地发展、改革，当年的海安县发展成为海安市，当时种植紫菜的一亩几分地现在已成为3万亩错落有致的紫菜架延伸天边，蔚为壮观。海安紫菜不仅在国内开发了市场，而且在国外也具有一定的影响力，海安发展的脚步并不会就此止步，他们的故事还在继续。

七、启发思考题

1.海安紫菜发展的背景是什么？蓬勃发展的原因又是什么？现今面临的困境又有哪些？

2.当海安紫菜走向国际，它面对的挑战可能有哪些？如何应对？

3.在当今互联网时代，海安紫菜可能将以哪种形式开辟可持续性发展的道路？

案例适用说明

一、教学目的与用途

1.本案例主要用于营销专业的学生学习；同时，也适用于国际经济与贸易、电子商务等经济管理专业参考学习。

2.本案例的教学目的为引导学生思考：企业是如何进行营销的，农产品的销售主要有哪些方式和渠道，需要采取什么样的营销方式才可以使农产品营销脱颖而出。

3.本案例给予初学者一定的启发思考，作为启蒙案例。

4.使用一定的营销专业知识和技巧分析。

二、启发思考题

1.海安紫菜发展的背景是什么？蓬勃发展的原因又是什么？现今面临的困境又有哪些？

2.当海安紫菜走向国际，它面对的挑战可能有哪些？如何应对？

3.在当今互联网时代，海安紫菜可能将以哪种形式开辟可持续性发展的道路？

三、分析思路

1.数据和资料分析，海安紫菜成为海安市地理名片和致富产业的原因，以及以后的海安紫菜该采取何种措施来实现其产业扩张，并从海安紫菜成功的案例中总结出更多的经验，带着这些经验去探索中国地区产业应该如何发展。

2.紫菜在先前并不是海安市的支柱性产业，后来是什么原因使其对海安市的经济发展越来越重要？又是怎样的环境塑造了以紫菜闻名的海安市？

3.分析海安市制菜行业的优缺点，并提出相应的解决方案，帮助其实现进一步的突破。

分析思路如图8-6所示。

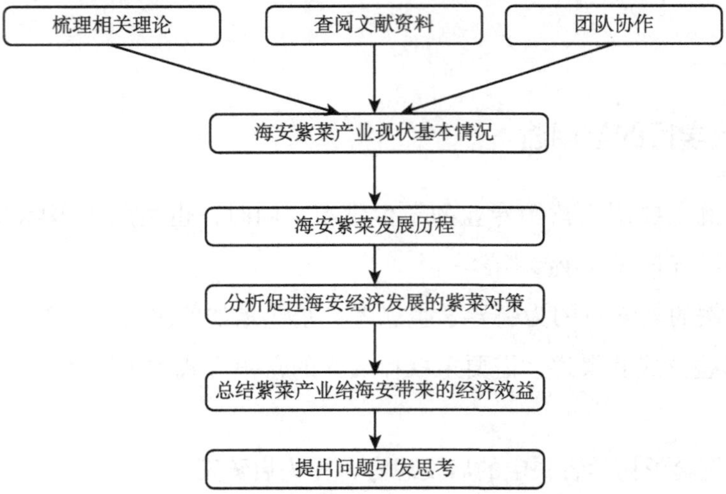

图8-6 分析思路

四、案例分析

1.海安紫菜发展的背景是什么？蓬勃发展的原因又是什么？现今面临的困境又有哪些？

随着我国经济的不断发展和养殖业科技水平的不断提高，海安在近年来的紫菜养殖发展中取得了很大的成就。海安紧紧依托东临黄海的优势，滩涂紫菜繁殖已成为当地渔业转型发展的支柱产业，形成育苗、栽培、加工、销售、出口产业链，紫菜行业的迅猛发展，在很大程度上帮助海安政府部门解决了5000多人的就业问题，其条斑紫菜企业以全省1/6的养殖规模，创出了全省1/5的产量和1/4的经济效益，且在国外也享有盛誉，成为地区产业致富的优秀榜样，但与此同时许多的弊端也渐渐地显示出来。

海安紫菜成功原因解析：

（1）坚定不移地走规模经济发展模式。海安紫菜始终坚持实行以公司化经营为特征的规模经济发展模式，避免与其他地区个体农户经营发展模式相仿。从1992年的紫菜小规模养殖和简单加工，发展到如今的紫菜养殖、加工和销售一条龙经营。

（2）遵循行业投资匹配标准进行投入。所有紫菜企业参照1条二次加工生产线需要4条一次加工生产线、1条一次加工生产线需要40—53公顷养殖面积的行业投资匹配标准进行设计和投入，目前6条二次加工生产线匹配了42条一次加工生产线，42条一次加工生产线匹配了2400公顷养殖面积，二次加工生产线的匹配比例为1∶7，一次加工生产线的匹配比例为1∶800。由于投资充分考虑了行业匹配标准，确保上游企业为下游企业提供充足的原料，并留有一定的保险系数，从而提高了生产线运转效率，降低了单位生产成本。

紫菜企业的大投入，一方面提升了企业层次，增强了企业抵御风险的能力；另一方面促进了企业实施规模生产，实现规模经济效益。海安紫菜企业养殖规模最大的达480公顷，最小的53公顷，加工规模最大的企业一次和二次生产线分别为8条和4条。2004年尽管养殖因自然灾害遭受减产30%的损失，但2005年紫菜加工生产线开工率仍达到80%，分别比如东和启东高30个百分点和40个百分点。海安紫菜企业平均养殖规模达167公顷，是全省平均水平的3.16倍；平均单季紫菜产量达2600万箱，是全省平均产量的3倍；平均每企业盈利333万元，是全省平均盈利能力的4倍左右。

（3）进行科技创新，为紫菜养殖提供技术支撑。

①养殖品种升级。优先采用国家紫菜种植库的优质品种，实现养殖品种从果孢子向自由丝状体果孢子的更新换代。

②育苗技术升级。优先应用先进的育苗技术，实现了育苗技术从小池培育向大池培育的过渡，尤其是紫菜冷冻网技术的应用，成功地解决了紫菜杂含绿藻问题，有效地提高了海安紫菜的品质。育苗技术的变革，一方面大幅度提升了海安紫菜产业育苗能力与育苗水平，4家企业育苗面积达4万平方米，供苗能力超过3000公顷，而全省300多家育苗企业的育苗能力总共仅为1万公顷，海安紫菜产业育苗能力是全省平均水平的30倍以上；另一方面大幅度降低了紫菜育苗成本，目前海安紫菜苗种成本已从26元/公顷降至13元/公顷，降低幅度达50%。

③养殖方式升级。优先采用先进的养殖方式，实现了海上养殖从插管式向固定式的过渡。尤其是20世纪90年代中期超前意识到外沙滩涂养殖的开发价值，率先取得蒋家沙滩涂的开发使用权，之后又进一步解放思想，借外力发展，大面积租赁了大丰、东台的东沙、竹根沙等滩涂使用，并迅速将33条捕捞渔轮等渔业资

源转移到紫菜养殖，实现了从浅海养殖向外沙养殖的转化，目前海安全部紫菜均为外沙养殖。由于外沙养殖具有受海水污染和海洋气候变化影响小的优势，当其他地区严重受灾之际，海安却得以幸免。例如，2001年启东绿四大面积养殖失败，海安紫菜养殖却“风景这边独好”；2004年全省紫菜养殖遭受损失达68%，但海安紫菜养殖仅损失不到30%，减产幅度低于全省38个百分点，实现了紫菜产业的可持续发展。

④加工技术升级。加大对先进加工设备的投入力度，不断加大紫菜加工深度，扩大紫菜产品附加值。2000年以来，多家紫菜企业先后投入6000多万元从日本引进全自动的一次加工设备24台和二次加工设备3台，其中兰波公司、时代公司全部采用日本生产的先进加工设备，仅时代公司在2001年就一次性购进日本八帘加工机3台套。先进加工技术的应用不仅扩展了紫菜加工能力，而且提高了紫菜产品质量，兰波公司凭借“海波”牌紫菜成为中国两家取得美国有机产品认证的紫菜企业之一，海安紫菜产品以上佳的品质打入欧美、韩国和东南亚市场。

⑤加强制菜新产品研发。加强紫菜营养食品的研究开发，紫菜多糖的提取应用，从紫菜中提取藻红素用于医药用品生产的研究。养殖品种、育苗技术、养殖方式和加工技术的升级全面提升了海安紫菜产业的发展能力，并极大拓展了海安紫菜产业的生存空间，也是海安紫菜产业减产不减收的秘诀所在。2005年，在紫菜原材料严重供不应求、紫菜加工企业普遍开工不足的情况下，海安紫菜产业仍实现利润4000万元以上。正是因为以科技为先导的技术发展模式与现代市场经济农业产业化发展的要求相一致，海安紫菜产业才能始终充满科技生命力，实现持续跨越式发展。

（4）海安紫菜商会的引导和带动作用。对海安形成如今的大好局势作出重大贡献的一个因素就是：海安紫菜商会。商会根据国际紫菜市场行情和紫菜产业发展态势，引导企业加大技术改革力度，帮助企业开展项目论证，协助企业选择进口设备，对新会员企业从设备选购、苗种培育、养殖技术、生产管理和产品销售等方面进行全方位的指导和支持，促使海安紫菜产业养殖和加工规模迅速扩张，形成规模经济效益。

商会充分利用信息和人才资源优势，代表企业与加工设备和主要物料的供应商和滩涂所有者统一进行谈判，最大限度地降低设备购置成本、主要物料进价和滩涂租金，仅2004年企业进口5台八帘一次加工设备就节约固定资产投资近300万元；对银行借贷不能提供有效抵押保证的企业，商会协调安排其他企业提供贷款保证，支持企业取得银行贷款；针对少数企业临时性资金周转困难，商会协调企业间相互融资，仅兰波公司就对会员企业提供过550万元的无息融资。

同时，商会协调3家育苗技术过关的企业培育种苗，使会员企业享受种苗价格低于周边市县30%—40%的优惠，既避免了企业种苗培育的小而全重复建设，又增强了海安紫菜育苗能力；当某个企业遭遇特殊困难时，商会协调全体会员企业共同伸出援助之手。例如，2005年5月12日，时代公司紫菜运输船遭遇海难事故，由商会牵头各家会员企业出钱、出人、出船，既帮助处理遇难者善后事宜，又帮助组织海上生产器材的回收运输，使遇难企业渡过难关。

为加强行业内部团结协作和禁止行业内部无序竞争，商会立足于整章建制加强对规章制度执行的监督检查，维护行业市场竞争秩序。商会对行业内各类专业技术人员实行统一管理和统一调配，制定了技术人员指导性工资标准，杜绝企业之间的高薪挖人才现象；在紫菜产品销售方面，商会以行业为整体，统一品牌，统一标准，统一价格，避免企业之间采取相互杀价的不良销售行为。2003年商会投资建立了南黄海紫菜交易市场，采取投标会和洽谈会的形式定期进行紫菜交易；2004年进行紫菜交易4次，紫菜交易额达1800万元；2005年紫菜市场进一步提高定位，重新选址征地，投入1000余万元进行交易大厅、仓库、检测中心和产品后整理车间的工程项目建设，目前已投入使用；新建立的紫菜市场在省、市商检部门的关心和指导下，将海安所有紫菜一次加工企业的初级产品集中统一标准、统一包装、统一销售，并即将获准在市场统一商检；2006年上半年，市场已成功进行5次紫菜交易会，接待海内外采购商600余人次，交易额超过1亿元。

2.当海安紫菜走向国际，它面对的挑战可能有哪些？如何应对？

尽管海安紫菜已成为地区产业发展的模范案例，但是仍有很多的缺陷，其中最为明显的几个问题为：

（1）气候影响。自然界条斑紫菜生长期为11月至次年6月，是适宜低温生长的藻类。据统计，从1976年至今，我国黄海的水温以每年0.068℃的速度上升，即从1976年至今，黄海的水温已上升了2℃，适宜栽培的区域逐渐北移。一是南方的坛紫菜引进到江苏养殖，与条斑紫菜进行轮养，二是将江苏条斑紫菜迁移到山东、辽宁沿海进行养殖。本年度江苏的坛紫菜养殖面积在5.16万亩左右，产量一般在每亩干品120千克。江苏省企业到山东省和辽宁省进行紫菜养殖的规模已经达到近

10万亩，加工机20多台。

（2）杂藻影响。海洋生态环境的变化一直影响着紫菜产业的发展。自条斑紫菜栽培以来，绿藻等杂藻的影响始终存在，每年处理绿藻的人力、物力成本不断上升。2016年以来暴发的褐藻灾害，给产业造成了巨大的损失。

（3）紫菜养殖发展空间受限。目前全省能够养殖条斑紫菜的海域和滩涂大部分都已经充分利用，紫菜产业已经很难通过单纯扩大养殖规模进行扩展。一是全省海域滩涂虽然总体规模很大，但是适宜于紫菜养殖的还是有限，由于目前在较深水域养殖的技术和器材问题还没有得到完全解决，不能有效利用。二是江苏沿海开发正在加快推进，紫菜养殖面临着与沿海开发的港口航运、临港工业等方面的布局矛盾，以及与渔业内部的滩涂和浅海贝类养殖、沿岸海洋捕捞小区（群众捕捞）作业的布局的矛盾等，部分现有养殖水域滩涂还需要退出养殖功能。三是部分区域已经规划为海洋自然保护区等海洋生态红线保护区域，也不能够用于紫菜养殖，已经位于这些区域的紫菜养殖也必须逐步退出养殖功能。空间受限将影响到竞争能力。

（4）劳动力缺乏。紫菜栽培和采收是从秋末到次年初夏，整个冬季工作环境恶劣，劳动强度大。根据对部分主产区的调查数据显示，40岁以下的从业人员仅占1%—2%，绝大多数在50岁以上（60岁以上的人员又无法参加保险），鲜有年轻人愿意从事这个行业。缺乏年轻力量、人力成本大幅度提高的劳动力问题是当前产业较为突出的问题。

（5）产品附加值不高。从20世纪70年代至今，条斑紫菜原藻的加工品“干紫菜”价格一直维持在0.3—0.5元/枚。从栽培的成本来看，首先栽培区已由原来的近岸步行或小型拖拉机即可到达的滩涂发展至远离大陆的辐射沙洲滩涂主产区，与之相适应的是栽培器材抗风浪的性能要加强，必须配备大型运输船只，船只燃油价格以及人员工资每年递增等这些必须的生产成本翻了几番，但干紫菜的价格并没有随着成本的增长而改变，直接影响了紫菜海区栽培和原藻加工企业的利润和收益。

综上所述，海安紫菜还有很大的发展空间。

3.在当今互联网时代，海安紫菜可能将以哪种形式开辟可持续性发展的道路?

开放性课堂讨论，过程略。

五、背景信息

20世纪90年代早期，当地渔民以海洋捕捞业以及鳗鱼等特种水产养殖业为主要致富途径，对紫菜生产涉及不多。在1992年时，海安主要从事小规模的养殖和简单加工，当时紫菜企业还只有海康水产品公司和海兴公司，两家甚至都不是以紫菜产业为主业。再加上其他各种因素，紫菜产业的产出低、消耗高，甚至出现严重亏损，紫菜在当时一度不被人看好。

然而后来的剧情发展却越来越出乎人们的意料，2014—2015年，年产干紫菜达8.8万箱，出口创汇1000万美元，海安的紫菜养殖总量已占全国同行业的1/6，加工量占全国的1/5，经济效益占全国同行业的1/4。现在的江苏南通市海安是全国闻名遐迩的“紫菜之乡”，老坝港镇是国家农业部首批命名的“全国一村一品示范镇”，老坝港紫菜集中加工区被命名为江苏省省级农产品集中加工区。紫菜集中加工区计划总投资5亿元，总规划面积1200亩，一期已完成开发面积500亩，现已投入3.5亿元，入驻紫菜研究所1家，紫菜加工企业13家，其中省级农业龙头企业1家，市级农业龙头企业8家。建成亚洲最大的现代化紫菜育苗基地、国家级紫菜良种场、国家级紫菜加工集中创业基地、江苏省农产品出口质量示范区。海安市紧紧依托东临黄海的优势，滩涂紫菜养殖已成为本地渔业转型发展的支柱产业，形成育苗、栽培、加工、销售、出口产业链，蔚为壮观。

六、关键要点

1. 大有可为，锦绣前程

紫菜集中加工区总规划面积1200亩，现已投入5.02亿元，入驻紫菜研究所1家，紫菜加工企业14家，其中省级农业龙头企业1家，市级农业龙头企业8家，已建成亚洲最大的现代化紫菜育苗基地、国家级紫菜良种场、国家级紫菜加工集中创业基地、江苏省农产品出口质量示范区。目前已形成种质保存、制备、良种培育、海区栽培、产品加工、市场营销和机械制造等配套完整的产业体系。

2. 一步一走，金石为开

海安地区产业紫菜的发展并不是一帆风顺，它主要经历了三个阶段：

（1）探索萌芽（1992—1996年）。

（2）乘势而上（1996—1999年）。

（3）扶摇而上（2000年至今）。

3.登“山”涉“水”，蒸蒸日上

为促进海安的经济发展，该地区对紫菜产业采取了以下举措：

（1）严格遵循高投入、高产出、高效益的规律进行投入。

（2）遵循行业投资匹配标准进行投入。

（3）科技创新，与时俱进。

（4）发挥参谋指导作用，引导会员企业扩大产业规模。

（5）发挥协调服务作用，支持企业降低营运成本。

（6）发挥监督制约作用，促进企业规范竞争行为。

4.紫菜之花，开辟贸易，走向国际

紫菜产业的成功开发，积极地带动了海安的经济迅猛发展。当我国“入世”后面临日本紫菜贸易壁垒之时，海安紫菜产业商会带头大声疾呼，积极配合江苏省紫菜协会和国家商贸部调查取证，打赢了紫菜产业第一场国际官司，使中国紫菜产业扬眉吐气，产品首次直接进入日本市场。近年来，日本商界纷纷组团来海安参观考察，对海安紫菜产业的崛起予以极大的关注和高度的评价。海安紫菜产业商会的成功运作实践得到了国家、省、市、县工商联和其他有关部门领导的充分肯定。

5.步入尾声

经过不断地发展、改革，当年的海安县发展成为海安市，当时种植紫菜的一亩几分地现在已成为3万亩错落有致的紫菜架延伸天边，蔚为壮观。海安紫菜不仅在国内开发了市场，而且在国外也具有一定的影响力，海安发展的脚步并不会就此止步，他们的故事还在继续。

七、建议课堂计划

1.课程开设的目的

（1）正确认识课程的性质、任务及其研究对象，全面了解课程的体系、结构，对农产品市场营销有一个整体的认识。

（2）牢固树立以顾客需要为中心的市场营销观念，并以此观念为指导去研究和解决市场营销的理论和实际问题。

（3）掌握学科的基本概念、基本原理和基本方法，包括国内外市场营销理论与实践的最新发展。

（4）紧密联系实际，学会分析案例，解决实际问题，把学科理论的学习融入对经济活动实践的研究和认识之中，切实提高分析问题、解决问题的能力。真正掌握课程的核心内容，为企业经济效益的提高服务，为社会主义市场经济体制的建立和完善作出贡献。

2. 课程开设的实施

农产品市场营销是应用型学科，是一门引进课程。因此在教学中应注意：

（1）系统、全面、准确地阐述现代农产品市场营销的基本原理和实务，在原理的阐述和案例的举例中要多联系中国实际，使之既忠实于学科原貌，又通俗易懂，不脱离中国实际；对一些专业术语应配英文对照。

（2）增加案例教学的比重，文字教材、音像教材中都要突出典型案例的剖析。同时安排必要的作业和实验，给学生接触实际、动手分析的机会。

（3）日常的面授辅导着重于重点的归纳、难点的剖析以及作业讲解。以综合练习和案例分析的形式为主。

学时及内容安排如表8-1所示。

表8-1 学时及内容安排

序号	项目	工作任务	学时
1	项目一：认识农产品营销	任务1.认识农产品营销	4
2	项目二：农产品市场分析	任务2.农产品营销环境分析 任务3.农产品消费者心理分析	2、4
3	项目三：农产品目标市场营销	任务4.农产品市场细分与定位 任务5.农产品直接销售 任务6.农产品间接销售	4、2、2
4	项目四：农产品销售	任务8.农产品销售的其他方式 任务9.农产品品牌、包装策略 任务10.农产品定价策略	2、2、4
5	项目五：农产品市场执行	任务11.农产品促销策略	4
6	项目六：农产品物流	任务12.农产品物流配送	2
7	农产品营销综合实训		6
总学时			40

3. 课程改进建议

（1）要了解学生，根据学生的基础和特点进行分组。

（2）要以身作则，形成良好的习惯培养学生的学习能力。

（3）要注重效率，根据实际情况培养学生的学习兴趣。

（4）要讲究科学，设计问题要科学，训练学生的思维能力。

（5）老师的教学观念应与学生结合，营造良好的学习氛围。

4. 板书设计

图8-7 板书1

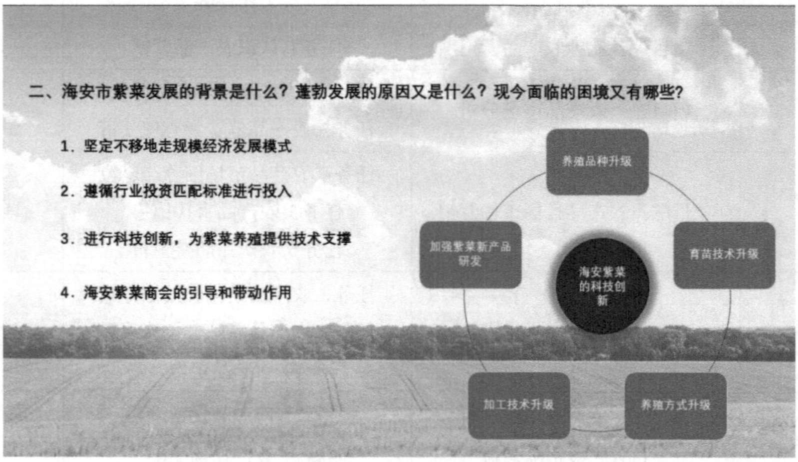

图8-8 板书2

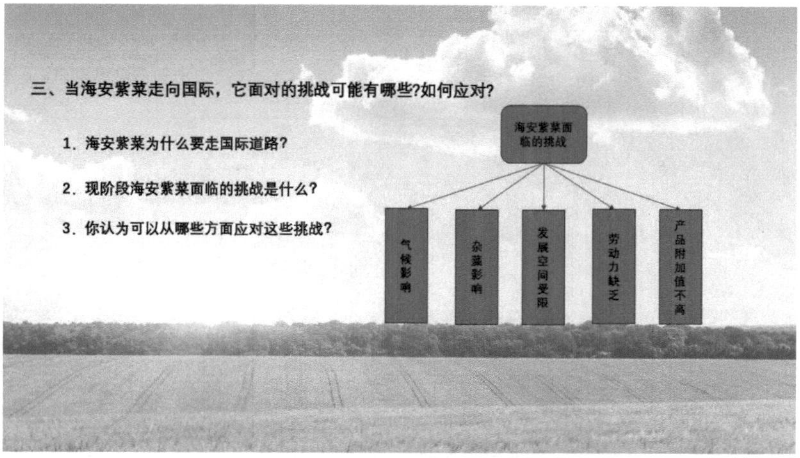

图8-9　板书3

图8-10　板书4

案例九

步步为营：古文茶叶的区域品牌之路

摘要：成立于1988年的古丈茶叶总厂，从最初没有效益的国营企业，整改转变，历经十几年的砥砺，现已成长为规模3000万元、每年茶叶销量1500吨左右的古丈县有机茶叶公司。近年来，茶叶公司深入茶叶基地，调整改造，从全局出发，通过对运营模式的升级加固，强化供应链管理等措施，一步步走出了自己的品牌之路，我们对古丈县品牌打造之路进行探究，总结相关营销推广经验，以此了解古丈县茶叶品牌的成功之道和对相关区域品牌建设主体提供经验借鉴。

关键词：古丈茶叶；区域品牌；品牌建设；有机茶叶

适用课程及对象：本案例适用于农产品营销学、市场营销学、品牌营销等相关课程。本案例适用于有一定工作经验的MBA和EMBA学员的市场营销、营销管理类相关课程谈论案例，也可用于工商管理专业全日制硕士或本科课程的相关章节。

案例正文

一、引言

茶叶公司成立的初衷，是县纪委提出要建立一个国营茶叶公司，投入几千万元建立了古丈县茶叶总厂，主打“倩云”品牌，推广民营茶。但由于茶厂是吃“大锅饭”的国营企业，效率和收益都不高，每年亏损，将茶厂承包给私人也未见成效。品牌打造方面，仅有一个主打品牌，而且由于古丈县比较小，茶厂负责人都是县领导的亲戚，没有大的投入在品牌推广方面，所以也并未见成效。面对这种境况，古丈县县委书记提出要引进大型龙头集团带动整个古丈县茶叶发展，并去到了当时的省茶叶公司总部与老总协商，希望能帮助解决当下古丈茶厂的困境。茶叶公司总部随即分析指出目前公司面临的主要问题：地域限制、管理层效率低下、技术落后等，但鉴于茶叶本身质量是一大亮点，也想对古丈农户进行扶贫，于是买下了茶叶总厂的厂房和设备，在2005年成立湖南省茶叶集团控股子公司，整改领导班子，派遣专门管理团队，把公司业务重新定位于中低端茶，将古丈所有原料都利用起来，开启了古丈茶叶的区域品牌建设之路。

二、“公司+基地+合作社+农户”的运营模式

公司以前与很多合作社都有交易关系，但没有自己的合作社，茶叶公司成立后发起注册高峰协会，包括盘草、青竹山和高峰三个合作社，以推广公平贸易，与其他合作社建立更加紧密的联系，目前与公司有固定交易的合作社有七八个。公司大部分交易是和几个固定的合作社，少量直接通过农户交易。目前公司主打中低端茶叶，以有机茶和黑毛茶为主，由于古丈有机茶叶的产量并不大，除了与合作社进行交易以外，还会有1000万—2000万吨的交易量是从贵州、湖北等地去购买。目前公司茶叶收购的模式承接了以前的合作社模式，加入了公司的管控，通过在乡镇建立茶叶基地，由散户先将茶叶采摘后运输到基地，基地集中运送到

合作社的加工厂进行粗加工，然后再交到公司，由公司深加工、精包装后销售给顾客，是“公司+基地+合作社+农户”的运营模式。

在对合作社管理方面，目前主要管理方式是认证，通过了有机认证的合作社，公司每年都会有检查和培训。目前三个主要合作社都已经通过了认证。合作社每年把样品送到检测机构，出现问题的会被要求整改，若第二年仍出问题就不会再收这个合作社的茶叶。散户方面，公司会将需要的茶叶标准告知农户，然后满足要求的茶叶就回收。为了保证茶叶的可追溯，不同来源的茶叶还会分批次加工，但销售还是会放在一起销售。

除此之外，公司还会对合作社进行扶持帮助，包括技能技术培训、提供部分生产资料、茶叶包销。在技能技术培训方面，由总部派专门的技术人员，请专家进行制茶的培训，投入资金、肥料、生物农药，按公司的操作规程进行生产，邀请认证公司对农户的茶叶进行认证，费用由公司承担，以及进行认证所需的资料也由公司负责。在提供生产资料方面，对通过认证的合作社和农户，公司免费提供茶树、化肥等，对没有通过认证的合作社也会提供一部分的免费肥料。在销售渠道方面，即使是公司免费提供肥料的合作社，也允许他们进行高端茶的销售，这样可以紧密与合作社的合作关系。公司会收购整个古丈的茶叶，中低端茶都是以市场价包收，对于高端茶，合作社或者农户可以选择自己销售，中低端茶叶公司基本上都是包销的。公司与合作社交易的比例约为70%，与农户交易比例为20%左右，公司对茶叶会进行一部分外销，主要还是供给总部，另外也根据不同的茶品种选择不同的客户，一部分会卖给国外的客户。其中，有机茶卖给总部的占80%（见图9-1）。

合作社的发展带动了茶农脱贫，种茶成了村里脱贫致富的主业。合作社会帮助农户将产品统一加工销售，种茶以及其他就业岗位优先聘用贫困小农户。合作社统一贷款买肥料满足茶农需要，并且会将茶叶价格的波动告诉小农户。茶农的生活水平逐步改善。

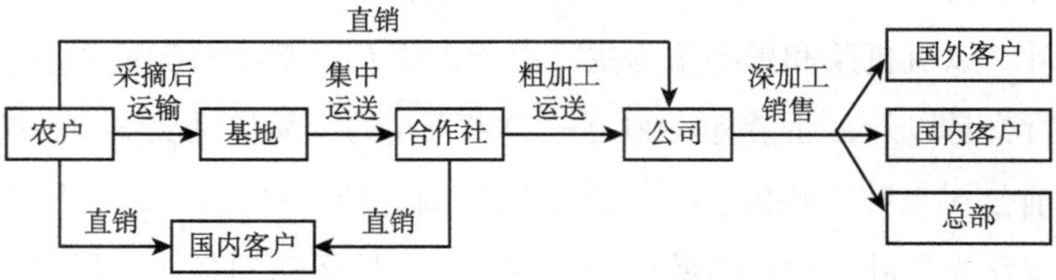

图9-1　产销流程

三、供应链管理

公司目前在建设500亩的流转基地，每年可进行采摘，但主要还是从合作社保证供货来源。针对茶叶供应链，是由农户采茶后交给合作社进行粗加工，再交给公司进行精加工和包装，再到消费者手里，公司与其他公司既是竞争又是合作关系，如果市场需求特别大而公司没有那么多量的话，也会从同行拿货。物流方面，上游合作社或农户自己将茶叶送到公司，成本由合作社或者农户承担，下游的物流成本都是公司承担。

对于茶叶的商业模式，公司采取两头抓，种植是源头，销售是重点，公司首要的任务是要把基地的种植做好，加工虽然也有有机认证的标准，但是没有种植过程那么强，加工主要是利用技术把茶叶做得更漂亮，提高附加值。而销售是企业主要的利润来源，是企业供应链最重要的一部分。

要想在众多的茶叶中站稳脚跟，光靠销售是不够的，必须保证茶叶的品质合格。对于环境方面，古丈源头河合作社相比于古丈的其他的合作社的生态环境要好。茶叶基地这里是典型的小气候环境。这是古丈源头河合作社为什么选择在家乡做茶叶的原因。相比同样的茶叶，这里茶叶的鲜爽度和回甘都更好。主要是地域优势（山、水）。通过农业局化验后，这里的土是呈酸性的。特别适合种茶和猕猴桃。

对于人员的管理方面，农户必须使用指定的肥料，有些农民为了增加收入，买不允许用的肥料。如果不改正就拒收鲜叶，不会罚款。合作社遇到重大的决策由理事会、监事会投票。一人一票（见图9-2）。经过多年，培养了一批核心社员，他们就算别人出价再高都会将茶叶卖给合作社。

对于客户的来源方面，公司并没有采取B2C模式，而是采用直营店（销售额占70%）和微信客户（销售额占30%）的方式，没有淘宝店。因为本身茶叶的利润就不高，公司以后也不打算做淘宝店。同时，公司另辟蹊径，通过开农博会的方式，在广东销售红茶，在山东销售青岛毛尖，在新疆、西藏销售黑茶。目前开设3家直营店。

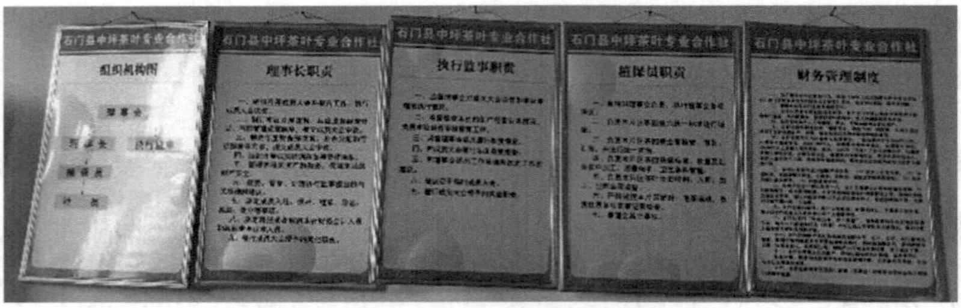

图9-2 监管、植保人员职责

对于农户而言，加入合作社是最佳选择。这样不仅产量提高了，因为合作社免费提供了七八百斤优质肥料，市场上平均价格1.35元/斤，而且销售也变简单了，只要把茶叶交给合作社就好了，不用加工，农户就只管茶叶种植，他们也能更一心一意地把茶叶种好。

四、经久不衰：可持续发展之路

区域品牌的打造是一条长久之路，可持续发展是其中必不可少的趋势。公司从2006年开始进行有机认证申请，2008年拿到有机证书。目前公司进行了有机认证的茶叶将近4000亩，是古丈最早进行有机认证的公司。认证前后对于销量的影响是非常大的，进行有机认证后公司与更多的欧盟国家合作，利润各方面的稳定也有了保障。

除此之外，公司还加入了企业交易平台（ETP）和公平贸易两个组织。2008年开始，ETP主动联系公司总部，经过考察之后公司加入该组织。ETP主要关注生产安全、生产条件、生产环境、职工权益、职业道德等，这个组织基本每年会进行两次检查。加入ETP公司并没有获得直接利润，主要是基于客户考虑，很多国外客户要求公司提供符合ETP标准的茶叶，因为当他们发现茶叶有问题时，可以向ETP直接反映，再根据追溯登记找到出问题的公司或合作社，并责令改正。

由于省茶叶公司的茶叶大部分是销往国外，2012年，公司在国外销售员的邀请下通过公平贸易的考察并加入该组织。公平贸易要求有一个组织和章程，并且要定时召开会议。组织费用开支主要用于小农户发展，进行公共设施建设。组织直接转款到协会，协会召集小农户开会，会议通过后进行建设。公平贸易对于农户的返款根据产品的不同有不同的金额，平均大约是0.5美元一公斤，公司会以个人名义进行补贴，每交易1块钱就会补贴1块钱。2012年返款30多万元，2013年返款50多万元，之后每年平均返款100多万元。为了推广公平贸易组织，公司还发起并到县里注册了高峰协会。在公司的推动下，古丈县有盘草、高峰、青竹山、源头河、栗子坪和中坪加入了组织。目前符合非政府组织（NGO）要求并加入的农户有60多户，在加入之前公司对于合作社的扶持帮助主要是简单的技能培训，加入之后就会进行基础设施的建设。与没有加入NGO的合作社相比，加入的合作社对于茶农的管理和积极性带动效果更好。加入NGO可以满足贸易和客户的需要，对于公司来说在出口方面有优势。从国家和产业的发展来看，做有机茶对于土壤的破坏力很小，打除草剂对于土壤的破坏力很强，对身体的伤害也很大，而做有机茶就不需要以后花大力气进行土壤修复。

对于农产品企业，可持续发展是一件非常重要的事情，加入这些组织对于公司来说，可以对长远的销售交易有一个好的保障，有利于公司下面的农户，也是对客户的一种承诺，对消费者来说，符合标准的产品是值得信赖的产品。

五、尾声：脚踏实地，继续前行

古丈县有机茶叶公司通过一系列建设，目前经营规模达到3000万元左右，每年的茶叶销售量可达1500吨左右，自有茶园600多亩，合作社1100多亩，并在4个乡镇建立基地，辐射面积覆盖整个古丈。公司以出口有机茶为主，业务板块主要是古丈毛尖、出口有机茶、黑毛茶（为了改善夏秋茶销售困难），以及“以茶带旅、以旅促茶、茶旅融合”形成种植、采摘、销售、茶旅（观光、餐饮、住宿）的一体化茶叶产业链。

下一步，古丈县有机茶叶公司通过加强基地建设、突破规模制约。一是实施标准化生产经营，确保茶叶品质和改进“公司+基地+合作社+农户”的运营模式并加入NGO，整合利益关系。这些措施为打造古丈茶叶品牌奠定了规模基础、组织基础、利益基础。二是建立起了种植、加工、营销、服务（信息、技术、人才等）分工合作的体制基础，扩大了古丈县有机茶叶公司的知名度和影响力。三是实现了农工商一体化，减少了供求间的不确定性，降低了交易费用。茶叶产业是古丈县的支柱产业，发展优势明显，公司利用政府支持古丈片区扶贫开发的契机，整合财政支农、扶贫、农业综合开发等项目资金，将现有促进茶叶发展的相关政策落到实处，为茶农、企业发展提供保障，促进了茶叶发展。古丈县茶叶终将成为一个显著的区域品牌，在众多茶叶品牌中突出重围。

六、启发思考题

1. 古丈县有机茶叶公司为什么要采用“公司+基地+合作社+农户”的经营模式？

2. “公司+基地+合作社+农户”经营模式的优势体现在哪里？

3. 请结合案例说明，以古丈县有机茶叶公司为代表的农产品企业在新零售和大数据时代，面临哪些机遇和挑战？

4. 古丈县有机茶叶公司是如何打造茶叶供应链的？

5. 古丈县有机茶叶公司的合作社转型模式，对于中国传统行业升级有哪些借鉴意义？

案例适用说明

一、教学目的与用途

1. 适用课程

本案例适用于农产品营销学、零售管理、市场营销学、品牌营销等相关课程。

2. 适用对象

本案例适用于有一定工作经验的MBA和EMBA学员的市场营销、营销管理类相关课程，也可用于工商管理专业全日制硕士或本科课程的相关章节。

二、启发思考题

1. 古丈县有机茶叶公司为什么要采用“公司+基地+合作社+农户”的经营模式?

2. “公司+基地+合作社+农户”经营模式的优势体现在哪里?

3. 请结合案例说明，以古丈县有机茶叶公司为代表的农产品企业在新零售和大数据时代，面临哪些机遇和挑战?

4. 古丈县有机茶叶公司是如何打造茶叶供应链的?

5. 古丈县有机茶叶公司的合作社转型模式，对于中国传统行业升级有哪些借鉴意义?

三、分析思路

如图9-3所示，合作社与公司、社员/农户、政府之间有着紧密的联系，合作社是关系古丈茶叶中最重要的一环。它为农户提供土地、资金、劳动力，反过来，农户生产出来的茶叶也为合作社提供了收入和地位。公司与合作社之间是平等的联系，公司控制着技术与销售、产品源、资金，合作社代公司组织、管理、协调农户，保证产品源。公司的实力得到政府的认可，合作社也为政府起到了示范作用，政府也为合作社提供扶持。本来属于贫困的农户加入合作社之后，生产有了保障，收入有了很大提高，为乡村振兴作出了贡献。

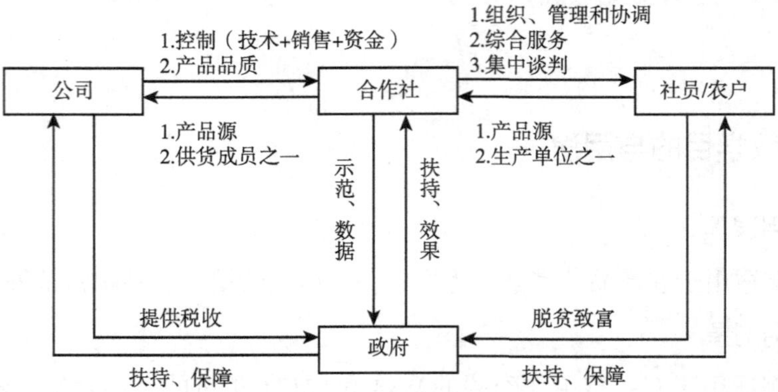

图9-3 案例分析思路

四、理论依据及分析

1. 古丈县有机茶叶公司为什么要采用“公司+基地+合作社+农户”的经营模式?

|理论依据|

（1）什么是“公司+基地+合作社+农户”经营模式。通过在乡镇建立茶叶基地，由农户先将茶叶采摘后运输到基地，基地集中运送到合作社的加工厂，进行粗加工，合作社再交到公司，由公司深加工、精包装后销售给顾客。也有少量交易是直接通过农户进行的，除此之外，合作社也可以自行对外销售（见图9-4）。

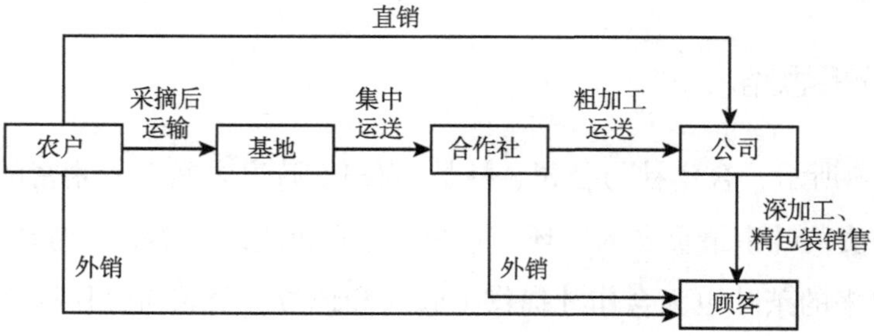

图9-4 “公司+基地+合作社+农户”经营模式

（2）“公司+基地+合作社+农户”经营模式的发展。“公司+农户”这一个经济转型思路在最开始是1988年刘允洲在“组织创新与经济发展研讨会”中提出来的，这一改革思路将农户的发展更好地指向了企业化道路行驶，促进企业与农户的一体化经营。河南省信阳地区对“公司+农户”这一模式进行过探索和实践并取得成功的结果，1993年7月8日有关这一模式的文章在《经济日报》上得以发表。甘肃实施了“支部+公司+基地+农户”，这种模式则是由“公司+农户”这一模式延伸而来的。因为合作社是一个农民自己的经济组织，这个组织是以农户为合作社的主体来实现经济效益，为农民这一弱势群体提供了一个很好的保障，所以“公司+合作社+农户”又成为一个更好的运行模式。而“公司+基地+合作社+农户”这种模式又是在“公司+基地/合作社+农户”这两种模式的基础上发展出来的（见图9-5）。

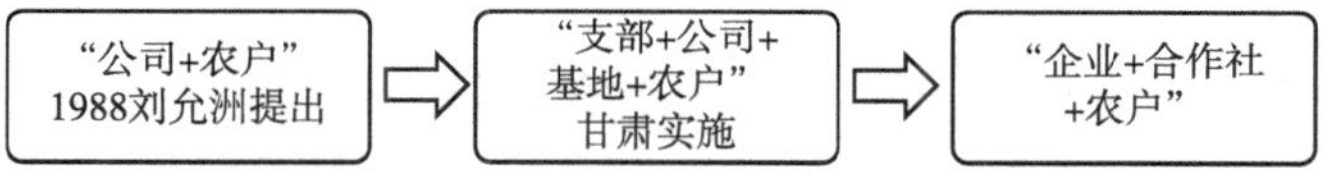

图9-5 “公司+基地+合作社+农户”经营模式的发展流程

|分析过程|

近年来，随着乡村振兴战略的提出和实施，“三农”问题越来越受到关注。党的十九大报告中提出了七条“之路”，其中一条就是“必须深化农业供给侧结构性改革，走质量兴农之路”，所以需要挖掘出农村农业发展的新动能，在发展生产的基础上培育新产业、新业态和完善产业体系，使农村经济更加繁荣。“公司+基地+合作社+农户”的经营模式不仅可以有效地带动农业的发展，使茶农的生活水平逐步改善，响应了国家乡村振兴战略这一政策的实施，而且还使企业茶叶收购得到很好的管理。在原来“公司+农户”简单的运行模式下，公司在农户交货的数量和质量上要花费很大的精力，所以不论是对于公司还是农户来说，“公司+基地+合作社+农户”这种把公司、基地、合作社、农户结为利益共同体的经营模式是一个由多方利益影响而作出的选择。

2. “公司+基地+合作社+农户”经营模式的优势体现在哪里？

|理论依据|

在脱贫攻坚战中，“公司+基地+合作社+农户”的经营模式为推动农业朝着产业化、规模化转变、完善产业体系、走质量兴农之路发挥了关键作用。“公司+

基地+合作社+农户”模式中以基地和合作社作为农户与企业之间的连接点，连接了企业与农户之间产品的流向，提高了农业产业的组织化程度，还将生产、采摘、运输、加工、包装和销售等环节连接在一起，有利于实施标准化生产经营，充分发挥政府、企业、农户等之间的优势，减少资源浪费，促进资源整合，使企业、农户等多方获利。

|分析过程|

通过结合“公司+基地+合作社+农户”经营模式与古丈茶叶案例进行分析，这一模式的主要优势有以下几个方面（见图9-6）：

（1）有利于企业对产品质量的管理。在合作社管理方面，主要管理方式是进行认证，然后对合作社的产品样本进行检测来控制质量。

（2）公司为合作社提供扶持帮助，包括技能技术培训、生产资料部分提供、茶叶包销，合作社的发展也有利于带动茶农脱贫，使他们的生活质量得到提高。能够为他们生产更好的产品提供支持。

（3）有利于公司提高产业化的发展程度，增强公司的运行效率。

（4）连接了企业与农户之间产品的流向，让公司可以减少在收购、鉴定茶叶等方面减少精力投入，避免企业更多的资源浪费。

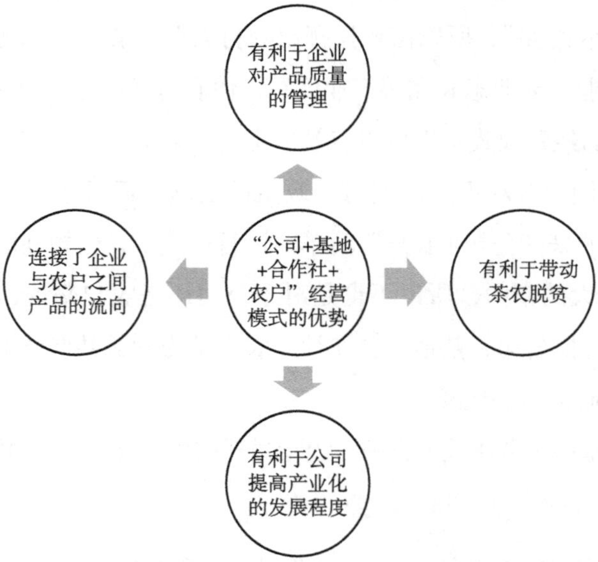

图9-6 “公司+基地+合作社+农户”经营模式的优势

3.请结合案例说明，以古丈县有机茶叶公司为代表的农产品企业在新零售和大数据时代，面临哪些机遇和挑战?

|理论依据|

（1）新零售（New Retailing）。新零售即企业以互联网为依托，通过运用大数据、人工智能等先进技术和手段，对商品的生产、流通与销售过程进行升级改造，进而重塑业态结构与生态圈，并对线上服务、线下体验以及现代物流进行深度融合的零售新模式。

（2）大数据（Big Data）。对于“大数据”（Big data）研究机构Gartner给出了这样的定义：“大数据”是需要新处理模式才能具有更强的决策力、洞察发现力和流程优化能力来适应海量、高增长率和多样化的信息资产。大数据来源十分广泛，可能得自社交网络、电子商务网站、顾客来访记录，还有许多其他来源。可以说大数据无处不在，我们在上网时留下的信息也是大数据的一部分。

|分析过程|

（1）以古丈县有机茶叶公司为代表的农产品企业在新零售和大数据时代，面临的机遇有：

①新零售时代，消费者个性化需求有待满足，通过对销售数据的分析，实现农产品的交叉销售，这对农产品市场增加了极大的发展空间。

②古丈县有机茶叶公司作为湖南省茶叶集团控股子公司自2005年成立以来，积累了大量的消费者。

③在大数据时代之下，农产品企业可以通过信息的处理，全面了解顾客的喜好情况，并针对顾客的分布特点等，制定完善的市场营销战略方案，创新市场营销服务方式，发挥大数据的应用作用与优势，保证可以为顾客提供个性化的服务，在提升顾客消费便利性与可靠性的同时，增强市场营销工作的有效性。

④有利于企业提升自身经济效益，增强市场竞争能力。

（2）以古丈县有机茶叶公司为代表的农产品企业在新零售和大数据时代，面临的挑战有：

①消费者的个性化消费，变化速度快，需要快速更新与迭代、精准把握用户数据，难度较大且成本较高。

②农产品如何实现巧妙转型的难题。

③线上运营成本增加，获客成本、隐性损耗增加，投入产出比下降。

④大数据和新零售时代，对技术、数据运营和管理等方面要求较高。

⑤在大数据中，有很多垃圾数据，消费者在面对这些海量数据必须要做到数据的分析和处理，导致很多消费者产生了较为严重的信息疲劳。

4. 古丈县有机茶叶公司是如何打造茶叶供应链的?

|理论依据|

供应链是指围绕核心企业，从配套零件开始，制成中间产品以及最终产品，最后由销售网络把产品送到消费者手中的，将供应商、制造商、分销商直到最终用户连成一个整体的功能网链结构。供应链管理的经营理念是从消费者的角度，通过企业间的协作，谋求供应链整体最佳化。成功的供应链管理能够协调并整合供应链中所有的活动，最终成为无缝连接的一体化过程。

|分析过程|

古丈有机茶叶公司基于专业化经营、提升技术、修改定位，发展合作社运营，先后签约了多家合作社，建立4个乡镇基地改革，逐渐打造出茶叶区域品牌，借助数字化、标准化、信息化工具，打造茶叶供应链。古丈县有机茶叶公司通过“公司+基地+合作社+农户”的经营模式并加入NGO，积极推动生产模式革新和商业模式实践。

在供应链体系方面，物流配送阶段，古丈茶叶有机公司针实现了农工商一体化，减少了供求间的不确定性，降低了交易费用，强化了对货物品质的把控，快速响应市场需求。

在订货方面，古丈茶叶有机公司实施订货机制改革，公司会收购整个古丈的茶叶，中低端茶都是以市场价包收，对于高端茶，合作社或者农户可以自己选择销售，中低端茶叶公司基本上都是包销的。公司会与散户进行交易，但是目前主要以合作社为主，散户采摘茶叶运输到基地，基地集中运送到合作社的加工厂，进行粗加工，合作社再交到公司，由公司深加工、精包装后销售给顾客。与合作社交易的比例约为70%，与农户交易比例为20%左右。公司会对茶叶进行一部分外销，主要还是供给总部，另外也根据不同的茶卖给不同的客户，一部分会卖给国外的客户。其中，有机茶卖给总部的占80%。

对于环境方面，古丈源头河合作社相比于古丈的其他的合作社的生态环境要好。茶叶基地这里是典型的小气候环境。这是古丈源头河合作社为什么选择在家乡做茶叶的原因。相比同样的茶叶，这里茶叶的鲜爽度和回甘都很好，主要是地域优势（山、水）。通过农业局化验后，这里的土是呈酸性的，特别适合种茶和猕猴桃。

5. 古丈县有机茶叶公司的合作社转型模式，对于中国传统行业升级有哪些借鉴意义?

|理论依据|

企业转型升级是指企业为提高持续竞争能力以及产品、服务的附加价值，寻找新的经营方向而不断变革的过程，是产业转型升级的微观层面和最终落脚点。因此，转型升级也是企业度过危机、突破现状的一种手段，通过不断的改革，迫使领导思考未来的经营管理方向，使企业更有竞争力与应对环境转变的弹性，注入了新的活力。

从微观角度来看，企业升级划分为四种类型，包括：

（1）流程升级。通过对生产体系进行重组，更高效地将投入转化为产出。

（2）产品升级。引进更先进的生产线，比竞争对手更快地推出新产品或改善旧产品，增加产品的附加值。

（3）功能升级。获取新功能或放弃现有的功能，比如从生产环节向设计和营销等利润丰厚的环节跨越。

（4）链条升级。也称跨产业升级，是指将一种产业的知识运用于另一种产业，基于原有价值链基础上的多元化，在新价值链增加新功能。在一般情况下，企业升级是从流程升级开始，然后逐步实现产品升级和功能升级，最终到价值链的升级，不过中间也有跨越，甚至是倒退的情况。

|分析过程|

一方面，从新零售与数字化转型推动产业升级来看。当前，中国部分产业出现产业转移、虚无化等问题。究其原因，是政府和企业均存在脱离实际的行为。中国不少农产品企业是靠政策支持发展起来的，常年享受政府津贴。最近政府多扶持新能源企业，很多传统行业制造企业脱离了政府补贴便难以发展。而古丈有机茶叶公司在这个过程中采取了一系列值得借鉴的方式解决了这个难题，例如，目前有固定交易的合作社大约有七八个，高峰协会是最大的协会，包括盘草、青竹山和高峰三个合作社。但是由于古丈有机茶叶的产量并不大，所以还会有1000万—2000万吨还需要从贵州、湖北等地去购买以满足需求。同时也会与散户进行交易，但是目前主要是以合作社为主：散户先交给合作社，合作社再交到公司。与合作社交易的比例约为70%，与农户交易比例为20%左右。

合作社的发展带动茶农脱贫，很多人了解当地的茶叶等特产后，慢慢地宣传和发展，种茶成了村里脱贫致富的主业。合作社会帮助农户将产品统一加工销售，茶农以及其他就业岗位优先聘请贫困小农户。合作社统一贷款买肥料满足生产资料，并且会将茶叶价格的波动告诉小农户，逐步改善了茶农的生活水平，值得其他行业借鉴。

五、关键要点

1.品牌传播是向目标受众传达品牌信息以获得他们对品牌的认同，并最终形成对品牌的偏好的过程。品牌传播是一种操作性实务，即通过广告、新闻报道，公告关系、事件传播、植入式传播、体验式传播、企业家传播、社交网络传播及感官品牌传播等传播策略，最有效地提高品牌在目标受众心目中的认知度、美誉度。

2.农产品供应链是为了生产并销售农产品而相互联系的产业组织体系。加强农产品供应链管理，实现农产品在生产、流通、加工、库存等各环节的价值增值，是提高农产品竞争力的重要举措。

3.一些地区在利用现代化的农产品营销手段提升农业产业效益方面作出了很好的尝试，并取得了良好的经济效益和社会效益。本案例中古丈茶叶通过“公司+基地+合作社+农户”的茶叶产销模式，发展农产品加工，促进茶叶销售。

4.现代市场营销的核心可以被概括为STP营销，即细分市场、选择目标市场和产品定位。由于消费者需求差异的客观存在，可以说，任何一个企业也无法满足一个广阔市场上的所有消费者的需求。因此，研究某些特定市场的特性，根据消费者需求的差异性进行市场细分，选择适宜的特定的消费者群作为企业服务的目标市场，是企业市场营销活动的重要内容。

六、建议课堂计划

1. 课堂时间计划安排

本案例可以用于专业的案例讨论课的举例，结合农产品营销学、市场营销学、消费者行为学等课程教学。建议讲课老师将整个案例课的时间控制在80—90分钟。

表9-1是按照时间进度提供的课堂计划建议，仅供参考。

表9-1　教学计划与时间安排

教学计划	用具	主要内容	时间分配
课前	打印机和PPT	先将学生分成若干小组，发放案例资料与给定相关问题，请学生仔细阅读资料，针对不同的启发思考题进行小组讨论	课前进行，不占用上课时间
课程导入	PPT和白板	由授课老师说明选择该案例的原因，以及本次案例教学的目的、要求和具体安排	10分钟
课程教学班级集体讨论	PPT	（1）以学生为主，熟悉案例的相关资料和背景 （2）以教师为主导，帮助学生梳理问题，归纳总结，并提炼出本案例的核心问题和关键点	20分钟
课堂教学：分组讨论	无	（1）围绕案例的五个问题，各组展开讨论 （2）各组组长回答每一个问题的小组讨论结果，老师进行点评提问或小组之间相互提问，每个问题都表述其观点 （3）老师整理整个案例的发展内容及核心理论 （4）各组在听完所有回答之后，深入思考，整理完善小组对每个问题的回答	40分钟
案例总结	PPT	教师提炼本节课的讨论结晶，总结同学的回答，对同学关于案例存在疑惑的问题和理论知识点部分进行答疑	20分钟
课后		小组完善陈述结果，以小组作业报告的形式提交纸质档和电子档	

2. 课堂提问逻辑

（1）案例导语【激发兴趣】。

自古以来，中国人民就偏爱喝茶，红茶、绿茶等。古有神农发现茶叶，迄今为止，我们也一直保持着喝茶的这一饮食习惯，由此也诞生了一些茶叶品牌，铁观音、普洱茶、乌龙茶等。但是我们也发现，随着越来越多茶叶品牌的出现，竞争力也日渐加强。那么为了应对这一机遇和挑战，茶叶生产商应该怎么来优化茶叶生产结构供应链呢？今天，我们就以古丈茶叶这个案例来谈谈吧。

逐一提问五个启发思考题，引导学生进行小组讨论和回答。

为什么古丈茶叶要采用“公司+基地+合作社+农户”的茶叶产销模式？

首先由老师介绍一下有关茶叶生产的相关过程，以此来进行课程的导入，引出现代化茶叶生产的经营模式。引导学生进行思考为什么要采取合作社的经营模式以及采取这种模式的茶叶生产经营与其他茶叶生产经营模式的区别大概在哪些地方？

“公司+基地+合作社+农户”经营模式的优势体现在哪里？

通过提问，让学生仔细阅读分析整个案例，了解古丈茶叶这种生产模式最终的效益在哪里？整体的优势体现在哪些方面？这些优势对于普通的茶叶生产经营模式会有很大的冲击力吗？

请结合案例说明，以古丈县有机茶叶公司为代表的农产品企业在零售和大数据时代，面临哪些机遇和挑战？

通过提问，让学生总结这些为代表的农产品企业在大数据时代面前会应对哪些机遇和挑战，为了企业的发展，如何去抓住机遇和解决遇到的挑战？

古丈县有机茶叶公司是如何打造茶叶供应链的？

在案例中找到供应链这一方面的知识，通过分析整个供应链在生产经营模式的过程中提供的优化供应链等，特别是人员管理方面，是如何进行管理和经营的？到底是如何打造这么一条优化产业供应链的？引导学生进行思考，如果是你，你会打造一条怎么样的茶叶生产供应链？

古丈县有机茶叶公司的合作社转型模式，对于中国传统行业升级有哪些借鉴意义？

老师可以进行一些简略的介绍，茶叶生产经营规模到现在这个阶段经历了哪些优化和改进，和以前比起来进步的空间有多大，有多大的提升空间？让学生谈谈自己的一些想法，也是对整个古丈茶叶案例大概的初步总结。

（2）熟悉背景，提炼核心问题【整理案例背景与发展脉络】。

以学生为主，由学生仔细阅读整个案例，然后由各组同学互相补充，熟悉案例发生的背景，之后教师提问逻辑如下：

问题一：大家有了解到其他比较熟悉的茶叶生产经营模式吗？为什么古丈县会想到采用“公司+基地+合作社+农户”这种生产经营方式呢？这种经营模式所带来的利益又有多大呢？

问题二：古丈县有机茶叶的这种生产模式给企业和农户本身带来了很大的机遇吗？

问题三：公司为了可持续发展加入了ETP和公平贸易两个组织，这两个组织在一定程度上是否推动了公司的可持续发展？

问题四：对于整个茶叶生产的供应链管理是否严谨和合理？对加工人员的培训是否到位？

由此，引出问题1的讨论。

问题1的讨论：古丈县有机茶叶公司为什么要采用“公司+基地+合作社+农户”的经营模式？

围绕问题1，教师先大致介绍一下古丈茶叶的相关背景，然后再进行以下提问：

问题①：你认为古丈县采取这种生产经营模式会比其他传统的经营模式有更多优化空间吗？

问题②：茶叶生产商在生产经营模式方面付出的管理成本和生产成本是否较大？

问题③：这种“公司+基地+合作社+农户”的生产经营模式对谁的利益最大呢？相对于公司、基地、合作社、农户来说是相互促进还是一方独大呢？

问题④：如果是你的话，你会采取这种生产经营模式吗？或者是你是茶叶生产商，你会建立怎样的生产经营模式？

问题2的讨论：“公司+基地+合作社+农户”的经营模式优势体现在哪些方面？

围绕问题2，老师提问逻辑如下：

问题①：通过阅读案例资料，我们了解到这种“公司+基地+合作社+农户”的经营模式的优势主要体现在哪些地方？

问题②：古丈县通过这种生产经营模式是否优化了茶叶生产规模？

问题③：与其他茶叶生产规模相比，与合作社合作是否在一定程度上优化了管理机制？彼此之间相互联系，互相监督，也在一定程度上避免了太大的差异分歧。

问题④：古丈茶叶这种生产经营模式对农户扶贫方面是否也进挥了一定的推动作用？

问题3的讨论：请结合案例说明，以古丈县有机茶叶公司为代表的农产品企业在新零售和大数据时代，面临哪些机遇和挑战？

围绕问题3，老师提问逻辑如下：

问题①：在新零售和大数据面前，所有的农产品企业会面临怎样的机遇和挑战？如何去抓住更好的机遇？又如何去战胜最难的挑战？在本案例中，古丈茶叶为了抓住机遇先后进行了有机认证和加入组织来提升自己的生产经营模式，那么其他的茶叶生产商是否也应该采取因地制宜的措施去优化自己本身的生产经营规模和方法呢？

问题②：古丈茶叶为了应对机遇和挑战，首先在茶叶种植方面做了哪些努力？对茶叶种植的土壤又做了怎样的保护措施？对农户的相关利益方面又给予了哪些支持和照顾？

问题③：其他农产品企业应该采取怎样的方式去抓住机遇和应对挑战呢？举个例子，蔬菜水果类农产品当遭遇恶劣天气造成品质不过关时，菜蔬果农如何能把这些品质不过关的产品产销出去呢？

问题4的讨论：古丈县有机茶叶公司是如何打造茶叶供应链的？

围绕问题4，教师提问逻辑如下：

问题①：古丈县有机茶叶的供应链管理是怎样的？地域和天气方面的差异是否会对茶叶的供应链生产造成一定的影响？

问题②：古丈县有机茶叶的供应链的内部人员管理机制是怎样的？管理是否适当和严谨？重大事件的决策是否正确和采取多种建议？

问题③：茶叶产销的客户来源主要是哪部分群体？为了扩大客流量，是否采取了"线上+线下"的产销模式？

第五个问题是意义题，需要要求各组明确地表达出自己的想法和感受，还是按照之前的分组，每组各派出一个代表来谈谈自己的想法和感受。

环节一：给大家五分钟的时间组织语言和思考，然后按照分组依次派出一名学生代表来发表自己的感想和建议。

环节二：老师还是要引导学生着重侧重古丈茶叶的产销模式，突出这个“公司+企业+基地+合作社”的生产经营模式所带来的好处和相关利益，以及这个生产经营模式和中国传统的生产模式有哪些优势，最后，对于像古丈茶叶面临一样的处境的其他行业有哪些借鉴意义。

问题5的讨论：古丈县有机茶叶公司的合作社转型模式，对于中国传统行业升级有哪些借鉴意义？

围绕问题5，教师提问逻辑如下：

问题①：个体户和合作社的经营模式主要区别体现在哪些地方？合作社的生产经营是否比其他经营模式更具有集体性和规模性？

问题②：是不是所有的传统行业都能参考古丈茶叶的这种合作社模式来进行升级呢？合作社模式的生产经营是否也有不适当的地方呢？

问题③：如果中国传统行业想要转型都借鉴古丈茶叶的转型模式就一定会获得成功吗？如果不一定成功，那么是不是也证明这种合作社生产经营模式并不是适用于所有行业？其次，合作社经营管理的制度也是非常严格的，在管理过程中，费用和成本问题是不是也是一大难题呢？

问题④：古丈茶业的成功不仅仅是生产模式的成功，也是探索和创新的一大进步，那么从古丈茶叶生产经营模式成功的案例我们能够总结出哪些意义呢？

3.课堂板书设计

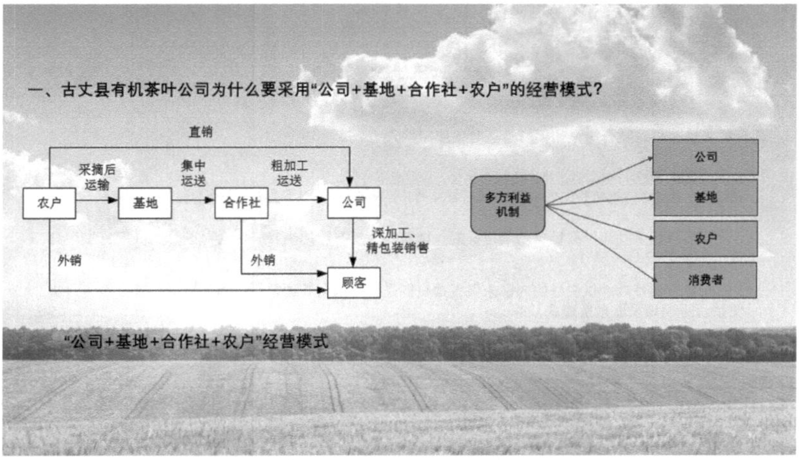

图9-7　板书1

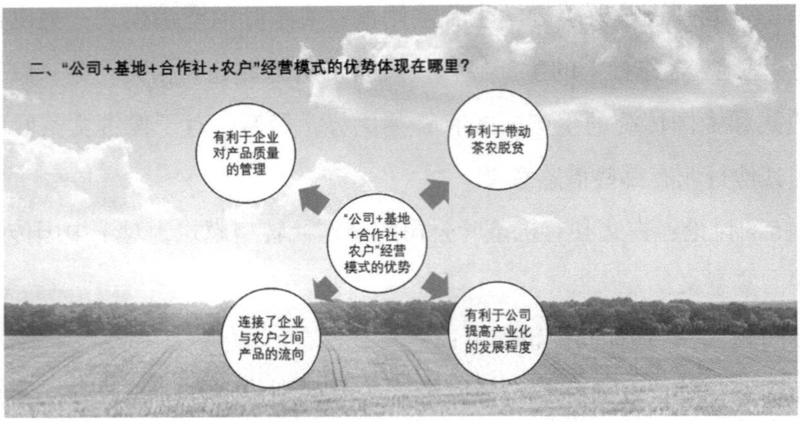

图9-8 板书2

图9-9 板书3

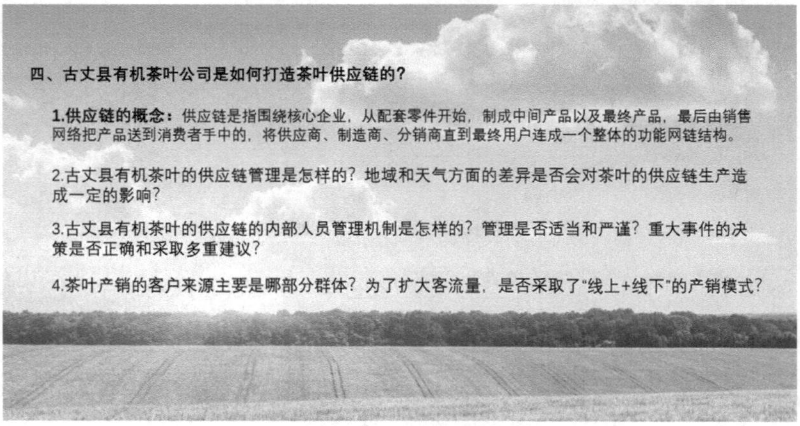

图9-10 板书4

图9-11　板书5

图9-12　板书6

参考文献

［1］David，J，Teece.Profiting from Technological Innovation：Implications for Integration，Collaboration，Licensing and Public Policy［J］.Research Policy，1986，15（6）：285–305.

［2］Teece D，Peteraf M，Leih S. Dynamic Capabilities and Organizational Agility：Risk，Uncertainty and Entrepreneurial Management in the Innovation Economy［J］. California Management Review，2016，58（4）：13–35.

［3］Injazz J Chen，Antony Paulraj. Towards a Theory of Supply Chain Management：The Constructs and Measurements［J］.Journal of Operations Management，2004，22（2）：119–150.

［4］汪彬，阳镇.双循环新发展格局下产业链供应链现代化：功能定位、风险及应对［J］.社会科学，2022（1）：73–81.

［5］张益丰，颜冠群.农产品交易市场能成为小农户与现代农业有机衔接的载体吗——基于供应链学习理论的案例比较［J］.农业经济问题，2021（12）：69–80.

［6］孙立，何佳讯.国家品牌战略、企业制度性行为与品牌资产——中国乳业市场的证据［J］.经济管理，2019，41（4）：142–157.

［7］黄磊，吴朝彦.采购商重复购买意愿影响因素研究——基于要素品牌战略模式的分析［J］.商业研究，2017（2）：33–42.

［8］李纯青，张海丽，马军平，李松玲.基于战略匹配视角的企业品牌化作用机理研究——以意大利环意国际旅行社为例［J］.管理案例研究与评论，2015，8（3）：269–283.

［9］阮国祥.跨组织绩兴、供应链敏捷性和新产品开发绩效——环境动态性的调节效应［J］.当代经济管理，2021，43（12）：19–24.

［10］刘益.波特“五力模型”的缺陷及其改进［J］.管理工程学报，1999（S1）：13–16，68–69.

［11］王继荣.我国经营者集中竞争评估审查因素的改造及完善路径：以波特

"五力模型"为基础［J］.当代法学，2019，33（4）：118-125.

［12］杨蕙馨，刘如月.战略敏捷性、惯例更新与制造企业服务化转型绩效［J］.山东大学学报（哲学社会科学版），2020（5）：144-157.

［13］孙新波，钱雨，张明超，李金柱.大数据驱动企业供应链敏捷性的实现机理研究［J］.管理世界，2019，35（9）：133-151，200.

［14］唐利群，陈小珍，张华，周洁红，娄劼.非洲猪瘟对中国生猪行业的冲击影响及应对策略［J］.中国畜牧杂志，2021，57（1）：219-223.

［15］朱增勇，李梦希，孟君丽.非洲猪瘟对中国生猪市场和产业发展影响的研究［J］.价格理论与实践，2019（7）：20-23.

［16］朱增勇，李梦希，张学彪.非洲猪瘟对中国生猪市场和产业发展影响分析［J］.农业工程学报，2019，35（18）：205-210.

［17］赵全新.我国"猪周期"怪圈的形成与破解路径选择［J］.价格理论与实践，2017（4）：44-48.

［18］宋长鸣.非线性非均衡蛛网模型框架下猪肉价格循环波动研究——基于可变参数模型的实证［J］.华中农业大学学报（社会科学版），2016（6）：1-7，142.

［19］何盛明.财经大辞典［M］.北京：中国财政经济出版社，1990.

［20］科特勒，洪瑞云，梁绍明等.市场营销管理（亚洲版）第3版［M］.北京：中国人民大学出版社，2004：15-35.

［21］斯科特.戴维斯.品牌资产管理［M］.北京：中国财政经济出版社，2006.

［22］刘媛媛.澳大利亚合作社的法律识别（三）——合作社的财务制度［J］.中国农民合作社，2018（12）：67.

［23］谭智心.农民专业合作社联合社的2018——依法发展的启航之年［J］.中国农民合作社，2019（1）：16.

［24］孙艳秋.绿色农产品品牌战略建设探析［J］.吉林农业，2018（20）：26.

［25］李文杰.农旅融合背景下吉林省农产品品牌形象设计研究［J］.西部旅游，2021（6）：34-35.

［26］杨秀婷，谢垚凡.贵州省农产品品牌营销策略研究［J］.中国集体经济，2017（26）：62-63.

［27］徐二明，李维光.中国企业战略管理四十年（1978—2018）：回顾、总结

与展望［J］.经济与管理研究，2018，39（9）：3-16.

［28］刘凤军，孔伟，李辉.企业社会责任对消费者抵制内化机制研究——基于AEB理论与折扣原理的实证［J］.南开管理评论，2015，18（1）：52-63.

［29］张颖.农民专业合作社社会责任研究［D］.咸阳：西北农林科技大学，2018.

［30］张茵.家庭农场融入精准扶贫的路径与制［D］.南昌：江西财经大学，2017.

［31］符纯华.浅议供销合作社的战略管理［J］.中国合作经济，2005（3）：33-34.

［32］徐二明，肖建强.战略管理研究的演进［J］.管理科学，2021，34（4）：101-114.

［33］孙曰瑶，刘华军.品牌经济学原理［M］北京：经济科学出版社，2007.

后　记

本书所有案例成果来源于湖南农业大学商学院市场营销系营销实战实训案例大赛的成果，市场营销系王继红老师、周军老师等参与了本次营销实训案例大赛的指导工作。2019级市场营销专业的部分同学参与了案例资料的收集及采编工作，具体参与者如下：朱星泽、晏薇、陈婧薇、曹颖、伍习欢、刘纪铭同学参与《只为一碗好面：南泥湾的品牌锻造之路》；舒波、陈美丹、陈瑶、罗晖栋、杨盼、黄希同学参与《风驰电掣："神农金康"如何打造"敏捷"之路？》；彭俊文、张金玲、邓巧慧、方艳红、谢明航、邱志源同学参与《庆申堂：生态农场初探索，规划"尹"销铸成功》；汤帅兰、王春燕、张卓雯、谭娟、凌玉林、邹冬明同学参与《养殖现代化：南川河合作社"猪周期"下的破局之道》；曹辉、彭政、邓玉成、周婧、杨茜媛、杜芮同学参与《遇见田园：CSA农场的落地实践与智慧农业探索之路》；汪佳丽、王紫、华敏芝、毛沙敏同学参与《虎林市森蜜的发展之路：酿造最甜蜜的事业》，以及东方科技学院2019级市场营销专业的邓敏、吴清、石金霞同学参与《王家岭蛋鸡合作社：携手村民焕笑颜》；杨银霞、严志爱、吴霞、刘丹同学参与《海安紫菜——地区产业致富的先行者》；贾芯宇、李畅、谈沙、张洁、邓廖鑫、许建杰同学参与《步步为营：古丈茶叶的区域品牌之路》。在此一并感谢！